智能传播变革丛书

内容竞争

陆小华 著

天津大学出版社

智能传播变革丛书　ZHINENG CHUANBO BIANGE CONGSHU
内容竞争　NEIRONG JINGZHENG

图书在版编目（CIP）数据
内容竞争 / 陆小华著. -- 天津 : 天津大学出版社, 2024. 8. --（智能传播变革）. -- ISBN 978-7-5618-7787-6
Ⅰ. G219.2
中国国家版本馆CIP数据核字第2024U3T913号

出版发行	天津大学出版社
地　　址	天津市卫津路92号天津大学内（邮编：300072）
电　　话	发行部：022-27403647
网　　址	www.tjupress.com.cn
印　　刷	北京华联印刷有限公司
经　　销	全国各地新华书店
开　　本	710mm×1010mm　1/16
印　　张	17
字　　数	253千
版　　次	2024年8月第1版
印　　次	2024年8月第1次
定　　价	76.00元

“智能传播变革丛书”导读

随着生成式人工智能的突破和迅速迭代，新闻传播不仅进入数据驱动、算法分发的智能传播时代，而且进入人类生产内容与人工智能生成内容共同影响人的智能传播新阶段。在智能传播时代，匹配移动需求成为基本规则，实时匹配个性需求改变了传播逻辑，智能传播强烈放大了影响力生成中分发所占的权重。生成式人工智能在文字、图像、视频、音频生成方面不断推进，可用性不断增强，特别是其“生成即传播”的特性，深刻影响着人们的信息获取、知识萃取、观点表达、意识形成。不仅媒体等专业组织的工作范式发生重大转换，形成人与人工智能协同生产内容的新工作模式，而且，多模态大模型等生成式人工智能工具可能成为超级传播主体，并可能与推荐算法、社交机器人、人形机器人协同运行[①]，从而对传播格局产生颠覆性影响，也可能进一步改变影响力生成逻辑。因而，如何应对智能传播变革，如何有效落实“探索将人工智能运用在新闻采集、生产、分发、接收、反馈中”[②]的要求，特别是切实落实“用

① 2024 年 3 月 1 日和 5 日，在北京、天津两个机关的内部讲座中，我都曾预测，大模型可能与人形机器人协同运行，当时选择分别由国外和国内制作的两款人形机器人 Figure 01、Walker S 作为案例。这个设想的实现快得出乎预料。2024 年 3 月 14 日，美国机器人创业公司 Figure AI 正式发布了 OpenAI 大模型加持的 Figure 01。2024 年 4 月初，优必选公司宣布与百度合作，尝试将大模型接入 Walker S 中。

② 习近平：《加快推动媒体融合发展 构建全媒体传播格局》，《求是》2019 年第 6 期。

主流价值导向驾驭‘算法’，全面提高舆论引导能力”[①]的要求，就成为党政机关、企事业单位、新闻媒体等负责任的传播主体必须深入思考、努力践行的重大课题。因此，我把近年来对“智能传播变革”所做的系统研究的部分成果纳入本套丛书，交付出版。

本套丛书包括《智能认知》《数字变革》《内容竞争》《驱动传播》《重塑融合》，这五本书既分别论述五方面的趋势把握、战略设计、对策选择、案例解剖，又构成一个整体，体现以推动多方面变革来适应智能传播变革。本套丛书的内在逻辑和阅读顺序为《智能认知》《数字变革》《内容竞争》《驱动传播》《重塑融合》，即在智能变革中从优化认知开始，谋划适应数字变革的战略和策略，以有效手段赢得多媒体、多模态条件下的内容竞争，学会并善于驱动传播以改变原有传播模式、增强传播力，并要在智能传播新阶段重塑融合，改变原有融合认知与模式，走向智能融合。

本套丛书体现了智能传播变革中应有的认知框架、战略谋划和对策设计。其中，《智能认知》阐述了应对“与人工智能共生”新阶段的重要战略；《数字变革》提炼了适应新闻传播领域数字化变革中思维方式、运作方式变革的生存规则；《内容竞争》解析了增强内容竞争力、传播力、说服力的底层逻辑和创新方法；《驱动传播》在解析四种重要传播模式的基础上阐述了驱动传播的理念、策略与方法；《重塑融合》阐述了中华民族集体智慧中对“势”的感知、把握、运用、塑造，探究了如何顺应智能科技发展并积极有效得当运用，从深度融合走向智能融合，从融媒体向智媒体加速演变，从而重塑媒体融合。

《智能认知》一书共有“把握趋势”“刷新认知”“塑造能力”“优化战略”四章。本书系统探讨如何把握智能内容生成等新趋势、新变局，把握“与人工智能共生”的智能变革新阶段的演变特点与规律，把握生成式人工智能实质、生成逻辑与运行范式，把握智能传播

---

① 习近平：《加快推动媒体融合发展 构建全媒体传播格局》，《求是》2019年第6期。

演进规律与底层逻辑，以提升认知水平、把握智能变革先机，以催生创新溢价与创造协同价值获得变革成效，以塑造智能竞争力、提升数据话语权赢得舆论博弈。本书还探讨了如何通过优化内容战略、协同战略、拓展战略、规则战略来进一步提升传播力、引导力、影响力、公信力。

《数字变革》一书共有“生存规则”“变革逻辑”“运行范式”“融合体系”四章。本书系统阐述“坚持移动优先战略”“强化媒体深度融合”“成为新型主流媒体”“谋求体系枢纽地位”四个方面的政策要求和生存规则；深入解析数字化变革周期的演化趋势，阐述新型主流媒体应是智媒体的底层逻辑，阐述为什么必须把体系协同作为适应社会生产体系需求的战略选择。本书还系统论述了数字变革中运行范式变化的关键所在，即再组织化、再专业化、再服务化、再社会化、再体系化；并系统解析融合运作体系的构建，提炼智媒体平台设计基点、智媒体平台构建的核心目标，分析融合运作体系构建之关键所在。

《内容竞争》一书共有“竞争核心”“创新依据”“竞争策略”“创意案例”四章。本书系统阐述什么内容才值得生产与传播、为何竞争焦点在于赢得第一解释权、网络内容建设原则与突破点、如何通过价值发现实现基于新历史方位解析中国。本书系统解析如何把握智能传播变革中的创新规律，即数字内容应蕴含传播策略的表达逻辑、支撑短视频传播力竞争力的底层逻辑、新媒体内容与服务产品设计原则所体现的匹配逻辑和凭审时度势善于利用赢得内容竞争的传播之道。本书还系统探讨了作为新传播格局中竞争方法关键之一的需求匹配，新媒体产品供给形态演化所体现的领先制胜和适应新的内容生产分发方式的布局思维。本书以重大庆典多现场、多媒体直播报道为案例，系统解析如何基于塑造引导力构建现场演播室，如何基于体现思想力进行框架建构与报道实现，如何依托洞察力进行画卷构思与创意实现，如何通过效果想象与创意实现追求表达力，如何通过内容挖掘与创意提炼激活发现力，如何通过能力养成与创意验证锻造实现力。

《驱动传播》一书共有“模式认知”“战略选择”“对策实

施”“案例解析”四章。本书重新定义并系统解析关系链传播、驱动再传播、多模态传播、对抗性传播四种传播模式的核心秘诀及其在智能传播变革中的创新表现，深入解析对抗性传播在国际传播、舆论博弈中的应用规律。本书系统探讨了中国共产党的新媒体战略，探讨了最有助于实现战略传播效益的谋势战略和适应新媒体传播的驱动传播战略。本书基于中国实践探讨了如何进行策略谋划，如何让解释和观点在合适的节点体现，探讨了危机报道中的战略权衡与思路拓展、灾难报道中的能力展现与必要约束。本书还系统解析了三组案例，阐述政治传播境界在于既有温度又有深度，事件传播的关键在于多媒体协同传播策略设计与实现，频道运作的关键在于成为基于影响力的引导性媒体。

《重塑融合》一书共有“顺势得生”“重塑则成”“见识制胜”“智媒塑融”四章。本书系统探讨如何识势、蓄势、应势、取势，以顺应数字变革取向与智媒体转型要求；深入解析如何有效利用新媒体产品影响机制、驱动力量；系统阐述在重塑融合进程中如何推进观念重置、模式重构、资源重组、策略重设，如何推进构建适应新媒体竞争的运作模式，如何以颠覆式变革思维谋划融合变革，如何以整合需求、主动干预激发内在活力，如何从把握需求结构入手优化竞争策略。本书重点论述如何通过体现见识、增进共识、明晰标识、传递卓识来实现见识制胜，彰显解释力、凝聚力、说服力。本书系统地阐述了如何推进智媒塑融，以自趋深融来体现新竞争逻辑与融合运作，以协同共融在竞争格局中占领制高点，以变革促融适应新传播格局、赢得融媒体竞争，以智能交融实现深刻变革、适应智能变革。在系统探讨如何把握多约束条件、适应多维度竞争，通过智能化融合有效运用智能科技强大赋能作用的基础上，本书特别提出，适应智能变革，重塑融合是必然选择。本书探讨如何通过目标重置，以智能融合构建智媒体；如何通过内核重塑，构建人工智能驱动的数字媒体；如何通过体系重构，塑造适应人工智能的运作体系。

本套丛书的写作愿景，是希望帮助读者朋友提升“把握人工智能等新科技革命浪潮”[①]的能力，有效运用包括人工智能等在内的数字科技新技术赋能。在我看来，能力学习比知识学习更重要。能力学习的重心，就是思维方式和方法论。因而，基于既长期从事新媒体研究，又长期从事新闻传播实践，既管理过新闻传播业务，又负责过音视频技术系统规划、建设和运维[②]，我努力以多重视角、文工交叉思维解析智能传播变革规律与应对方法，既系统阐述智能传播变革趋势、战略、方法、路径、对策，又在方法论层面做了多方面探索、总结、提炼，紧扣中国实践，直面发展趋势和现实问题并提出解决办法。

“智能传播变革”这套丛书最初谋划于2023年1月初我写完关于ChatGPT[③]在催生什么智能传播新变局的几篇论文和研究报告之后的寒冬；交付此套丛书全部稿件则已是2023年9月秋暑正炽时。2024年初夏，又加入了2024年3月关于Sora[④]的研究成果，探究生成式人工智能从ChatGPT到Sora的发展特点与其间的联系。至于100多万字清样的多轮校订，大部分是在出差途中的飞机、高铁上和秋色、冬雪、春风、夏雨错落变换、交相映衬的各种客舍中进行的，也曾有把已看过的部分清样遗落在飞机上而再重新细读的经历。其间，虽曾错过“秋林苍野立，幽谷淡云横。叶落千枝挺，寒起万草丰”[⑤]的璀璨秋色，却也可以在细读清样后掩卷揉眼、倚窗眺望，感受“风急马鬃乱，山远古树铿。地阔天更静，星明月正升”[⑥]。本套丛书虽是学术著作，但也希望读者

① 《习近平主持召开二十届中央财经委员会第一次会议强调 加快建设以实体经济为支撑的现代化产业体系 以人口高质量发展支撑中国式现代化》，《人民日报》2023年5月6日，第1版。

② 本丛书作者主持建设的“新华社全球视频智媒体平台”项目获2019年“王选新闻科学技术奖”一等奖。“王选新闻科学技术奖”是科技部国家科学技术奖励工作办公室批准的传媒科技奖励项目。本丛书作者对通信技术的最早接触是从少年时阅读《无线电》杂志、尝试做矿石收音机和寻找2AP9二极管等开始的。

③ ChatGPT，Chat Generative Pre-trained Transformer，生成式预训练聊天模型。

④ 由美国的人工智能研究机构OpenAI开发的由文本生成视频的模型。据称，Sora这一名称源于日文，天空之意。

⑤ 陆小华：《秋林》，写于2015年9月27日。

⑥ 同⑤。

在阅读中能有类似的感受和体悟。

人类文明史就是直面挑战、以变革求发展的历史。今天的中国，“正在谋划和实施一系列全面深化改革重大举措”[①]，“进一步全面深化改革、推进中国式现代化”[②]。我们面对智能传播变革，必然需要直面挑战、以变革求发展。应当如此、必将如是。

以此导读，亦为自序。

2024年5月25日，于客舍中

① 《习近平会见美国工商界和战略学术界代表》，《人民日报》2024年3月28日，第1版。

② 《中共中央政治局召开会议 决定召开二十届三中全会》，《人民日报》2024年5月1日，第1版。

目 录

第一章　竞争核心

传媒影响力的真正来源是什么？

传媒影响力来源于有价值的内容，来源于对正在发生的新闻事实的选择，来源于对已经发生的事实的描述、分析、判断，来源于对已经发生事实的原因、影响的解释和对走势的预测。综合分析传媒影响形成机理，就会发现传媒的深层影响不仅在于提供了事实，更在于提供了分析和见识。认真分析这样的传播过程，就会发现真正对人们的心理、思想和行为产生深刻影响的，并不仅仅是事实，还往往包括对事实的解释；并不仅仅是事件本身，还有关于事件的某种描述和分析。

我们相信“内容为王”。

值得深思的是，内容何以为王？“为王”的内容究竟是什么？什么是值得生产与传播的内容？从用户需求心理和竞争策略角度剖析，什么是内容呢？内容是传播对象，是传播存在的基础。传播主体通过提供内容及与内容相关的服务进行影响力竞争。因而内容也是影响力竞争的关键因素。还值得一问的是，内容竞争的核心是什么呢？竞争的焦点之一，当然是内容的价值。

在竞争格局下，媒体和其他传播主体在内容方面能够做什么？应该做好什么？应当更擅长做什么？显然，一张报纸、一个电视台一定不能只是信息的载体，更应是选择结果的载体，是分析、判断、预见的载体，是事实性内容与观点性内容并重的载体，是思想的载体。显然，内容应当不仅能够帮助受众获取知识，而且能够帮助受众解决其所面临的问题，为其提供解决问题的办法，甚至增强其解决问题的能力、应对外部变化的能力、改善生活品质和生命质量的能力、影响社会造福人类的能力。这从特定方面提示人们，内容竞争的焦点在于竞争第一解释权。

第一节　价值重估：什么内容才值得生产与传播

什么内容才值得生产与传播？

我们换一个思维方式和分析框架，从内容的功能切入探讨内容价值，探讨值得生产的内容在解决什么深层问题，不同类型的内容体现什么样的影响逻辑，从而深刻认识内容价值、内容竞争的时代特征与底层逻辑。

一、什么是值得生产的内容

今天，值得生产与传播的内容，至少包括四个方面，即能解决四个方面的深层问题，从而体现出特殊价值。

第一是解决不知道。那就是媒体提供的内容应告诉人们：发生了什么事，在哪里发生，与谁有关系，会产生什么影响，有什么意义。提供新闻事实与相关信息，告诉人们发生了什么变化，是传统意义上的新闻信息服务。

第二是解决不确定。在大变动时代，正是因为存在诸多不确定因素，受众对外部环境变化、事物变化、现实问题存在诸多疑问，需要从包括政府、媒体在内的权威主体那里获得相应的信息和指导，从而做出选择，把心中的不确定，尽可能变成待确定、可确定、已确定。解决不确定实际上比仅仅提供事实信息更有价值。这几年发生了诸多事件，无论是资本市场还是经贸摩擦，或是新旧动能转换，必然影响企业和个人。在这种情况下，无论是市场竞争主体还是社会成员，都关心究竟发生了什么变化，面对外部环境所发生的变化，应该怎么看，应该怎么办。主流媒体有责任也有能力帮助他们解决不确定，帮助他们认识并应对这些变化。媒体与政府部门等权威主体的情况分析，变化解读，提供的建议、对策，对未来的预测，就是大变动形式面对诸多不确定情况的最有价值的内容。

第三是解决不清楚。实际上，知识弥补是如今最大的一类社会需求，这是知识付费能够兴起的现实基础，知识付费已经成为一种风潮或习惯。有人愿意付费购买知识，恰恰说明人们对这一部分知识有需求。但假如剖析一下人们愿意付费购买什么样的知识，就会发现结果和一些媒体人心目中的预期迥然有别。一位北大教授在“得到”客户端上的付费经济学课程有 25 万人购买，这个卖出了 7 000 多万元人民币的课程包括很多实用性内容。

第四是解决不能够。即提供应对方法，提供解决问题的方法，提供思考方法。其着重于提升能力，不管是专项能力还是综合能力。

相比一般性地提供新闻、娱乐内容等而言，以上四个方面中的后三个更有价值。

二、内容的六个功能和衡量标准

什么是内容呢？内容能够实现什么功能呢？

从更深层面理解内容与人的关系，内容可以实现六个功能，即共知、共处、共鸣、共振、共享、共识。

新媒体时代的内容、移动互联网时代的内容和传统时代的内容有什么不同？如今，内容不仅要满足“知道”需求，还应具有社会学、心理学、行为科学意义上的作用，具有拓展社会关系的作用。如果仔细研究社交媒体上人和人的关系，就会发现其很大程度上是一种信息分享、共享的关系，在很多聊天群、朋友圈里都是这样的。

但是如果把它延伸到内容和人的关系上，内容的功能第一就是实现共知。假如大家都知道昨天晚上世界杯决赛结束了，那么今天早上，在公司、学校等各个场合，如果你不知道世界杯，不去讨论一下昨天的决赛，那么你与年轻群体可能就会产生一种隔阂，这就是一种共知关系。在生活中有很多关系都可称为共知关系，例如人们会一起讨论电影、音乐，那么在这个群体中，电影、音乐等内容就起到一种社交媒介的作用。

在内容与人的关系上，所谓共知，就是人们希望媒体帮助解决“不知道”的问题。如果一个人不清楚这个世界正在发生什么，就会与其他人有隔阂。社交关系的重要基础是人与人之间有“共知”部分。有共知就不陌生、不孤立。

第二，是实现共处。人们通过对相关内容的传播和获得来适应社会变化，以应对简单和复杂的问题。通过内容的传播和获得，大家共同了解所处的社会环境，共同处在这样的社会关系中，这就是共处。帮助人们共处是很多服务类的网站，甚至是电商网站存在的基础。

第三，是实现共鸣。共鸣是人与人沟通得更具感情意义的基础。在社交传播时代，好的内容，除了有价值点（有传统新闻学讲的新闻价值）、切入点（寻找一个最适当的切口），它也一定有共鸣点，人们在那里实现共鸣。能引发共鸣的内容，在移动终端上才有人愿意分享，实现再传播。共鸣，是人与人构成共同体、构成一个社会更具实在意义的基础。共鸣从而共情，共情而能共鸣。

第四，是实现共振。即人们在价值观层面能够产生共振，这是人与人关系更深层、更核心的部分。仔细研究传播的构成和核心，价值观传播是最深层、最有力的。传播者和受众在价值观层面产生共振，既实现了影响人的目的，又能激发人们更强烈的分享欲望和动作，从而实现传播目标，达到驱动再传播的效果。

第五，是实现共享。有了共鸣和共振，人们就会有更大的动力去分享从而共享。共享是人与人关系的进一步深化，而不仅仅是一种传播关系。在传统时代或是在人际传播框架下，能否共享私密信息，体现了人与人关系的紧密程度。而在社交传播时代，愿意共享信息，即使不是私密的，也是在维护和拓展人与人、人与社会的关系。换一个角度看，共享也是人与人在内容方面的一种竞合性现象，由分享实现共享，促进合作。而主动发起分享进而实现共享的主体，事实上在社交关系中处于较重要、具有一定主动权和影响力的地位。因此，主动发起分享而实现共享，也成为一种施加影响的竞争过程。

第六，是实现共识。如果能够实现共知、共处、共鸣、共振、共享，人们在情感与价值观层面就有了更多共识，人与人的关系也就得到了更有力的巩固。共识是一个社会、一个民族、一个国家不断巩固共生基础、走向强盛的重要基础。因此，好的内容是能够帮助人们实现文化认同、时尚认同、社会认同和心理认同的内容，是能够增强共识的内容。这样的内容不仅传播力更强，对人们的物质和精神生活，对国家和中华民族的发展也更有价值。这样观察、分析内容，已经超越对内容的传统认知过程，已经超越对内容价值与影响的传统判断方式，更关注人的核心需求，更关注内容与人的关系，更关注内容与社会的关系，更关注内容价值及其在形成共识上的作用。

那么，在今天，什么是好内容？

能够帮助人们实现信息认同、文化认同、时尚认同、社会认同和心理认同的内容，能够增强共识的内容，能够巩固共生基础、支撑走向强盛的内容，不仅会传播得更广，而且会对人们更有价值。

从这个意义上说，内容是入口，但更是实现心灵相通的手段。因此，我们不能把内容简单地视为一个专题、一条新闻、一个综艺节目、一个纪录片，它更是人们实现心灵相通的入口和手段。其他入口可能只是行为、场景、工具、流量意义上的入口。

三、不同类型内容的不同影响逻辑

不同类型的内容是通过什么样的逻辑关系对人产生影响的？经研究发现，不同类型的内容的影响逻辑各有区别。

信息类内容，从行为科学的角度来分析，人们获取的方式是“感知”，知道就可以，其传播手段是“表信”，即要把信息传达清楚。但在社会学意义上，在这样的内容和受众的关系意义上，所实现的就是一种“共知”的关系。

知识类内容，即更有价值的内容，人们获取的方式除了“感知”，还需要“感受”。感知、接受所获知识性内容中的知识和价值，有助于解决面临的不确定，其传播手段就更需要“表意”，把意思表达清楚，这样就可以实现共处。

故事类内容，是更能触动人们内心的内容，再加上表达人们感受、情感、想象的内容，就更容易让人有所感触，其传播手段也就要更集中于表现。这样的内容更容易激起共鸣。

方法类内容，能够帮助人们提升能力，既包括思维方式，也包括应对能力。这样的内容，需要“表达”清晰，更需要不仅“表达”出，还要“达到”，即达到影响的目的。这样的内容可以增强人们在更深层面的认同感，即“共振”。

这样区分内容的方式，不是按照价值高低和传统分类方式进行的，而是为了便于探讨内容的影响逻辑。

抖音为什么能够迅速风靡？为什么能够迅速吸引如此庞大的用户群体？要想获得在抖音上上传内容的资格，用户必须回答 100 个问题。到现在为止，有多少人获得了上传内容的资格？ 2016 年就有 3 000 多万人。值得讨论的问题：一是这 3 000 多万人为什么愿意回答 100 个问题去获得上传内容的资格？二是抖音一般允许上传的视频时长最多为 15 秒，有人研究发现抖音播放量最多的是 10 秒的视频，为什么？三是为什么单次播放最长只有 15 秒的小视频、微视频，可以让人们看一两个小时？

抖音影响人或者使人迷恋的核心因素是什么呢？

我的答案很简单，六个字：有感触，不满足。这与抖音的播放方式紧密相关。打开抖音客户端时就有一条短视频在自动播放，用户不满意，可另行选择。抖音给用户提供无限选择的可能，但是用户每选择一个作品都会消耗一些时间。假设用户对每一个视频都有感触，但不满足，就会不断再选择。这样，不知不觉一两个小时过去了，用户沉迷于此。这样，抖音就获得了更大的用户黏性。这种“有感触，不满足”使人和内容产生特殊的消费依赖关系，在移动社交传播中更容易产生成瘾性，更容易产生新的联系和传播基础。

四、三种内容展现方式与内容有效传播

内容和人是什么关系呢？如果研究人们的消费心理和消费行为，我们就会发现决定内容需求的核心因素。

（一）三种展现方式

以短视频为例，它在移动终端上通常有三种展现方式。第一种方式是呈现加选择。传统的互联网站、传统媒体办的移动终端往往呈现很多标题，让受众从中选择。第二种方式是推荐加选择，即先利用大数据、用户标签，推荐给用户相应类别的内容，让用户从中选择。这种方式以成百上千的标签对用户进行了分类，通过对用户行为数据进行分析，探知用户大概属于哪一类，再按照这一类进行推送。第三种方式是播放加选择，如抖音。这种方式简单有效，在用户选择之前已经影响了用户，吸引了他的注意力，同时又提供了选择的基础和可能。用户在移动终端寻找内容的时候，是有目的的时候居多还是无目的的时候居多呢？在我看来，大部分人是目的不清、无目的或者无聊的时候居多。这种时候，内容展现方式对内容能否产生影响、如何产生影响就成为关键。关于内

容需求与内容定位的核心，常规上可以总结为三句话，细分需求、对应需求、刺激需求。可以看出，以上三种内容展现方式，有的是对应了需求，有的是细分了需求，而直接播放加选择内容的展现方式，则刺激了需求。

（二）什么样的内容能够有效传播

什么样的内容能够有效传播呢？

第一是有需求。至于需求是什么，可以从多个层面、角度去分析。

第二是有效益。人们获取相应内容之后，用经济学的术语说，就是福利有所增长，即满足了用户的好奇心和对外界的关注，满足了用户的娱乐要求、知识增长需求甚至能够帮助其提升能力。

第三是有共鸣。在情感上、心理上产生共鸣。

第四是有分享动力。大家都很清楚，移动传播的核心是依靠再传播，而不仅仅是依靠直接传播。因此，今天已经没有哪个媒体单纯竞争传统市场的覆盖率。在今天这个时代，单纯在发行量上竞争是不够的，必须追求内容传播的到达人数，追求更具社交传播意义的传播指标。

值得讨论的是，这些指标如何实现呢？有些内容会成为爆品，就是因为对内容的处理方法，使受众有分享欲望和分享动力。这样的分享动力分为表层分享动力和深层分享动力。而决定深层分享动力的，是人们的价值观，是在价值观层面上产生的共鸣、共振。比如，有段时间网上传说咖啡可能致癌，为什么这类内容会迅速传播？因为它冲击的是人们的安全感，人们的安全感和价值观紧密相关。另外一个例子是一位空姐打滴滴顺风车被司机杀害。案件发生后，这件事迅速传播，有的网站借此事炒作，用近乎色情的语言描述这一案件，这强烈冲击了人们的价值观，冲击了人们的底线，引起的反响可想而知。

现今什么内容是需求程度最高的呢？要注意人们对不同内容的需求弹性和需求频率。很多人没有注意到，气象以及与气象有关的内容是需求频率最高、查询量最大的内容之一。平面媒体可以研究一下，应当如何处理与天气有关的高需求内容。过去，平面媒体只是把它作为服务类信息，因此这类信息在版面上占比很小。平面媒体要重新审视自己习惯采集发布的内容及其与需求间的对应关系，不是沿着新闻、专题、评论的传统路径审视，而是要换一种思维去审视需求与自己所提供内容的匹配度。

（三）作为竞争策略的阅读时间预设

还需要重新审视的是标准读者的阅读时间。阅读时间预设是一种竞争策略，第一个问题是，报刊编辑希望自己的标准读者用多少时间阅读完这张报纸？十多年前，我提出一个很简单的衡量指标：在北京早报市场上，一份 4 开 24 版以上的报纸，如果标准读者对它的平均阅读时间低于一分半钟，那这份报纸离退出市场就不远了。在我公开讲过这个衡量指标之后不久，其中一份报纸就变成了免费报纸。在那个历史阶段，标准读者读一份 4 开 24 版以上早报的最短时间，体现了一份报纸在北京早报市场的竞争力。

相应地就可以问第二个问题，请问你是否知道自己的标准读者阅读不同版面分别用多少时间？第三个问题是，你希望你的读者阅读报纸的后三分之二部分用多少时间，阅读前三分之一部分用多少时间？第四个问题是，在移动终端相互竞争的时代，如何维持报纸的竞争力？能不能维持其打开率，延长读者的阅读时间，是增强报纸竞争力的核心课题。在这样的情况下，从竞争策略角度说，读者阅读一份报纸的时间应当变得更长一些而不是更短一些。实际上，从竞争策略角度分析非常简单，如果标准读者在一份报纸上的阅读时间最长的是后三分之二部分、后一半部分的内容，甚至是后三分之一部分，或者如果他们认为这部分内容具有足够的价值，那就需要研究如何应对了。

如今的媒体竞争，要求必须赋予报纸一种新的价值，在发挥有效引导舆论功能的同时，增加一套分析工具。能不能提供更多知识性、方法性的内容，从这个角度去进行高价值内容的传播，这实际上是知识付费正在发掘的领域。

对今天的传统媒体来说，它们已经从媒体融合阶段走向更多利用人工智能的阶段，我们称之为从融媒体走向智媒体。那么谋求竞争新优势的突破口何在？不仅要看重产品创新，更要有能力创新；不仅要基于优势持续创新，更要有弥补短板的赶超创新；不仅要有局部创新，更要有系统创新。

第二节　竞争焦点：如何赢得第一解释权

在新媒体时代，传媒竞争的焦点是争夺解释权而不是报道权，特别是争夺第一解释权。传媒通过给出可以为事件发展所证明的解释、分析和预见，体现远见卓识，体现对现实和未来的深刻影响，以此来竞争解释权。从传播规律说，事件传播实际上传播的是对事件的描述和解释。就产生的影响而言，解释往往比事实本身更直接、更深刻、更有力、更难以改变。因而，在竞争中获得第一解释权才能真正获得话语权。

一、从战略层面看什么是第一解释权

所谓话语权，是一种借助事实、解释、观点等信息对人的意识和行动产生影响、支配作用的能力，是信息社会中权力的特殊表现。就其实现途径看，话语权包括选择力、解释力、传播力等部分。

所谓选择力，是指面对不同事实、话题，支配注意力的能力。对新闻媒体而言，对报道什么新闻事实以及如何报道的选择，即已体现对事实可能产生影响的支配，对人们注意力的支配。类似的现象存在于小至人际交流间、大至国家活动间。人际交流间，谁在选择交流的话题，谁就在支配可能产生的影响。国家交流和国际多边舞台，对议题的选择，体现一种选择力；对国际社会关注热点的影响，体现一种话语权。传播学所说的议题设置，就是这种选择力的体现。

所谓解释权，是指对事件、现象、趋势的成因、价值、影响等深层阐释信息的支配能力。现实已经多次证明，对人最有影响的不仅是事实，更是对事实的解释，是对事实相关因果关系、体现价值和可能影响的阐释。这种解释可以是直接分析、判断式的，也可以是通过细节强调、背景添加、叙述等手段进行的。很多时候，人们不管对一个事实的因果关系、体现价值和可能影响能否给予足够的理解和判断，都愿意参考其他人的分析，以求根据更丰富的信息做出判断和行动。传播学上的“意见领袖”，更多的是这种解释者。解释，很多时候就确立了价值和规则。

所谓传播力，是指对所选择事实和所做分析解释的传播力度、广度和深度的支配能力。就实现方式而言，话语权中的传播力包括话语方式、表达方式、处理方式等，即如何表达、如何解释。这既包括对受众需求结构、需求重点、需求心理、需求方式等的把握水平，也包括对传播工具的利用能力。对于个体而言，这既包括对语言和非语言传播能力的利用，也包括对传统媒体和新媒体等现代传播工具的利用。对于国家而言，则集中地体现为对所有内容产品、传播手段、传播工具和传媒形态的利用能力。

（一）竞争核心是第一解释权

传媒竞争的核心，是第一解释权。真正对人们的心理、思想和行为产生深刻影响的，并不仅仅是事实，而往往是对事实的解释；并不仅仅是事件本身，而往往是关于事件的某种描述和分析。

信息全球流动是重要的时代特征之一。人们可以接触的新闻信息传播渠道众多，信息来源多元，传播迅速、便捷；人们可能关注的事件、现象与信息越来越复杂，任何一个具体事件都可能引起广泛关注，甚至形成一定程度上的舆论危机。面对诸多突发事件、社会热点，任何一个媒体都很难说自己可以一直是第一报道者，都很难说自己可以抢占报道先机，在人们心中形成第一印象。在这样的情况下，主流媒体增强舆论引导力与影响力的着力点是在新闻事件发生后，不仅要努力成为全面、权威的报道者，更应当努力成为深刻、权威的解释者。也就是说，一个媒体要想体现影响力，就必须牢牢掌握第一解释权。

可以说，解释力是传媒综合素质中最重要的能力，解释权是传媒在重大报道中必须掌握的权力。这不仅是指要在新闻事件发生后第一时间做出反应，还指报道、分析、解释、判断的水准应是一流的，是具有足够说服力的，是能够让尽可能多的人信服的。

所谓第一解释权，不是传媒的一种权力，而是基于以往业绩获得的一种公认判断，即受众心目中对一个传媒的解释、分析、判断能力和水准的判断；也不是传媒的一种权利，而是因为一个传媒的解释、分析、判断与事件实质、历史走向相互印证，在人们心中赢得的信服力。严格地说，第一解释权更像是一种期待和确认，一种威信和位置。当一个传媒总是能够在第一时间对新闻事件与现象的意义与价值做出恰当而令人信服的解释，或者其分析和判断总是被证明高人一筹时，人们就形成一种印象和推论，这个传媒具有这样的素质和能力，能够在适当时间以恰当方式做出恰当判断。于是，久而久之，这样的传媒就拥有了某方面的权威与影响，就好像拥有了对新闻事件与现象的第一解释权。

在今天，为什么如此看重第一解释权，就是因为越是渠道多样、信息丰富、事件复杂，人们越是需要权威的分析、判断和解释。特别是在经济波动期，真正对人们的心理、思想和行为产生深刻影响的，并不仅仅是事实，而往往是对事实的解释；并不仅仅是事件本身，而是对事件的某种描述和分析。也许可以说，人类社会的发展过程证明，对历史的记录和转述，本来就是一种对历史的解释。人们只能通过努力不断地逼近历史的真相，而很难说获得了历史真相本身。从传播规律来说，事件传播实际上传播的是对事件的描述和解释。在今天的社会环境下，传媒的影响力在很大程度上就体现在解释能力与解释效果上。

正因为如此，所谓第一解释权，并不因为某个传媒历史悠久、地位重要就能自然获得，拥有它一定是这个传媒的实践效果使然；并不因为其曾经拥有这样的解释能力和业绩就永远拥有，拥有它一定是一种舆论博弈的结果，并要不断努力才能保持；也并不因为一个传媒一直在努力就新闻事件和现象做出分析、判断就能拥有，拥有它一定是因为受众给予认可。

也许可以说，第一解释权是一种评价，是受众对传媒解释能力和水准的评价。这种评价实际上就是对这个传媒的影响与地位的评价，这样的评价比一般的其他评价更能切中要害和实质。正因为如此，当一个媒体能够不断在适当的时间以恰当的方式对新闻事件和现象做出恰当判断时，就在事实上掌握了第一解释权。在经济波动期，一个传媒的影响力很大程度上就体现在解释能力与解释效果上，体现在其报道、分析、解释、判断具有足够说服力，可以让尽可能多的人信服上。

（二）谁最有影响：第一报道者与权威解释者

在传媒高度发达的时代，谁最有影响？是第一报道者还是权威解释者？

争当第一报道者，是传媒不够发达时代传媒人的思维重心。那时，人们的经验是，第一个报道重要消息的媒体会获得先声夺人的影响。今天，信息在全球迅速流动，从而支撑并进一步推动了经济全球化；政治、经济、社会的运行更加复杂，再加上利益多元化，使得人们心目中的重要消息多元且数量巨大，谁是心目中重要消息的第一报道者，已不太为人们所关注。人们更关注重要事件的意义、影响，从而需要可信的分析、判断、解释。因而，人们更关注解释者而不一定是报道者。第一报道者之争，核心是在争谁在受众心目中是发布消息最快、消息最多者；而权威解释者之争，核心是在争谁在受众心目中是最可信服、最不可或缺者。显然，权威解释者比第一报道者更具有可依赖性。

更显而易见的是，在传媒高度发达的时代，第一报道者已属于可遇不可求的竞争标的。传媒不是靠独家新闻取胜的，而是靠独家观点、独家判断、独家见识取胜的。当所有的分析都可能是一家之言，都可能是

"独家观点"的时候，竞争焦点就转向谁的分析、判断更能为事实与事件的发展所验证，谁更有见识。

即，谁是权威的解释者，谁就最有影响力。

（三）掌握第一解释权就掌握了话语权

如果说，在以印刷媒体为主的时代，人们期望的第一时间以天为单位，那昨天发生的就是新闻；在广播和电视兴起后，人们期望的第一时间变为以小时为单位；而在卫星和互联网提供了更多传播可能的时代，人们期望的第一时间是以分钟为单位，甚至是与新闻同步。于是，谁能够更快，谁能够不断地同步报道新闻，谁就可能成为重大突发事件发生时的第一选择、第一依赖、第一信息源。

但传媒发挥影响力，不仅在于以最快速度告诉人们发生了什么事，更要告诉人们是怎么回事，不仅要报道，更要解释。传媒的深层影响，体现在对新闻事件关键信息的提供上，更体现在对事件原因、意义、影响的解析，对现场隐含信息的分析，对重大措施的价值与影响的阐释上。这种解析、分析、阐释，总体上是传媒解释能力的集中体现。传媒只有充分体现解释能力，才能更好地挖掘现场、事件、措施等信息的价值。谁解释与挖掘得更好，就等于谁对新闻事件的真正内涵与价值更有解释权，对舆论与人心更有影响力。

正因为如此，主流媒体能否不断在适当的时间以恰当的方式，对新闻事件和现象做出恰当判断，就成为衡量其是否能够很好地履行舆论引导职责的标准。在今天的社会环境下，主流媒体的影响力在很大程度上体现在解释能力与解释效果上。因而，媒体必须掌握第一解释权，这不仅是指要第一时间做出反应，更是指报道、分析、解释、判断的水准应是一流的，是具有足够说服力的，更应当是能够让尽可能多的人信服的。第一解释权，就是舆论引导权，不可轻视。

掌握了第一解释权，就有力地掌握了话语权。

二、解释权竞争是经济波动期传媒竞争的核心

在经济波动期，传媒竞争的核心是解释权竞争，而不是单纯的报道权竞争；是选择与判断所形成的影响力在起核心作用，而不是单纯的信息丰富或报道快速在起作用；是分析能力与见识水平作为竞争力的核心在起作用，而不是迎合受众需求在起作用。这与人们的传统认知有明显不同。

决策者与普通公众共同关注的问题是，金融危机对实体经济的影响还有多深？经济波动还要延续多久？在经济波动期，人们出于直接利益，对传媒所提供的产品和服务提出了新的要求。

（一）时代特征：新媒体时代的经济波动

金融危机的影响扩展到实体经济，形成了动荡急剧、影响深远、尚未看见尽头的经济波动期。人们说这个经济波动期百年未遇，更多的是从其涉及的经济体数量、经济总量、影响范围、动荡形式等因素考量的。实际上，衡量这个经济波动期还有另外一个不应忽视的标尺，即这是新媒体时代的金融危机，是新媒体时代的经济波动。这是 2008 年金融危机发生不能忽视的背景，是之后经济波动延续不能不认真对待的变量。

这个时代之所以被称为新媒体时代，首先是因为新媒体工具与新传媒形态的发展已经蔚为大观，深刻地改变了传统的信息传播格局，也深深地改变了人们的信息消费行为和社会心理。从技术载体来区分，新媒体工具与新传媒形态大致有四类：一是基于互联网的，如内容网站、搜索引擎、即时通信工具等；二是基于现有通信技术的，如手机短信、流媒体式手机电视等；三是基于广播电视的，如广播式手机电视；四是基于卫星的，如直播卫星。这四类中，前三类的影响，人们已经深刻地体会到了。它们拥有强大的内容聚集能力和用户聚集能力，因而也形成了较强的经济实力。而卫星对新媒体发展带来的影响，我们还需要扩展想

象空间。实际上，汶川地震时北斗卫星导航终端所具有的发短报文功能已经让人们看到了新的空间，看到了多年前手机短信提供服务的影子。卫星与互联网的进一步结合，会使移动互联进一步发展。毕竟，最超越想象的变化是移动互联。

这个时代之所以被称为新媒体时代，其次是因为传媒对人们的影响超出以往任何一个经济波动期。因而，分析经济波动的形势，制定刺激经济的政策，都不能不考虑传媒影响、信息消费方式、信息利用能力等变量。这个时代，传统媒体高度发达并加速与新媒体融合，新媒体已成为信息流动的主要渠道，网络文化深深地改变了人们的生存方式与社会运转方式。在这个时代，人们的消费行为与投资行为无不深受信息的影响。人们期望能比其他人更快地获得信息，人们期望的第一时间甚至是与新信息同步的。因而，经济数据、负面消息都可能在第一时间传遍全球，产生发布者与传播者难以估量的影响。在这个时代，任何经济政策的制定、实施甚至制定过程中的点滴信息，都可能导致新的经济波动，甚至改变波动方向。

因而，面对新媒体时代的经济波动，仅仅依靠经济数据制定个人、公司甚至政府的对策，难免失灵。因为普通公众更多的不是依据数据，而是通过参照对数据的解释来决定自己的消费行为；不是依据经济事件或对形势的乐观预言，而是参照分析、判断与见识采取行动。

因此，一般来说，经济波动是一个人所共知的事实。影响人们行动的，更是对经济波动的解释和分析。

（二）经济波动期受众需求与传媒竞争的特点

在经济波动期，受众对传媒提供的内容产品与服务方式的要求，与以往有明显不同，传媒的竞争方式与以往相比也呈现出不同的特点。

1. 利益变动成为信息需求的直接基础，要求传媒关注政策中的机会

在经济波动期，人们感受最强烈的是利益变动。因而传媒要更善于把握宏观经济与本地经济的关系，关注经济政策效应中的本地机会，关

注个体、群体的利益要求。

国际市场上原油、粮食等大宗商品的期货与现货的价格波动，已经深深影响了人们的物质生活。美国的金融危机已经显著地影响了普通农民工的就业机会与收入水平。这一代普通受众，即使是在市场经济中成长起来的，也从没有如此真切地感受到金融危机对自己的影响。即将走向社会的青年学生，感受到的是切肤之痛——就业竞争前所未有的激烈。在经济波动期，面对任何一个新闻事件、政策言论、经济措施，人们都不会满足于知道发生了什么，而一定会问这意味着什么、会产生什么影响、我怎么办。

在经济波动期，宏观走势是社会关注的焦点，政策效应是各方权衡的重心，利益变动是有效联系的纽带，各类机会是最具价值的标的，利益要求是区分类别的标尺。一切都变得和以往有明显不同。

在经济波动期，人们对传媒提供的内容产品与服务方式提出了新的要求。传媒人必须思考，如何妥当把握需求，做好需求端管理；如何调整内容结构，以与需求结构相吻合。

2. 财经报道被更多人深度关注，财经报道能力成为传媒核心竞争力的重要构成

在经济波动期，不仅宏观经济学家可能成为明星，甚至连英国女王都会问为什么不能预测金融危机的发生，财经报道赢得了比以往更多的受众，无数人关注财经消息、财经数据、财经分析与财经观点，甚至一个一个频道地追逐财经节目。与一般新闻报道相比，财经报道被更多人深度关注。人们要求传媒要有相应的财经报道量、报道深度与关注宽度，要求传媒不仅要提供数据与事实，更要对其进行多角度、多层面解读、分析。人们希望传媒提供专业解读，解读新闻事件中蕴藏的变化信号与事件背后的新闻。人们深刻地记得，雷曼兄弟倒下前的信号是其一个局部性评级降低。在经济波动期，人们特别需要传媒体现出见识。因而财经报道能力成为传媒核心竞争力的重要构成。

也许人们还在权衡，在经济波动期，财经报道的总供应量是增加还

是减少，读者对财经报道的关注是增多还是减少。通过实际观察发现，整体而言，财经报道的报道量、报道深度和关注宽度与以往相比都大有增长。在这个时期，应当加强财经报道，才能更好地满足人们的需求。

3. 解读成为最有价值的内容产品，成为评价传媒综合素质的标志

整体而言，在经济波动期，解读成为最有价值和最有吸引力的内容产品之一，成为评价传媒综合素质的一种标志。对读者来说，没有经过解读与分析的数据，就没有太多价值。当然，对数据的错误解读，其负面影响甚至大于没有解读数据。从方法论角度来说，新闻学是选择的科学、还原的科学、翻译的科学，更是判断的科学。如何报道是一种选择，制作报道是一种还原，把公众不容易理解的东西转述给公众，是一种翻译。但在经济波动期，更需要提供的是判断，是见识。经济波动期更需要传媒体现出见识。

因此，在财经报道领域，竞争会更激烈，更体现出真正的新闻是从一般报道结束之时开始的。

4. 阅读时间成为衡量报纸质量的标尺，也成为增强市场竞争力的工具

冷静观察，在经济波动期，内容的适用性、有用性与有效性决定读者的阅读时间。与人们的需求相适应，提供更多有用信息与分析产品，更有效地支撑人们的思考与行动，是人们对媒体在内容与服务方面的核心要求。在使用层面，这种适用性、有用性与有效性，就体现为受众阅读报纸时间的长短，接触传媒时间的长短。观察这些年区域报业市场的竞争也会发现，阅读时间短的报纸可能更先退出市场。因此，阅读时间成为衡量报纸质量的标尺，也成为增强市场竞争力的工具。

内容的适用性、有用性与有效性，这三者有很强的时间性与对象性，即因时间、地点不同其表现大有不同。因而，在这个特殊的时期，如果能有效地通过增强适用性、有用性与有效性而适当延长读者的阅读时间，那么阅读时间就能成为增强市场竞争力的有力工具，特别是对于那些以往定位比较低、内容散碎、解读能力比较弱的报纸，就更是如

此。需要明确的是，适当延长阅读时间，不能通过增加阅读障碍或改变新闻产品的基本特征来实现，不能通过脱离需求来实现。

5. 受众更偏好时效水平与选择水平，浅阅读与深阅读提供者分野更明显

在经济波动期，受众需求心理发生更为明显的变化，更快、更专业是人们的需求重心，并且这种需求越来越向两端延伸，这就体现为要求更高的时效水平和选择水平。受众一方面强烈要求更快，即要求传媒的服务体现更高的时效水平；另一方面要求选择更加精当、更加适合需求心理、更为专业，即体现更高的选择水平。

多次获得诺贝尔奖的信息经济学的研究成果，已经深刻证明信息不对称与交易的关系，证明了信息对在交易中获得利益所起的作用。现实生活中，人们已经体验到，更早一点获得信息就可以获得更大利益。因此，在经济波动期，人们更期望早获信息。这种对于时效的迫切要求，深深影响受众信息需求心理与行为。因而，可以预见，时效要求会进一步转化为希望随时随地获得信息的移动需求，会以前所未有的力度，推动能够满足移动需求的新媒体内容产品和新媒体业态的发展。

在经济波动期，人们关于选择结果、选择质量的观念会发生明显变化，会对选择水平有更高要求。在免费信息丰富的时代，最稀缺的是选择结果，特别是精选择、再选择、专业选择的结果。有人曾经有过这样的疑问：有了网络提供的如此丰富的免费信息，人们为什么还要购买报纸？在免费信息丰富的时代，人们购买的其实是专业选择结果。所谓新闻传播，就是新闻信息收集、选择、加工、提供等活动，而新闻媒体，无非就是专业从事新闻信息收集、选择、加工、提供等活动的组织实体。这种活动的核心就是提供选择结果，这是免费信息泛滥时代新闻媒体所提供内容产品的价值所在。免费网络与付费报纸的差异，在某种意义上，是偏重海量与偏重选择质量之别。因而，媒体提供的内容产品的质量，就更多地体现为选择的质量。

在这样的竞争中，从传媒格局看，会就满足深阅读与浅阅读形成定

位和竞争。在这样的竞争中，网络媒体与平面媒体的定位分野变得更清晰。网络更多地满足快速、海量浏览的需求，更多地提供满足浅阅读需求的产品，而报刊更多地满足精当、深度、专业的信息需求，即更多地提供满足深阅读需求的产品。所谓满足精当信息需求，即更多地要求报刊善于在别的传媒选择结果的基础上，再进行选择，再进行解读，再进行组合，实质上是要求提供再选择、再加工的结果。诸多电视频道以读报节目为核心的信息版块越来越受欢迎，这一点越来越为报纸等媒体所看重，它们开始以电视频道选择了自己的报道为拓展影响力的标志，就说明了这一点。因而，会有更多传媒更努力地通过再选择提高自己内容产品的选择水平。

在经济波动期的竞争中，受众的需求满足耐受性会降低，一旦需求不能得到很好的满足，就可能迅速从其他渠道获取他认为有更高质量的内容产品和服务。需求满足耐受性降低的另一面是受众的支付心理也会发生变化，他会为他认为有价值的选择结果、内容产品支付更多费用，承受更高对价。

6. 深层影响更多来源于分析和见识，报纸更趋向于选择非均衡结构

分析影响力的形成机理就会发现，传媒提供内容的层次和类型不同，所产生的影响必然不同，不同类型的内容满足方式会形成不同层次的影响力。提供一般的告知和描述，仅仅使人们获知、了解，影响层面显然较浅；提供有足够背景、深度的报道，提供足够的解释和判断，可以使人们获得分析、见识，影响层面显然较深；提供有足够感染力、渗透力的报道，满足受众在信息、心理、价值观等多方面、多层次的需求，形成良好互动，可以使人们产生共鸣、交融，影响层面显然更深。

在经济波动期，人们更需要媒体提供解释和见识。在这样的时期，人们的心理需求格外需要关注与呼应。基于利益相关性，人们会认为分析、解释、判断和见识更有价值，它们可能改变人们对环境变动、危机应对等的判断与适应方式，比一般的描述和报道更有影响力。

基于接受惯性，报纸会更趋向于选择改变传统的定位模式，选择更

匹配需求的内容处理模式，选择非均衡内容结构，从而尽可能以不同部分同时分别满足深阅读与浅阅读的需要，形成竞争新支撑点。

从竞争策略的角度说，报纸应当是一种有厚度、有深度的内容产品，与网络和电子媒体所提供的内容产品相比更是如此。报纸采用非均衡的内容结构模式，是更具宽容度的应对策略。以一张 32 版或以上的报纸为例，前三分之一的版面可以主要满足读者浅阅读、快阅读的需求，满足“知”与“识”的需求，即满足人们想知道这个时间段发生了什么大事和自己所关心的事的需求，满足对外部环境变化的一般了解需求；中间三分之一的版面，甚至可以再加上六分之一的版面，主要满足深阅读、精阅读的需求，满足“思”与“策”的需求，即满足人们寻求思考材料与应对方法的需求；最后三分之一或六分之一的版面，可以主要满足趣阅读、软阅读的需求，满足“融”与“通”的需求，即提供人们感兴趣、有共鸣的阅读材料。这样的非均衡内容结构，既可以赢得读者更多的阅读时间，又能让读者有选择空间。

7. 区域传媒市场受多种力量挤压，会分流专业媒体的资源和市场

经济全球化的前提、过程和结果是信息全球流动。新媒体的发展也深刻地反映在信息全球流动中。在线综合信息系统，或称在线数据库，成为最有影响力的传媒形态之一。通过在线综合信息系统提供的内容产品之所以能够获得高溢价，不仅在于这种产品所面对的是金融信息服务市场，还在于其面对的更多是对内容选择、整合水平有更高要求和更强支付能力的高端用户，他们通过在线数据库在全球获取与使用信息资源。同样的现象与影响机制也深刻反映在传统媒体与新媒体市场中。

可以说区域传媒市场空间被多种力量挤压是难以改变的趋势，这与全球化对区域市场的影响相对应。因此，区域媒体就要做好战略调整，进一步拓展，加大对本区域的报道深度和关照力度，并结合更宽广的视野，实现既向全国市场有限推进，又深耕本地市场。区域媒体还会借用或选择专业媒体的产品、做法，当然相应地也会分流专业媒体的资源与市场。

从总体上看，区域性媒体因其类别不同而处在不同的调整期中。都市类媒体以提升定位与内容水准，更多地介入主流视野、介入与民生有关的经济问题等为特征。从市场或利益视角观察，有些都市类媒体的财经版面与节目的内容离受众还要更近些。因而，在经济波动期，传媒的区域市场与专业市场出现了更多的重合区域，专业媒体也须进行相应调整。

8. 移动需求等使产品形态、传媒形态、媒体业态及传播模式发生更迅速的变化

以技术变革和移动需求为重要推动因素，信息消费行为、消费心理的变化，已经驱使产品形态、传媒形态、媒体业态以及传播模式迅速发生变化。历史地看，在经济低潮期往往更易催生新技术。20 世纪 70 年代的能源危机使高新技术走上前台就是很好的证明。而在经济波动期，受众希望随时随地获得信息的需求，在数字技术的支持下，信息需注会更强烈迅速地演化为移动需求，移动需求会驱使内容产品的产品形态、传媒形态、媒体业态以及传播模式发生更迅速的变化。

因而，在经济波动期，传媒业态与传播模式等的变化，会集中地体现在适应并满足移动需求上，在这样的时期，传播规律也在悄然变化，会更明确地体现为便利性决定有效性、必读性支配可能性、耐读性体现有用性。而受众需求发生的最敏感的变化，会集中体现在接受心理上。在经济波动期，受众的心理波动也会通过需求的不规则变化体现出来，受众会对内容定位与服务方式提出新的要求。在经济波动期，最基础的变化体现在传播方式上，它会推动传媒的进一步分化与新媒体工具的进一步发展。

9. 内容生产会更多转向基于数据库平台运行，更注重提高资源利用效率和信息共享水平

传媒运作的核心是提高资源利用效率和信息共享水平。随着传统媒体与新媒体的进一步协同、融合，传媒形态发生了更明显的变化，传媒内部的内容生产会进一步走向基于数据库平台运行，走向进行数字内容

生产、为多种传播手段服务的大生产流程运行模式，多媒体业态进一步形成。因而，内容生产会更加注重提高资源利用效率和信息共享水平。这会成为媒体的创新重点以及与新媒体竞争的工具。生产流程的多个环节会分化到媒体外部进行专业加工，形成新价值链，从而进一步推动数字内容产业的发展。

（三）竞争目标：以竞争解释权获得真正话语权

在经济波动期，远不如经济上升期那样容易描述事件、分析现象、把握趋势；经济波动期，业界、读者与同行会对财经媒体的发现、分析、见识有更高的期待和更严格的要求；经济波动期，涌动的资金也会推动许多暗流和潜流，试图影响财经媒体的舆论导向与流量。在经济波动期，更需要财经媒体给出可以为事件发展所证明的解释、分析和预见，更需要财经媒体体现出远见卓识。在这样一个资讯、数据翻涌的时代，见识水平决定了财经媒体的市场竞争力。

三、分析能力与思想高度体现影响力

2012 年的冬天格外寒冷。一系列重要纸媒或是关门或是宣布改出网络版，专为 iPad 制作的应用程序 The Daily 经营不到两年同样关张，曾经似乎清楚的传媒发展取向又变得模糊。这提醒人们，把内容产品放在新传播渠道、移动传播终端上，并不代表着走向成功；分享式传播、关系链传播成为重要的传播模式，并不只是传播规律发生变化，而是意味着传媒形态、内容生产模式、分发模式等必须变革与重构，才能匹配人们急剧变化的信息需求与信息获取、分享方式需求。

在这样的时候，再来看《南方日报》2002 年前以“高度决定影响力”为旗帜的改版，还可以发现什么样的特殊价值？至少，“高度”一词所涵盖的注重提供观点信息与高价值信息，在今天仍然是报纸与其他新媒体增强影响力的利器。

2002年的改版刚过十年，但十年沧桑，当年的一些重大变化，比如影响极大、曾引起震动的率先改瘦报，今天已少有人评说。这不仅是因为人们已经习惯了瘦报，认同在移动状态下瘦报更便于阅读，而且还因为人们所使用的其他信息工具也发生了巨大变化。2002—2012年，仅仅十年，报纸的影响力不仅来源于其所依靠的母体与特殊地位的权威性，还来源于长期努力形成的公信力，更来源于以“高度决定影响力”的理念主导内容生产与提供所形成的特殊影响与所支撑的解释能力。有了这种解释能力，一张报纸就能在竞争中保持并增强影响力，其他传播工具、传播渠道会因为其内容的价值而进行扩展传播，从而扩大内容生产者的影响，提升其品牌价值。《南方日报》的实践证明，其优势“恰恰在于权威性、公信力，在于对时政新闻、经济新闻和权威政策的解读”。独到的视角、独立的思考、独特的观念才是高人一筹、赢得读者、赢得市场的立身之本。

传媒的深层影响不仅在于提供了事实，更在于提供了分析和见识。对人们的心理、思想和行为产生深刻影响的，并不仅仅是事实，还包括对事实的解释，还有关于对事件的某种描述和分析。就产生影响而言，解释往往比事实本身更直接、更深刻、更有力、更难以改变。在新媒体时代，分析和见识的高度决定影响力，因此人们必须争夺第一解释权。

在今天，衡量传媒影响力的标准也应当有所变化，首先应当以新的眼光衡量传媒内容与传播价值。在我看来，媒体价值取决于内容质量和服务质量。服务质量可以用两个简单指标衡量，即便利程度与停留时间。决定传媒影响力的传播规律之一是便利性决定信息传播的有效性。因而，便利程度是媒体价值的权衡基础。而停留时间，即受众使用某个媒介、某种传媒产品的时间长度，体现了受众对媒体价值的认同程度。有报道提供了两组数字。一是《南方日报》每版报纸读者的平均阅读时间为0.78分钟。二是在《南方日报》的读者中，党政机关领导和机关企业管理层人员占43%，商企人士占12%，各类专业人士占30%，有着社会核心人群、中坚力量特征的读者占比达85%以上。虽然报道没有说明调查方法、调查时间、调查主体，但至少可从两个不同的层面帮助人们认识“高度”如何决定影响力。

在新媒体成为传播格局决定性力量的今天，要增强竞争力，就要重新调整理念。

第三节 建设重点：网络内容建设原则与突破点

互联网作为新闻舆论的新兴领域，是舆论生成、演化的主要平台，是社会动员的重要工具，已经成为影响政治认同越来越不可忽视的渠道，成为新闻舆论工作的主阵地、舆论斗争的主战场。加强互联网内容建设，营造清朗的网络空间，是做好网上新闻舆论工作的关键所在，也是主流媒体的重要使命。主流媒体应当也必须是互联网内容建设的主力军和营造清朗网络空间的基本力量，必须能够并善于发挥好重要作用。在新的形势下，这是履行党的新闻舆论工作职责、使命的基本体现和检验标准之一。

一、以先进技术为支撑推进内容建设

做好网上新闻舆论工作，必须“坚持先进技术为支撑、内容建设为根本”[①]，以实现“网络空间天朗气清、生态良好，符合人民利益”[②]。在我看来，坚持先进技术为支撑，坚持内容建设为根本，实现网络空间天朗气清、生态良好，这三个要求是环环相扣的，是做好党的新闻舆论工作的政治要求和工作基本原则，在智能传播时代同样必须坚持好、贯彻好、落实好。

---

① 中共中央文献研究室编《习近平关于全面建成小康社会论述摘编》，中央文献出版社，2016，第117页。

② 习近平：《习近平谈治国理政：第二卷》，外文出版社，2017，第336页。

在智能传播时代，5G、人工智能等一系列通信、计算机、网络技术的结合，为产业的进一步快速迭代变革、社会结构和运行方式进一步变化提供了驱动力量和承载平台，为人的生活方式、工作方式、连接方式、认知方式的变化提供了强大的牵引力和支撑平台。

从人类发展史观察，生产工具的诞生和迭代，不仅帮助人类提高生产力、一步步摆脱原始状态，而且新的生产工具往往决定着经济形态，推动人类社会发生重大变化，从而进入新时代，同时也催生新的发展逻辑和竞争逻辑。人类学会用火，能够使用畜力、风力等所建立的生产方式、社会结构，被使用化石能源的新生产方式和社会结构强烈冲击，就是明显例证。而新的信息传播和沟通工具的出现，在提供便利和提高效率的同时，往往更为迅速而强烈地改变着人与人的交往方式和社会结构，改变着产业结构与科技、经济的发展逻辑，改变着人们的时空观、价值观。以铁路为代表的交通方式、以电报为代表的信息传递方式、以现代媒体为代表的信息传播方式等，都曾起到这样的作用。但人们越来越感受到，一些信息传播和沟通工具在经济形态、科技发展、社会运行和人的潜能发挥等方面起着越来越强大的基础性作用。虽然人们曾经把互联网称为第四媒体，但人们已经感受到互联网作为一种基础平台、基础力量，对经济、社会与人所产生的深刻影响。移动互联网时代的到来，更进一步加剧、加速了这种影响力的发挥。从这个视角观察，迭代变化的移动通信技术、突飞猛进的人工智能科技，同样会与互联网等其他重要科技结合，作为基础力量对经济、社会与人产生深刻影响。

4G 的使用与发展，使全人类体验到更快捷通信的同时，也体验到诸多新经济形态、新传播形态、新生活形态、新认知形态带来的冲击与便利。中国是在 2013 年 12 月发放 4G 牌照的，智能手机和 4G 大规模使用并渗入普通百姓的生活，实际上是 2015 年以后的事情。而之前没有人预测到 4G 会带给中国百姓和社会生活如此强烈的影响。同样，5G 技术绝不仅仅是提供了更快的移动通信网络，更为重要的是提供了刺激力量和承载平台，它会更进一步与现有产业、行业结合，驱动经济形态、社会形态、生活形态和人的认知方式发生新的变化。人工智能也绝不仅仅是以机器人等形式提供了更高效、更可靠的操作工具，不仅仅是以机器学习等完成人力难以高效完成的工作，而会更进一步介入经济运行、社会生活甚至人的生活。因此，媒体必须以可能正在带来的新迭代变化为切入点认识智能传播时代的到来，必须在新的层面领会体悟坚持先进技术为支撑、坚持内容建设为根本，实现网络空间天朗气清、生态良好这个政治要求和工作原则。

（一）基础是内容建设

如何定位、领会和贯彻“坚持先进技术为支撑、内容建设为根本”，如何理解实现“网络空间天朗气清、生态良好，符合人民利益”的要求？

首先，应当明确这是治国理政的政治要求，绝不能简单理解为是业务层面的要求或一般工作要求。在我看来，这三个要求是习近平总书记对全党特别是党的新闻工作者提出的政治要求。“做好党的新闻舆论工作，事关旗帜和道路，事关贯彻落实党的理论和路线方针政策，事关顺利推进党和国家各项事业，事关全党全国各族人民凝聚力和向心力，事关党和国家前途命运。”[①] 做好党的新闻舆论工作，是治国理政的重要组成部分。只有做好内容建设，特别是做强网上正面宣传，做强党的新闻舆论工作，才能真正做到举好旗、走好路，凝聚起全国人民的磅礴力量，共同贯彻落实党的理论和路线方针政策，顺利推进党和国家的各项事业。

其次，这些要求体现了我们党一贯坚持的把人民利益摆在至高无上的地位的政治原则，体现了中国共产党人的初心和使命。新闻舆论工作的目标是增进共识、凝聚力量。“实现‘两个一百年’奋斗目标，需要全社会方方面面同心干，需要全国各族人民心往一处想、劲往一处使。

---

① 《习近平在党的新闻舆论工作座谈会上强调 坚持正确方向创新方法手段 提高新闻舆论传播力引导力》，《人民日报》2016 年 2 月 20 日，第 1 版。

如果一个社会没有共同理想，没有共同目标，没有共同价值观，整天乱哄哄的，那就什么事也办不成。我国有 13 亿多人，如果弄成那样一个局面，就不符合人民利益，也不符合国家利益。”“凝聚共识工作不容易做，大家要共同努力。”[①]

最后，这些要求对落实党的新闻工作的使命任务具有方法论意义。做好党的新闻舆论工作的基础就是内容建设，所以我们要坚持内容建设为根本。而要把好的内容传得开，把中国故事讲得好，把党的路线方针政策传播开，就要以先进技术为支撑，这样才能顺应时代的要求，满足人民群众的需要。

（二）环环相扣的工作原则

坚持以内容建设为根本，是把做好网上内容建设放到了做好网上新闻舆论工作的基础和核心地位，没有不断进步、不断壮大、不断强化、不断提效的内容建设，就难以完成做好网上新闻舆论工作的使命任务，就难以在互联网这个主阵地站住脚，就难以在这个主战场取得具有战略意义的胜利，就难以实现网络空间天朗气清、生态良好的目标。

要实现网络空间天朗气清、生态良好的目标，不能仅仅靠管、靠删、靠严加管控，更要依靠坚持网络内容建设为根本，以实现构建良好生态、清朗空间为目标。对于实现构建良好生态、清朗空间的目标，管是必要的、必需的，也是需要不断强化、绝不能弱化的。营造清朗的网络空间，“我们既要尊重网民交流思想、表达意愿的权利，也要依法构建良好网络秩序，这有利于保障广大网民合法权益”[②]。但更为重要的是做强内容，坚持内容建设为根本。这包括“要加强网上正面宣传，旗

① 习近平：《在网络安全和信息化工作座谈会上的讲话》，人民出版社，2016，第 7 页。

② 习近平：《习近平谈治国理政：第二卷》，外文出版社，2017，第 533—534 页。

帜鲜明坚持正确政治方向、舆论导向、价值取向”[①]；还要有效提升内容建设水平，“推进网上宣传理念、内容、形式、方法、手段等创新，把握好时度效”[②]，以实现“构建网上网下同心圆，更好凝聚社会共识，巩固全党全国人民团结奋斗的共同思想基础”[③]。做强内容，坚持内容建设为根本，还包括必须发挥网络引导舆论、反映民意的作用，既要坚持以团结稳定鼓劲、正面宣传为主，又要正确引导舆论、客观反映民意，激浊扬清、明辨是非，始终让主旋律和正能量占据网络主流地位。做强网络内容建设，不仅需要做强网上正面宣传，还必须努力培育积极健康、向上向善的网络文化，建设亿万民众共同的精神家园，营造清朗的网络空间。

做强内容建设，不仅要适应时代的发展和进步，适应人们的需求和生活方式的变化，还必须适应科学技术迭代进步所带来的变化。有效适应科技进步，必须首先有效运用科技，在运用中融合发展。传播本来就是与技术迭代变化紧密相关的。传媒发展史与技术发展史紧密相关。新的基础技术和传播技术的出现，会催生、引发、驱动传播方式、传媒形态的变革。移动互联网的迅速发展，已经越来越呈现为，在内容制作与传播等各方面，有越来越多的技术含量和技术支撑；越来越呈现为内容与技术的多维结合；越来越多的新形态内容是技术与创意、信息相结合的产物。因此，不以先进技术为支撑，内容建设和传播就会相应弱化、边缘化，就会脱离受众的生活形态与需求。因而，有效坚持内容建设为根本，必须以先进技术为支撑。也只有切实做到坚持内容建设为根本，才能实现网络空间天朗气清、生态良好。

---

① 《习近平在全国网络安全和信息化工作会议上强调 敏锐抓住信息化发展历史机遇 自主创新推进网络强国建设》，《人民日报》2018 年 4 月 22 日，第 1 版。

② 同①。

③ 同①。

二、智能传播时代内容建设的四个突破点

回顾历史，2013 年 12 月工业和信息化部颁发 4G 牌照后，4G 网络开始商业化运行，中国人的网上生活迅速向移动互联网迁移，其迁移速度和对经济生活、社会生活的影响，远远超出人们的预测。移动支付额的增长速度与移动支付的普及程度，也远远超出人们的预料。

5G 的商业化运营和人工智能技术在新闻传播领域的更大规模应用，可能带来什么样的变化？内容建设的重点和思路应当发生什么样的变化？应当如何应对？

（一）以“六可”新形态内容产品作为内容建设重点

应用经济学家、技术预测家吉尔德 1996 年在《遥观宇宙》一书中预测，在未来 25 年，主干网的带宽每 6 个月增长一倍，其增长速度是摩尔定律预测的 CPU 增长速度的 3 倍，并预言将来上网会免费。这被称为吉尔德定律。宽带和移动互联网的发展，正在印证吉尔德定律的效力。

5G 的优势之一就是超大带宽、高速率，高于 4G 近 20 倍、可传输 8 K 电视的带宽和人工智能等技术结合，会催生什么样的内容产品？在我看来，可听、可视、可互动、可感受、可体验、可分享的内容产品会成为内容产品的主流。图片、音频和视频已经成为内容产品的主要表现形态。移动互联网时代，音频体现出更强的伴随性优势，视频在通过长视频体现专业质量的同时，也通过短视频和小视频迅速渗入普通人的精神生活。但依然不能简单推论在 5G 时代会直接延续音频、视频已有的特征和优势。在 5G 和人工智能等技术的支撑下，内容产品一定会因新技术提供的诸多能力的牵引，衍生出新的特性，诞生出新的品类，呈现出新的表现形态和传播规律。至少，它会强烈地体现出可听、可视、可互动、可感受、可体验、可分享诸种特性的巧妙结合。它是“全息媒

体”[①] 在内容产品形态上的具体表现。

（二）以协同生产、体系竞争力构建作为能力建设重点

5G 的优势之二是超高可靠低时延，5G 可以实现的时延只有几十毫秒甚至几毫秒。针对这一特性，一些厂商、运营商在场外试验阶段就在积极试验将 5G 用于需要高可靠性、高同步性的自动驾驶及远程医疗等方面。在我看来，超低时延对同步性提供的技术支撑，会带来更大的协同度，催生、驱动更多异空间协同合作。无论是在工业领域还是在新闻传播领域，都可能呈现为协同生产，它可以使传统广播电视直播这种体现专业性组织能力的内容生产变得简便易行日常化；它可以使传媒的组织结构变得更具弹性、包容性和可调整性，而不再是坚持分工清晰、责任明确的科层组织；它可能使传媒的工作形态发生更明显的变化，使远程协同工作成为常态，因而可以更高效地生产更复杂多样的内容产品。

5G 技术的高同步性会加速推进传媒竞争以体系竞争为核心，体系竞争力成为衡量传媒竞争力的基本标准。体系是一定范围内相关要素基于特定目的，按一定秩序和内部联系，遵循一定法则、规则和制度安排有效运行的集合体，是不同系统组成的协同系统。在这样的集合体中，相关要素产生新的连接方式与协同方式，从而形成体系聚合，发挥新的效能。体系性对抗和竞争，正在成为现代社会的一种主要竞争形态。在经济领域，企业间的竞争能力不仅体现在创新能力上，还体现在创新成果的实现能力，以及供应链和销售体系的融合控制能力上。移动互联网领域所谓的生态系统竞争，实质上就是体系建构与运用成效的竞争，就是一种体系竞争。战争形态也正在演化成体系对抗，尽管有非对称性打击战略，但仍然集中于体系能力的对抗。

① 习近平总书记指出：“全媒体不断发展，出现了全程媒体、全息媒体、全员媒体、全效媒体，信息无处不在、无所不及、无人不用，导致舆论生态、媒体格局、传播方式发生深刻变化，新闻舆论工作面临新的挑战。”习近平：《加快推动媒体融合发展 构建全媒体传播格局》，《求是》2019 年第 6 期。

对媒体而言，竞争本来就是一个全体系的战略问题，只是比较直观地体现在产品层面。制作新媒体内容产品，使用新媒体工具和平台，都只是适应新媒体竞争、实施媒体融合的初步举措。能够更有效地集聚媒介资源和生产要素，形成体系聚合并能够有效激发这个体系的潜力和活力，形成更综合、更强大的体系竞争力，是媒体深度融合必须实现的目标。体系竞争力是媒体基于技术系统与制度安排、媒介资源与生产要素聚集进而形成运作体系而体现出的一种综合竞争力，是一种基于体系运作效率的多要素、多向度协同运作，是一种可持续的综合竞争优势。谁能够获得这种竞争优势，谁就可以更适应在新技术条件下的竞争。

在经济领域，体系竞争力的体现之一是生态构建能力，即围绕自己的优势领域构建生态，比如苹果公司围绕移动终端构建起的强大生态保证了竞争优势和苹果硬件的超高利润率；体现之二是标准控制能力，即通过专利池等手段维护所支持技术标准的广泛使用，从而通过专利授权谋求超高利润率，高通公司就拥有这种能力；体现之三是供应链控制能力，即通过对供应链的有效控制来抑制对手、获取竞争优势。

在人工智能时代，传播领域的体系竞争会更强烈。对传媒而言，体系竞争力的体现之一是通过融合运作体系实现从采集、制作到传播全流程的高效资源利用、高效运行和高效产出，从而赢得较强传播力和竞争力；体现之二是构建起智能内容生成的生态体系，赢得竞争优势；体现之三是构建起强大的传播体系，依靠传播能力实现对内容的聚集，赢得竞争优势。

（三）以获取多形态数据资源作为资源建设重点

5G 的优势之三是超多连接高容量，人们所期望的 1 平方千米范围可以支撑 100 万个移动终端的连接，远远超过 4G 时代可以达到的连接容量。这不能简单理解为会有 100 万个 5G 手机连接，而是必然会出现占比越来越高的非 5G 手机通信需求的连接，这会加速推进人与物的连接、物与物的连接，加速推进移动互联网的广泛应用和物联网应用的发展。这种高连接度同样会加速推进经济结构和社会生活的变化，从而产生更多物与物连接的可能，产生巨量多形态数据的可能。这为传媒的内容生产提供了新的来源和基础。

对于传媒而言，这样的新形态数据就是感知动态、发现变化、挖掘意义、评估影响、制作内容、赋予意义、实施传播、实现影响的重要素材。这样的新形态数据的早期形态，在传媒的内容生产中已经得到运用，传媒利用其制作出多种形态的内容。比如，人们多次在主流传媒的节目中看到从交通监控影像数据或行车记录仪影像数据中截取出来的事故画面，没有这样的影像数据，就难以真切看到发生事故的那一刹那。人们也多次看到根据移动通信漫游数据制作的春节人口流动热力图，看到根据淘宝销售、物流数据预测的区域经济或行业运行数据的变化。很多年前，我们就看到过根据电表使用数据发布的商品房空置情况的分析，这都显示了新形态数据的传播可用性和说明力。

多形态数据未来无处不在。利用各种传感器系统和其他数据收集处理系统，人类可以超出人的感觉器官的敏锐度、速度、效率、数据量感知外部世界和人本身的变化，这些数据值得从传播的角度挖掘。“全程媒体、全息媒体、全员媒体、全效媒体”从时间、空间、主体、效能四个维度概括了全媒体的基本特征。数字科技不断发展迭代，使媒体同步记录、传输、分发、传播能力大为提升，媒体与其他传播者在事件发生的全过程都可以多维度、多形式、多渠道传播，“信息无处不在、无所不及、无人不用，导致舆论生态、媒体格局、传播方式发生深刻变化”①。这就必然需要能够反映事件各个环节变化的新形态数据。风起于青蘋之末，人类难以到达的环境可以通过多种形态数据反映出来。因而，数据获取能力、数据发现能力、数据挖掘能力，就成为传媒内容建设能力的核心组成部分。

人工智能正在向模拟、延伸和扩展人类智能的方向发展。在我看

① 习近平：《加快推动媒体融合发展 构建全媒体传播格局》，《求是》2019年第6期。

来，“探索将人工智能运用在新闻采集、生产、分发、接收、反馈中，用主流价值导向驾驭‘算法’，全面提高舆论引导能力”[①]，既包括通过运用人工智能全面提升内容采集、制作、传播能力，也包括在各领域、各行业更积极有效地运用人工智能自动积存的各种形态数据，从更多维度更客观地反映自然、社会和人本身的变化，提供更精确、多视角、引人思考的内容产品，从而进一步增强传播力和影响力。

（四）以增强分发能力作为加强内容建设的重要基础

对于传播而言，分发环节是传播链条的关键环节，没有分发，内容价值与传播影响都不能实现。传统媒体分发环节的重要性为人们所熟悉，报纸行业重视发行环节，广播行业重视覆盖率，电视行业重视传输和落地。

在移动互联网时代，所有传媒都可以利用互联网分发，都可以借用互联网平台或自建客户端形成自己的平台。但即使如此，传媒分发能力建设问题并没有解决。如何有效利用移动互联网的各种传播工具、产品形态提升传媒的分发能力，依然是人工智能时代需要解决的问题。

首先是观念问题。分发环节是内容价值创造和实现环节，是影响力的生成环节。虽然人们在积极讨论媒体融合，但传媒习惯讨论的媒体融合，往往并不一定包括分发环节。报纸讨论媒体融合和分发，往往止于通过互联网或移动终端传播，对发行环节的媒体融合目标、路径、实现手段、成效目标等还需进一步进行研究与探索。广播和电视这类传统传输方式、分发方式的融合发展，同样需要更多理论支撑和实践探索。

其次是手段问题。人工智能应用于传播的分发环节已有十多年。所谓算法分发，既包括强大的算力，也包括“聪明”的算法。算法背后是人，是规则。不可否认，算法分发已经在相当大程度上影响了传播格局。

① 习近平：《加快推动媒体融合发展 构建全媒体传播格局》，《求是》2019年第6期。

增强分发能力是加强内容建设的重要基础。主流传媒的传播力、影响力、竞争力，相当大程度上要靠相应或更强的分发能力来实现。强大的分发能力并不能简单地理解为自建平台，一定包括如何更“聪明”、高效地运用互联网平台和其他分发渠道，一定包括根据不同分发渠道的特性和受众行为数据更“聪明”、高效地匹配内容产品，执行相应的传播策略。因而，分发能力的增强，一定意味着对受众需求、内容制作、产品匹配、传播策略更为深刻的理解和更为精当的运用，必须能够牵引、拉动、支撑内容建设。

第四节　价值发现：基于新历史方位解析中国

如何报道好 2018 年全国两会，是我在圆满完成党的十九大报道后就一直在思考的问题。

当然希望有所创新。那么该如何破题呢？

在工具层面创新是相对容易的。在过去的几年里，一直有一些新采访工具走进两会，引起人们注意，但采访工具成为引人关注的新闻，不能说是成功。新闻媒体的任务是报道好两会，而不是让自己成为新闻的一部分。报道形态创新、产品形态创新相对困难得多，但成果丰硕，而报道思维创新则有更大难度，也是最急迫的。

以什么样的眼光和思维认识和把握 2018 年的全国两会呢？首先必须准确把握 2018 年两会的历史方位、时代坐标和特殊议程，要想准确把握这样内容仅凭经验是不够的。1988 年，我第一次参与新华社两会报道，具体报道云南、广西、贵州、西藏四个代表团，之后 30 年里，又多次参与两会报道，深刻体会到时代变化对两会议程、意义的影响。最近几年，中国两会越来越成为世界范围内的重要新闻事件，那是因为中国因素、中国选择越来越微妙而深刻地影响世界经济以及更广泛的领域。

2018 年是与以往任何一年都截然不同的一年。2018 年是贯彻党的十九大精神的开局之年，是改革开放40周年，是决胜全面建成小康社会、实施“十三五”规划承上启下的关键一年。这三个“节点年”之上更为重要的历史方位和时代背景，是习近平总书记在党的十九大报告中指出的：“经过长期努力，中国特色社会主义进入了新时代，这是我国发展新的历史方位。”因此，2018年两会报道最重要、最急迫的创新要求是基于新历史方位解析中国，以丰富的内容和观点向国内外报道、分析、解析中国已经取得的历史性成就、已经发生的历史性变化的内在原因，向国内外展示正在发生的变化和面对未来的重要选择。

基于新历史方位解析中国，与其说这是创新，不如说这就是我们的使命。要深刻认识我们肩负的神圣职责，准确把握2018年两会的历史方位、时代坐标和特殊议程，以高度的责任感、使命感投入报道，确保圆满完成党中央交给我们的重要政治任务。新华社音视频部就是以此为基点把握2018年两会报道的。

一、把握历史方位，提升报道思想含量策划水平

新闻报道必须依据事实、报道事实，但新闻报道从来都不是单纯报道事实。选择什么样的事实，如何报道所选择的事实，背后都渗透着价值判断和观点表达。要讲好新时代的中国故事，不仅需要讲述技巧，选择好角度、话语体系和表达方式，更取决于报道者的立脚点、思想高度与认识水平。立脚点、思想高度、认识水平以及想象力决定了什么样的线索和现象可能打动报道者，从而牵出什么样的故事；决定了报道者以什么样的叙述逻辑、内容结构在报道中构建这个故事或这些故事；决定了报道者以什么样的影响逻辑与受众内心进行对话，这个故事在什么层面、什么深度与受众产生共鸣，从而在价值观层面产生什么样的共振。讲故事，从来都不是简单地介绍一件事是如何发生的，而要在讲述中与受众进行感情交流和价值观互动。讲故事， 从来都不是简单地重现发生了什么和如何发生的。好故事，应当是既有温度又有硬度的。这里的硬

度，就包括其中所蕴含的能为受众体会到的思想和观点。

短视频、微纪录片以其适应受众使用便携工具随时观看的体量，以其适应新媒体传播、容易让受众产生共鸣的多样表达手段，以其特有的利用影像、语言、音效传递的可体验的丰富信息，成为越来越有传播力的传播手段和产品形态。但短视频、微纪录片的质量和影响力，并不仅仅取决于影像、配音等传统因素，也不仅仅依赖于其叙事结构，其思想含量决定了这件作品的深层影响力，决定了其能否与受众产生思想共振，决定了会产生什么影响、形成什么层次的口碑。因此，对这类作品的策划和打磨，起决定作用的是对其思想含量的提升，是对其立意的升华。提升了报道的思想含量，就有效提升了策划水平，提升报道质量就有了实在的基础。两会期间，新华社音视频部重点报道的策划，实际上就延续了我们一年来在此方面的努力和探索。

2018 年春节前夕，新华社音视频部推出了两部微纪录片《暖流——五年，习近平总书记的春节时光》《梁家河的新生活》。《暖流——五年，习近平总书记的春节时光》于 2018 年 2 月 11 日 8 时播发后，在各大网站置顶，多个移动客户端、视频网站、微信公众号以头条推送。截至 22 日 8 时，总观看量达到 1.116 亿次，评论互动量达到 2.8 万条，在油管、推特（现为 X）、脸书等海外社交平台的总浏览量超过 600 万次。这部片子的策划过程就是一次思想水平提升、思想含量增加的过程。为做好此片，编导组织新华社多个国内分社的记者回访习近平总书记五年来在春节期间看望过的村民，获取了大量素材，其中很多内容非常感人，但将素材汇聚在一起，剪辑成片后，仍感到缺少“精气神”，缺少串起来的一个清晰的思想表达。这些感人的过程和细节的内在联系是什么呢？体现出什么呢？编导们分别从解说和画面的角度想到了将年夜饭的场景嵌入片中，以此将五年间发生的故事用食物串联起来。由此，五年的春节时光就不再是零散的，而是以一桌团圆饭的形式贯穿起来。动画组的高手们用动画形式将这五年的食物和受访百姓的形象展现在一起，才让这一想法成为现实。但这只是有了形式上的“神”，思想上的“神”仍旧欠缺。我们帮助编导提纯、提炼、提升这些内容、细节、动人场景和话语的内在联系，那就是人民群众和人民领袖的血肉联系，总书记每年春节都会去看望普通百姓，把百姓当亲人；人民群众爱戴自己的领路人，每到春节，百姓还希望总书记像家人一样再走进自己的家门。厘清了这样的思想脉络，这部片子那些动人的场景和细节就都鲜活了起来，有了新的生命力。成片分别从“亲人的牵挂”“人民领袖情怀”和“老百姓的心声”三个角度讲述了三个主故事，最后又以总书记与百姓之间的深厚感情结尾，将全片推向高潮，让全片充满泪点并且直击人心。《梁家河的新生活》的编导，从接受采访任务到纪录片播出只有7天时间，也经历了寻找“新闻眼”、提炼“精气神”的过程，才把采访中获得的故事、细节和影像有机地融合在一起，形成一个既有温度又有硬度的故事。

两会期间，新华社音视频部秉持提升思想含量与强化创新表达的理念，继续推出微视频。2018年3月17日，在习近平同志当选国家主席、中央军委主席并进行宪法宣誓当天，新华社音视频部推出微政论片《神圣的职责 庄严的承诺》；全国人大会议闭幕后，推出《梁家河：人民代表心相印》。片中的两位人民代表，一位曾在梁家河担任支部书记，另一位是梁家河现任支部书记，全片源相同、心相印、意相同、声相应、行相同，构思巧妙，寓意深刻。两会期间播发的报道《牧民代表吴云波：我与总书记同在一个团》同样体现了这样的创意追求。

2018年两会报道，既有以往的部长通道采访活动，又有新增的代表、委员通道采访活动。从整体看，代表通道采访活动在召开党的十九大时已经有过；分开来看，这是三种不同的采访活动；联系起来看，同在人民大会堂，在相隔仅100多米的通道两端，代表或委员采访与部长采访几乎同时进行，有什么特殊的寓意和内涵？两会前，在与前方采访组商榷选题时，我们提出，把这两者联系起来看，是民意与国策在同一时空共振，它是一种民主的体现，也是一个理解今年两会的重要切入点。于是，在对代表、委员通道和部长通道进行直播、短视频快讯等形式报道的同时，记者的报道几次从这个角度切入、展开，挖掘、放大代表、委员通道和部长通道采访活动的特殊内涵。

对于音视频报道整体而言，既要讲好两会故事，也要传播好中国声音。其中，重要手段就是直接采用评论性的报道形式，更直接有效地表达观察和思考。这次两会报道中，新华社音视频部推出了《看中国·阅两会》专栏，该专栏紧扣两会议程，场内场外连通，记者在现场边述边议，强化评论形态。这个专栏的稿件公开后，被北京电视台、上海广播电视台、山东广播电视台、广西电视台、深圳广播电影电视集团、中国教育电视台、苏州广播电视台、三沙卫视、南京广播电视台等多家用户下载使用。截至 3 月 18 日，6 期《看中国·阅两会》的专栏在新华社客户端的总点击量已经超过 200 万。这个专栏中的《报告中的人民“幸福感”》《智能时代 唯创新者胜》在新华社客户端的浏览量均快速突破百万。

二、把握创新契机，以流程再造驱动报道力提升

对于两会这样的重大政治事件，音视频报道形成了一些模式，取得了一些经验。但 2018 年与其他任何一年都不同。要完成报道任务，既需要做到准确聚焦、把稳基调，准确把握大会主题、议题，坚持正确政治方向、舆论导向；也需要创新表达，体现两会新特点，创新报道方式。在 2018 年两会报道中，我们努力按照新华社党组的要求，优化报道思维，实施系统创新，以流程再造驱动音视频报道的报道力、传播力、说服力有效提升。

只要组织得当，重大战役性报道也可以成为创新的发动机和平台。2018 年前的几年里，我们勇于创新，以重大战役性报道为契机，实现报道能力和报道成效的提升。2017 年两会报道，我们启用了新华社全球视频智媒体平台（以下简称“智媒体平台”），对所有代表通道进行了高清直播，实施了全高清供稿，并启用了“新华视频”Logo（标志），在

发稿数量、报道质量、创意创新方面均上了一个新台阶。依托这个集采集、生产、分发、数据分析于一体，全面重塑音视频生产服务流程的智媒体平台，报道力明显提升。如发稿时效不断取得新突破，重大报道基本实现“直播式发稿”，从以往最快近 2 小时，到两会时最快 4 分钟，再到金砖国家领导人厦门会晤报道中最快以 1 分 41 秒的速度发出短视频稿件《厦门会晤大范围会议 金砖国家领导人步入会场》。在智媒体平台的支撑下，视频通稿线路、短视频专线、音频通稿线路共同成为重大时政活动程序报道的主要发稿渠道。首届“一带一路”高峰论坛期间，我们依托智媒体平台，在前方设立视频发稿中心，这是新华社建社 86 年来第一次实现了在任何地点基于智媒体平台快速构建视频编辑部，摆脱了只能在总社发稿的限制。重大战役性报道带动了多方面的创新。党的十九大期间，音视频部制作的大型开幕报道《踏上新征程》直播党的了十九大代表从驻地走进大会堂的全过程，彰显了这个过程的特殊意义。在新华社创纪录的互动活动“点赞十九大”中，音视频部承担了所有音频制作任务。

以重大战役性报道作为创新的发动机和平台，不是无谓的冒险，而是要充分掌握技术系统的可能性、风险点，充分掌握业务流程的关键点、控制点，并能够在统筹把握技术系统与业务流程的基础上，梳理创新需求与可能遇到的问题。

新华社全球视频智媒体平台，是音视频部作为责任主体组织建设的，是基于新华社视频供稿业务全球布点、全球采集、全球供稿、全球运行的特殊需求构建的，充分考虑了媒体融合、移动优先战略的需要，充分考虑了新华社采集网全球运行、传统媒体和互联网用户全球存在、任何重要报道地点都可以构建编辑部的需求。重要的是，我们的基本建设理念是超越在编辑部超大办公空间各编辑单元集中办公的空间整合模式，在尽可能节约预算的前提下实现新华社音视频生产体系的聚合，形成体系竞争优势。为此，智媒体平台的建设，重要的并不在于或不仅限于采用了什么新技术、新设备、新系统，而是我们以前瞻性理念和对新华社音视频业务发展的预测，构建了从用户需求获知到采集、内容生产、用户服务的全流程，打通了与音视频生产相关的所有系统的底层，共享数据，分发信号，传送产品，回馈状态，从而构建了一个音视频内容生产服务技术业务体系。这比一般工具、技术运用等更为深层、更为基础、更为系统，从而更有效支撑运行、支撑创新、支撑融合，驱动业务模式和服务模式变革，体现了新华社党组“先进性、实用性、兼容性”的要求。

智媒体平台，不仅实现了高清化，还实现了数据化、便捷化。智媒体平台与世界先进的媒体制作管理平台理念一致，符合媒体行业发展方向，在大数据积存、使用及操作便捷化等方面具有独到之处。通过建立音视频生产体系管理平台，实现与采、编、供各环节的所有系统在底层联通。2017 年 3 月 3 日，智媒体平台中的高清生产部分以高清直播为标志开始试运行。4 月 20 日，高清非编和资料库系统从传统内网搬至绿区互联网，成为中国第一个基于互联网运行的高清非编和资料库系统。智媒体平台中的音视频生产体系管理平台上线，实现了这次技术建设的重要目标数据化。数据化的标志是通过智媒体平台中的音视频生产体系管理平台，实现采集、编发、用户下载各环节的所有数据，包括数量数据、行为数据、运行数据都自动积存、自动汇聚并按照一定方式呈现，同时可按一定权限和要求查询。与新华社音视频供稿有关的新华社全球采访、编辑、制作、发稿、用户下载的数量数据、行为数据、需求特征数据等都可以记录下来，进行数据分析，这样有助于改进报道、系统后续研发和产品研发。便捷化的标志是，不仅把音视频生产的采、编、供各环节涉及的 20 多个大小新旧系统整合成高清大系统，实现底层联通，而且借助系统建设，取代了一些人工处理的环节，重塑了生产流程。

正是基于智媒体平台和 2017 年在重大战役性报道与日常报道中的创新努力，新华社音视频部把握住 2018 年两会报道的创新契机，以流程再造促进报道力的提升。

这包括进一步实施流程再造，强化精确控制，在报道形态、业务形态上进一步有所突破，实现中文直播、英语直播、音频直播三个直播在一个业务体系内同步完成，三线同时直播。

这个创新目标的实现基础是高水平的专业高清视频直播。这个专业性不仅体现在高清视频直播的专业性上，更体现在这个业务体系的专业性和精确控制上。对于新华社这样的全球布局的音视频报道体系，其核心竞争力之一是复杂的业务、技术流程和对这个流程的精确控制。只有精准控制才能保证以比传统电视机构少得多的人力投入、技术投入和采访拍摄条件投入，获得理想的直播效果。一个业务体系同时完成中文直播、英语直播、音频直播三个直播和支撑直播式供稿，更需要精确控制。因为，这个体系中的三个直播，每一个都有自己的特殊要求，甚至入点和出点都不同，直播式供稿要保证时效，对特定时段的画面组合有与直播不一样的要求。这都需要在梳理清楚的前提下对整个业务、技术体系实施精确控制。因此，摄像采访团队和演播制作团队必须适应高强度直播。48 场直播报道对于前采的 9 位摄像记者来说是严峻考验。平均每天两到三场的直播报道，他们都要提前进场测试，同时还要兼顾配合记者采访。为确保直播安全、专业水准和利用直播信号快速切短视频，摄像记者和导播事先充分研究了大会堂的所有场景，推敲确定了基本镜头组合和扩展镜头组合，使得其能够实现对直播画面和内容的精确控制。更重要的精确控制是对以信号流集束和分发为核心的整个业务体系和技术体系的控制。这需要技术团队对新华社音视频业务和需要完成的四项任务有清晰的理解，而不是被动执行；需要业务团队与技术团队的紧密融合式协作。为此，音视频部大直播协调有自己的特色，如逐环节汇报，由上下游每个环节的业务和技术人员对正在汇报的环节提出问题，确定协调细节。主持协调者需要站在业务、技术体系的高度把握全流程，要比每个环节的具体操作者更善于发现问题、确定解决办法和相关规则，要更善于根据业务、技术体系安全顺畅运行的需要解决问题，理顺流程。

2018 年两会报道，新华社音视频部顺利完成两会期间所有代表、委员和部长通道集体采访，以及重要记者会、发布会的高清直播报道。其中，中英文视频直播 48 场共计 3 140 分钟。带有“新华视频”Logo 的直播信号同时提供给上海广播电视台、北京电视台、腾讯、百度、新浪、网易、澎湃新闻等新华社签约用户，在新华社客户端、新华视点微博等新华社各端口播出，场均点击量达到 400 万以上。其中，外交部部长王毅就“中国的外交政策和对外关系”回答中外记者提问、中国人民银行行长周小川等就“金融改革与发展”相关问题回答记者提问等 4 场直播，点击量超过 1 000 万，点击量最高的场次达 1 230 万，英语直播信号提供给海外社交媒体三平台（脸书、推特、油管）的新华社账号播出。外交部发言人办公室官方微信号上的置顶文章《关于王毅外长记者会，您不想错过的，都在这里！》里，也使用了带有“新华视频”Logo 的直播视频。北京电视台、上海东方卫视等电视台，除使用新华社直播信号播出外，还利用新华社直播视频流剪辑视频短片并在新闻节目中播出 。

基于已经实施了几年的中英文直播并行，2018 年我们另增加了音频直播。这也是我们首次在重大战役性报道中实施互联网音频直播。其中，喜马拉雅 FM 在“外长记者会”采用新华社音频直播信号，总参与数超过 245 万人次，是当日中央级媒体在新媒体平台的独家音频直播。截至 2018 年 3 月 20 日，喜马拉雅 FM《新华社带你听两会现场声》共播发音频稿件 161 条，累计收听数达到 802 万人次。音频直播 2 场，直播回听 3 场，共计 300 万次收听。喜马拉雅 FM《新华社带你听两会现场声》两会期间总收听人数为 1 102 万人次，后台完播率 80%。

实际上这个直播体系中并不仅仅只有中文直播、英语直播、音频直播三个直播，我们还利用直播体系实施直播式发稿，利用现场传回的摄像机信号和无“新华视频”Logo 的直播信号，以快切方式发短视频，利用高清直播信号、电视通稿线路、音频通稿线路、英语通稿线路、短视频专线等同时“多切、快剪”。与 2017 年同期相比，在未增加编辑的情况下，两会期间共以快切方式滚动播发短视频 777 条。这种直播式滚动抢发短视频的报道形态，体现了通讯社在工作模式和报道形态上的优势，所发布的节目占据新华社客户端视频页面的 90% 以上。这类短视频，仅在微博“新华视点”账号的点击量就达到 200 多万。借助音视频部 2017 年新开设的短视频专线，2018 年两会期间，江苏移动互联网电视、江苏电信 iTV 两大平台的新华社专区设立了相关专题。其中，江苏移动互联网电视的新华社两会专题海报被该平台推荐至首屏 Top1 位置，推荐当天该专区用户增加 15 435 人，激活用户数增长 20.19%。音视频部视频通稿线路开设多年，在 2018 年两会期间的发稿速度有时甚至快于网站实录，因为新闻点突出，其内容被北京卫视、江苏卫视、中国教育电视台、河北电视台、深圳广播电影电视集团、三沙卫视等用户采用。音视频部的音频新闻线路、英语视频线路采用这种直播式滚动发稿方式，体现出比以往更强的报道力和影响力。

以往，新华社音视频部只考虑如何发稿，新华社各终端将直播推送给受众，各签约用户根据自己的需要选用。2018 年两会期间，根据何平总编辑的要求，新华社在自己的法人微博“新华视点”和微信公众号上实施滚动播发全媒体快讯，即文字、图片、视频同步发稿并组合在同一界面中，形成我称之为“融媒体快讯”的新产品形态。基于新华社智媒体平台的支撑能力和音视频部相对成熟的业务流程，在新一届国家领导人当选等重要节点，我们成功实现重大程序要闻融媒体快讯抢发，有效实现了文字、图片、视频的融媒体协同，提升了报道力。新的产品形态形成了很好的传播效果，其中，“新华视点”微博账号发布的《十三届全国人大一次会议举行第五次全体会议》点击量达到 288 万次，《全国政协十三届一次会议 3 月 15 日上午闭幕》点击量达到 232 万次。

2018 年两会期间，音视频部的记者编辑还紧密配合新华社“全媒头条”和英语“全媒头条”，围绕一些重大选题，在最少仅有半天多的时间里，配上了同题视频。《激发中国创新的时代伟力——从全国两会看“第一动力”》《党心民心所向 时代大势所趋——代表委员和干部群众热议宪法修正案通过》《集众智 聚人心——新型政党制度的中国智慧》《维和官兵：我和老婆说句话》等都获得了很好的传播效果。

三、把握关键节点，以价值发现与受众形成共鸣共振

对于两会这样的重大战役性报道，不仅需要紧扣会议主题和议程，准确、完整、及时完成程序性报道，及时传播重大新闻，也需要通过发现新闻背后的内涵和价值，发现受众的关注点、敏感点、利益点与所发生新闻的内在联系，通过适于此阶段技术条件、传播条件的报道形态、话语形态，在关键节点播发稿件、推动传播，与受众形成共鸣共振。两会期间，音视频部播发的稿件，单个终端点击量过百万的就有近百件，其中有十多件的点击量超过了500万次。

着眼于紧扣两会议程，音视频部重点做好对政府工作报告、宪法修正案、国务院机构改革方案、预算报告、两高报告等的解读报道，《AR读报告 | 一路向前 · 中国行！》《新华视点 | 让宪法永葆生命力——代表委员热议宪法修改》《百米通道 国策与民意共振共鸣》《“国家账本”里加减乘法的奥秘》《“中国式商量”：贡献看得见》在新华社客户端的点击量均超百万，被上海广播电视台、北京电视台、江苏广播电视台、山东广播电视台、江西卫视、广西电视台、中国教育电视台、深圳广播电影电视集团、三沙卫视等用户采用。其中《新华视点 | 让宪法永葆生命力——代表委员热议宪法修改》被国家网信办全网推送，被中国教育电视台、江苏广播电视台、广东广播电视台、吉林电视台、深圳广播电影电视集团、中央数字电视摄影频道、江苏头条等几十家广电媒体采用，同时被网易、百度、今日头条、微博等门户网站和客户端转载。海外社交媒体三平台播发的英文短视频《习近平全票当选国家主席 中央军委主席》《新当选国家领导人进行宪法宣誓》受到海外网友广泛关注，总浏览量超1 000万次，互动量超80万次。主动设置议程的街采报道《全球采访：我为什么关心中国两会》，受到海外网友关注。

在2018年两会报道中，新华社音视频部作为新华社主要编辑部之

一发挥了主体、主流作用。音视频部所负责的视频《新华视点》（视频版）专题栏目，每天制作一档紧扣两会主题、议题的视频新闻专题节目，仅从新华社客户端看，其中的《这些民生热点，代表委员怎么说》《扎实的“成绩单” 清晰的“计划表”》《世界倾听新时代中国强音》《“深化改革还有哪些硬骨头”——代表委员话改革》《服务人民需要夯实强国基石》《集众智 聚人心——新型政党制度的中国智慧》《监察全覆盖 反腐法制化——透视监察法草案六大焦点》《重器 重匠 重策——中国科技创新加速度》单终端点击量都超过百万次。这些节目还提供给作为《新华视点》专题栏目签约用户的电视台使用，同时在黑龙江卫视播出。两会结束之际，音视频部还制作了《向着梦想，启航——2018 年全国两会巡礼》，以大开大合的气度，纵览全国两会的成果。

新闻事实可以有多个报道角度，特定条件下最适合的角度往往需要有新的发现与精妙的表达。有些重大新闻，可以从多个解读角度，但传播力最大的可能还是选取最简单又最能说明问题的播报方式。受国务院委托，财政部于 3 月 5 日提请十三届全国人大一次会议审查《关于 2017 年中央和地方预算执行情况与 2018 年中央和地方预算草案的报告》，这一事件重要且内容复杂，要如何报道？在记者充足准备、认真采访、编辑多次打磨基础上完成的稿件，以《“国家账本”里加减乘法的奥秘》为切入口，该视频仅在新华社客户端的点击量很快就超百万次。《集众智 聚人心——新型政党制度的中国智慧》等稿件在新华社客户端的点击量均超过百万次。

代表委员会如何理解新时代是奋斗者的时代？奋斗本身就是一种幸福，只有奋斗的人生才称得上幸福的人生。奋斗是艰辛的，奋斗是长期的，奋斗是曲折的。奋斗者是精神最为富足的人，也是最懂得幸福、最享受幸福的人。讲述代表委员的奋斗故事和诠释奋斗精神的《奋斗！我们的新时代》，在“新华视点”微博账号的点击量达到 325 万次。

两会期间，音视频部英语视频编辑室广泛约采海内外专家学者，其编发的视频《2018两会有啥看点》《全球采访：我为什么关注中国两会》《芬兰总统：中国两会意义重大、影响深远》《海外专家：中国为世界发展做出重要贡献》《海外学者：中国发展成为全球模范案例》等，在讲好中国故事、传递中国声音上有了新探索、新成效。音视频部英语视频编辑室还在电视通稿线路开设了《海外看两会》专栏，该专栏受到用户的广泛好评。

音视频部前方采访组就国办重点栏目《听民意 汇民智》共播发4期稿件，从国办工作人员旁听、汇总、反馈到相关部门讨论方案、回访代表，音视频部记者全程拍摄、报道了国办旁听汇总工作的整个过程，视频在新华社客户端的单条点击量均超过100万次，中国政府网、腾讯等多家终端转载。之后，音视频部视频专题编辑室又做了深度加工，其制作的10分钟专题《（新华视点）民之所望 必有回响——记2018国办旁听汇总工作》，被几十家媒体采用，在网易、百度、今日头条等网站和客户端转载。

回望音视频部制作的新华社客户端单终端点击量超百万次的稿件目录，就会发现，编辑记者掌握了新媒体传播的规律。他们以独特的思维提炼新闻的价值点，以专业的处理加工能力确定最适合新闻传播的切入点，以对受众需求点、敏感点、关注点的把握确定稿件的共鸣点，从而驱动新媒体舆论场上的再传播；以恰当的价值提炼和表达与受众在深层形成共振，从而实现通过传播增进认同和达成共识。

在2018年的两会报道中，音视频部的记者、编辑、终审人员呕心沥血完成的这些稿件，不论是单终端点击量过百万次的单条稿件，先声夺人的融媒体快讯，还是那些专业度较高的直播报道，起定盘星作用的重点报道，相对于过去他们在重大战役性报道中的努力和成效，可以说形成了一小片新的高地。

有了这样一小片新的高地，有了系统创新的支撑体系，他们就能攀上新的高地，进而攀上新的高峰。

第二章 创新依据

数字变革深刻重塑内容竞争逻辑和创新依据。

直观地看，数字科技深刻重塑数字内容的表达逻辑，呈现为显性表达与隐性表达相契合、抽象表达与具象表达相融合、融合表达与数据表达相支撑、二维表达与多维表达相演化、个人表达与公众表达相转换，因而，媒体特别需要与变革趋势相适应的传播策略设计。

深层解剖，决定短视频等内容传播力、竞争力底层逻辑的至少包括四个方面：竞争逻辑、需求逻辑、影响逻辑、价值逻辑。总体来看，短视频的生产与传播面临观看时间不定、观看方式单一、匹配效率过低、结构性过剩四重结构性问题或限制。因而，短视频产品的竞争逻辑是在结构性过剩中寻找短缺、选择方向，即寻找供给相对短缺的领域、品类及其供给方式和服务方式，以此作为方向选择、资源分配、竞争策略确定的依据。值得生产的内容要满足不知道、不确定、不清楚、不能够这四方面的需求。因而，短视频产品的需求逻辑是回归以短视频服务满足核心需求，能够驱动多轮再传播的内容符合有需求、有效益、有共鸣、有共振的要求。

短视频产品的影响逻辑是理解人心、明白利益诉求以获得共情基础。决定短视频质量和影响力的，并不仅仅是影像、配音、叙事结构等因素，其思想含量决定了这件作品的深层影响力。因此，短视频产品的价值逻辑是温度、硬度的融合升华。

综上，内容创新既要从把握需求开始，遵守一系列新媒体产品设计规则，设计制作新媒体内容与服务产品，更要深刻领悟智能传播时代的传播之道，凭审时、度势、善用赢得内容竞争。

第一节 表达逻辑：数字内容应蕴含传播策略

数字科技不仅丰富了内容的表现形态，还深刻改变了内容的表达逻辑。这体现了数字科技对内容生产、表达和传播底层逻辑的深刻重塑。“数字内容与传统内容的核心区别至少包括两点：一是数字内容不仅提供有意义的信息，还搭载了传播者与受众的联系；二是数字内容实质上是内容与传播策略的组合体，即数字内容本身已经蕴含与人的关系。”① 无论是对于理论研究还是实践运用，如何使数字内容提供有意义的信息，如何设计相应的传播策略以更好地实现传播目的，都是值得探究的。

一、数字内容的新表达逻辑

基于数字科技赋能、人们的想象力和表达欲望，人们创造了形态与表达方法丰富的数字内容，因此也形成了数字内容的新表达逻辑。它至少包括以下几点。

（一）显性表达与隐性表达相契合

传统内容的表达逻辑通常包括意思明确、前后一致。数字内容拥有更为丰富的表达手段、表达工具，可以也必须在数字内容中融入更多的元素与目的。人们既用这些手段清晰强烈地表达意图，又常常借数字内

① 陆小华：《数字新闻学的产生基础、逻辑起点与演进路径》，《新闻记者》2021 年第 10 期。

容特有的表达手段隐含而微妙地传递不愿、不必明说的信息，借此引起特定受众群体的强烈反应，以实现传播意图。人们在制作、生产数字内容时，会本能而便利地既考虑所要传递的实质信息如何适应传播渠道的规则要求，又考虑内容的表达形式、情感融入、个性体现等。数字内容可以采用远超传统内容的信息元素、表现形态与传播手法，并使其成为不可或缺、特色鲜明的部分。数字内容中融入的这些元素，很多是显性表达，即希望人们在传播时注意到、接收到这些信息从而产生影响，如文本中加入的表情符号、画面中的气泡文字、视频中仿弹幕类的文字嵌入，等等；也有很多是隐性表达，即希望人们在不知不觉中被影响，从而实现传播目的，如通过交互、动作、按钮设置等实现暗示等隐秘的影响。表情、符号、声效、色彩、影调等表达手段成为新媒体内容的标配，但这些显性表达手段却常常被人们用来表达不愿明说却想让受众明确感受到的信息。比如，人们通过对比，在社交平台上揭露出某世界知名电视机构关于中国的纪录片中英版本的内容相同，影调却一个正常一个阴沉。正是因为数字内容中显性表达可能隐含特定信息、特定意图，隐性表达可以产生强烈影响，所以只有对数字内容显性表达与隐性表达相融合的表达逻辑有更深刻的体悟，才可能更有效地把握和运用。

值得注意的是，人们在数字内容生产中还会加入一些隐藏表达的信息，以达到特殊目的。比如嵌入特殊代码，形成人们看不见的“数字水印”，借以获知用户偏好、使用情况等，这可以帮助传播者获知谁转发、使用了相应内容，可以获知传播效果，有利于传播者改善对用户需求与行为偏好的认识，优化基于数据的个性化推荐服务算法，提升传播与个性需求间的匹配度，提升精准传播能力。人们逐渐意识到那些看起来零散的数据可以拼出一个人的生活图景和生活轨迹，可以推导出个性需求、长期偏好与阶段变化。数字科技赋能使传播者获知用户偏好、使用行为相关数据的能力不断提升，获取的数据越来越多，其欲望也在增强，这必然要求加强规制以保证某种程度的平衡。特殊代码用于内容标注可以改善内容存储的颗粒度。传统影像内容即使通过数字化存储，也往往只能依靠文字说明检索查找，因其颗粒度太粗导致影像资料的再利用率比较低。添加特殊代码对影像内容进行更详细的标注后，就可以支持搜索引擎精准地响应搜索请求，有效改善“搜索式获得、相近性提供”等内容传播方式的精准度[①]。在数字内容生产中给数字内容添加“数字水印”等特殊功能，在于帮助发现非授权使用行为，从而实现更大限度地保护自己的内容产品知识产权的目的。

（二）抽象表达与具象表达相融合

形象表达是人类最初也是最基本的表达方式。在新媒体时代，借助数字科技和各类互联网平台，人类的形象表达能力得到根本性增强。银版摄影术发明 185 年后的 2021 年，摄影专业的门槛大为降低，摄影演变成大众技能。直播从电视台的专业活动变成公众日常生活的一部分。数字科技使影像获取与发布变成一键可行的简单事。在岩画时代，人类的表达是带有一定抽象意义的具象表达，之后才出现了以文字和抽象表达为主的方式。传统媒体曾经追求的“摄影、文字两翼齐飞”在新媒体时代真正成为现实，影像获取技术和数字科技更赋予人类强大的具象表达能力。这也使新媒体时代的表达呈现为抽象表达与具象表达相融合。人们不仅认同“有图有真相”，也深切感受到借助推荐算法的小视频平台强大的用户卷入能力和传播影响力。

（三）融合表达与数据表达相支撑

在数字科技支撑下，文字、图片、视频等的结合形成融合内容产品，新媒体时代的融合表达更形成了多种内容形态和传播方式。以学术传播为例，传统上，学术传播主要借助语言、文字、图表等。数字科技的广泛应用拓展了学术传播的内容形态，从而大大提升了学术传播能力。数字时代的学术传播大致有 8 种传播形态，既包括传统学术传播常

① 学术数据库已经成为学术传播的主渠道，学术数据库的传播方式就是“搜索式获得、相近性提供”。

见的口头传播形态、文字传播形态、实验传播形态（毕竟实验是信息丰富、说服力强的教学手段，也是科学研究活动的主要方式）、实物传播形态和展陈传播形态，也包括数字科技时代特有的数据传播形态、多媒体传播形态、可视化传播形态。在科研场所、学术会议、学术期刊网站或学术网站、学术数据库平台等渠道或载体，以某种数据、程序、算法、数据集合等形态来发布、展现科研成果、科学发现、学术观点，即为数据传播形态。多媒体传播形态与可视化传播形态的区别在于，多媒体传播形态是以图片、视频、音频等多媒体手段进行学术传播的，既包括学术研究过程和结果的摄影摄像记录，讲课、学术演讲等的照片、视频实录，也包括以多媒体手段传递出所要传播的学术内容，甚至以 VR（Virtual Reality，虚拟现实技术）等沉浸式体验传递出来；而可视化传播形态更多是指以图表、图示、动图等可视化手段在多种场所、环境、条件下进行的学术传播。以上多种传播形态的集合或集中使用，就构成了综合传播形态。

更值得注意的是，数据表达已经成为新闻传播的基本表达手段。在当今世界，更为隐蔽而具有战略意义的施加影响方式是，通过对数据的收集、控制、发布、解读等对国际政治、经济、社会运行产生实质性影响。收集、控制、发布、解读数据等行为之所以能够产生“权力般”的影响，是因为其与传播紧密相关，进而使得对重要数据的收集、控制、发布、解读成为国际传播中具有战略意义的竞争要素和竞争领域。数据收集、控制和发布，是各国政府和国际组织政务活动的一部分。在国际传播活动中，使用各国政府和国际组织发布的数据是常规选项。尽管新闻作品、研究报告、政府相关文件常常使用数据作为对事实本身的描述，或作为对所要发布事实和观点的支撑，但数据构成本身、表达方式和发布方式等，对人们接受、采信这些数据是有很大影响的。换句话说，不同的数据构成和发布方式，潜藏着不同的影响逻辑，也具有迥然不同的影响力。因而，在国际传播领域，甚至在国际经济、地缘政治领域，数据话语权已经成为一种战略性竞争焦点。“数据话语权，是特定主体通过对某个领域数据或更大范围数据集的积累、收集、控制、处理、发布、解读、传播等行为，以及通过提供不断延伸的相关数据产品和数据服务，而获得的现实传播优势和深层影响能力。它是话语权的一种特殊存在方式。”[①] 谁握有某个领域的数据话语权，就相应有了这个领域和更多相关领域的竞争优势、影响力和干预能力。因此，在新媒体时代，不仅要增强生产融合内容产品的能力，更要增强数据收集、控制、发布、解读能力，竞争数据话语权。

（四）二维表达与多维表达相演化

人类的信息获取手段是非常丰富的，既包括通过视觉、听觉两个主要信息交流维度获取，也包括通过触觉、嗅觉、味觉等维度获取，实际上方向感、位置感、高度感、稳定感、压力感等也使人类获得生存所需要的重要信息和体验感受。总体上看，数字科技正在推动人类信息传播方式发生新变革，传播正在走向智能传播、体验传播、交互传播，以实时匹配人的个性需求与体验要求为核心。在算法分发、个性推送、精准匹配不断发展的同时，智媒体科技发展出现新路径，传感科技将大规模进入传播科技领域，传感、传播科技融合演进的新传播科技出现，传感科技发展带来的感知传播能力会进一步发展与有效发挥。这必将进一步改变内容形态、内容分发方式，不仅使交互传播成为更重要的传播手段和基本传播形态，还会使体验传播形态展现出更强魅力，这也必将深刻改变表达逻辑。随着传感科技更多地运用于媒体科技，传播正在从以往主要通过眼睛、耳朵两种器官，以看和听为主的二维传播，向多维交互传播发展，向更能实时匹配人的个性需求与体验要求方向发展。元宇宙构想就是沿改善视觉感知路径展开想象与研究，呈现为孕育中的多维体验传播形态，是传播形态现有发展逻辑的延伸。

---

① 陆小华：《数据话语权：国际传播的战略性竞争焦点》，《现代传播》（中国传媒大学学报）2020 年第 10 期。

（五）个人表达与公众表达相转换

人们过去经常以UGC（用户生产内容）来描述或概括互联网时代用户或者受众参与内容生产，即主要通过以某种方式激励用户生产内容来支撑一个社交平台或社区的活跃度，这类模式以博客论坛为主要代表。而专业人士生产内容的PGC模式和职业生产内容的OGC模式则是UGC模式的变形，总体上依然可以归为公众性内容生产活动。MCN网红运作模式是把不同类型和内容的PGC生产者组合起来，以实现内容持续输出和稳定变现。这更接近以专业手段放大、运营公众所生产内容的价值。

数字内容生产具有公众性，其基础是个人性，是基于个人兴趣、意愿、机会、能力或激励进行内容生产的。任何一个用户都可以在平台上创造内容，与人分享。但当某个社交平台成为人们的基本社交媒介后，人们会把制作、分享数字内容作为社交行为，作为维系和拓展社会关系的选择，社交本身就成为一种激励，比如人们发微信朋友圈。这样的数字内容生产与UGC又有了重要区别。

数字内容生产的公众性与个人性实际上也在不断转换。随着数字内容生产门槛的降低和传播中获得正反馈的强度不断提升，越来越多的人参与数字内容生产，既给社交平台、分发平台、电商平台提供了源源不断的数字内容，也使其整体上呈现出越来越强的公众性。严格而言，众人合作或协作从事内容生产，在传统内容生产中就已经存在。但在数字内容生产的影响下，这种协作和合作也出现了新的形态，比如，将图书写作任务分配给众多身份各异的潜在作者来完成的众包模式。随着数字科技为协同运作提供更强支撑，参与内容生产的个人也会以各种方式协作、合作。新冠肺炎疫情以来在线办公、在线教学、在线会议等既成为生活方式，又呈现为协同式内容生产方式。

二、与变革趋势相适应的传播策略设计

正因为数字内容实质上是内容与传播策略的组合体，因而无论是在数字内容创意、制作、生产、分发等不同阶段，还是在分发后实施再加工或与受众进行多种形式的互动阶段，都需要精心设计传播策略，在实施过程中不断优化传播策略，以推动多轮再传播，获得所期望或超出预期的传播效果。

传播策略设计需要与相关领域正在演变的规则相适应。以学术传播为例，传统上，学术论文发表需经同行评审，再加上学术期刊或学术会议的周期，所费时间相对较长。基于数字科技提供的便利，学术传播的观念和规则发生了重要变化，出现了一些新的学术成果发表和传播方式。这既包括纸质期刊出版之时出版网络版，将其放在自建网站或学术数据库平台上传播；又包括在纸质期刊出版前，将学术论文等相关内容在网络平台在线优先出版；更出现了不经同行评审程序的论文预印本专业网站。学术出版全程已经实现数字化，这为学术期刊内容借助自己的网络版或学术数据库平台传播奠定了基础。2005 年以后，《科学》、《自然》以及爱思唯尔和施普林格旗下的期刊等国际学术期刊逐渐开始接受并实施优先数字出版或在线优先出版，“即在期刊印刷出版之前，在互联网上出版期刊的录用稿、单篇定稿和整期定稿”[①]。在线优先出版显然有利于大幅度提升学术传播的时效，有利于学术成果更快地发挥应有的作用，特别是在人类共同面对新冠肺炎疫情等重大问题时。在一些领域，学术成果的价值会更快地随着时间流逝而折损。有研究者认为医学文献的寿命最短，“半衰期只有 3 年”，而“据调查，医学文献数量居所有学科文献之首，占全部科技文献总量的 20%~25%”[②]。之后，在线优先出版逐渐变化为“在正式按期次成册

① 陈华、巩倩：《医学期刊文献优先数字出版模式》，《中国出版》2010 年第 20 期。

② 丁媛媛、翁洁敏：《国内医学科技期刊在线优先出版状况调查》，《中国科技期刊研究》2014 年第 2 期。

印刷出版前，在网络上以单篇论文为单位、以 PDF 文档的形式在线优先发表，通常比印刷出版提前几周或几个月”[①]。学术论文预发布形式的出现，进一步提升了学术传播的效率。中国科学院科技论文预发布平台把自己定义为“接收科研团体提交预印本论文手稿并为这些论文手稿提供开放交流服务的平台系统”，而“预印本”“是一种用于在科研团体间进行学术交流的论文手稿，这样的论文手稿在开放交流之前未经同行评审”[②]。这个平台还提供了 26 000 多种国际期刊的预印本政策。客观地看，在线出版、预发布、预印本在为媒体提供更具时效性的线索和素材的同时，也对媒体提出了如何谨慎使用、严格审核这些素材和线索而不致出现报道失误的新问题。对学术成果的报道，要经得起科学、历史的检验，也要准确把握公众的心理接受度，这都是设计传播策略时需要考虑的问题。

传播策略设计不仅需要考虑大小屏、传统媒体与新媒体的协同传播，还需要考虑如何有效运用不同新媒体传播渠道，更要考虑如何有效运用在线数据库平台等传播渠道。数据库经历在线化、媒体化、平台化等阶段，已成为在人们生活中占有重要位置甚至关键位置的互联网平台，特别是在信息服务、内容服务、知识服务等领域。数据库平台的传播范围、使用便利性、内容丰富度远远大于纸质报刊，一些互联网网站转向内容聚合、信息流等的实质是走向在线数据库，一些垂类移动互联网产品走向小型在线数据库的特征也愈加明显。这也决定了传播策略设计的视野、思维、目标设定、措施安排等要与变革趋势相适应。

① 丁媛媛、翁洁敏：《国内医学科技期刊在线优先出版状况调查》，《中国科技期刊研究》2014 年第 2 期。

② 中国科学院科技论文预发布平台（简称 ChinaXiv）是一个预印本学术交流平台。参见 https://chinaxiv.org/home.htm。

第二节　底层逻辑：何以支撑短视频传播力、竞争力

在多重力量的推动下，短视频已经成为当今互联网传播的主要内容形态之一[①]。短视频以其适应受众使用便携工具随时观看的体量，以其让受众产生共鸣的多样表达手段，以其利用影像、语言、音效多维度传递信息的在场感和丰富体验，成为越来越有竞争力的产品形态，也成为媒体融合转型的首选方式之一。短视频在与直播、融合内容产品等新媒体产品和传播形态竞争的同时，互相间也在进行激烈竞争。短视频成为爆款有偶然原因，也有一些因素在发挥基础作用。人们都希望所制作的短视频产品有更多播放量、更广传播性、更强影响力，甚至成为爆款，成为现象级产品。这不仅需要灵光闪闪的创意、精致高质的制作、专业协同的努力，还需要研究从一个内容产品到一个现象级产品之间蕴藏着什么规律，有什么底层逻辑在起关键作用。解析决定短视频传播力、竞争力的内在逻辑，有助于在把握规律的基础上，做出更好的短视频产品。

一、竞争逻辑：在结构性过剩中寻找短缺、选择方向

当今世界，移动化社交的需求与可视化既提升了信息的便利性、亲近性、易得性、易参与性，又促使越来越多的产品形态、体验方式和激励手段不断出现。这些不断出现的新产品体现出巨大的卷入能量，迅速使绝大多数网民成为移动社交、移动视频的用户，从而使传播移动化、社交化、可视化的发展趋势演变成一种浪潮。越来越多包括媒体在内的

① 短视频引人关注前，经历过“不温不火”的过程。王晓红等认为：“移动短视频应用于2011年出现，到2015年在中国就已形成了群雄逐鹿的局面。然而，这种社交新方式看似起势迅猛，前途光明，但实际应用却不温不火。”王晓红、包圆圆、吕强：《移动短视频的发展现状及趋势观察》，《中国编辑》2015年第3期。

社会主体和个人加入短视频内容的制作和传播中来，短视频用户也呈迅速增长趋势。从 2020 年 4 月发布的《第 45 次中国互联网络发展状况统计报告》中的几组数据可以看出手机网民和短视频用户在网民总规模中的惊人占比。在我国 9.04 亿网民中，使用手机上网的比例达 99.3%；短视频用户规模为 7.73 亿人，较 2018 年底增长 1.25 亿人，占网民整体的 85.6%。可以预计短视频用户还会继续增加，从而为短视频的生产和传播提供新的需求。

但就整体格局而言，短视频的生产与传播面临四重结构性问题或制约。

其一，观看时间制约。即使是“重度”短视频用户，相对于短视频总供应量、播放平台、生产者、内容种类的迅速增加，其总是处于注意力和时间短缺状态，可用于观看短视频的时间与注意力是有限的，何况短视频用户中的大多数是普通用户，是兼用性用户，可用于观看短视频的时间就更为有限。

其二，观看方式制约。移动传播是从文字内容开始的，不管是新闻短信还是最初的社交工具；人们发现在微博等社交平台增加图片就会大幅度地增加点击量和转发量。从文字开始的移动传播到图片，固然受移动终端、移动带宽和流量资费等因素限制，但客观上使人们养成了新媒体传播特有的一瞥式阅读和概览式阅读的浅阅读习惯。适应人们以快速浏览、抓取信息为主要特征的新媒体阅读习惯，也是微信把公众号“折叠”集中展示的原因之一。这种快速“刷取”的阅读习惯被人们带到视频的观看行为中来，与短视频按时间顺序播放、难以快速浏览形成一种冲突。正是因为短视频的时序播放与受众已经养成的一瞥式阅读、概览式阅读习惯之间的矛盾，使得小视频比短视频更快崛起。毕竟，10 秒左右的小视频可适应受众快速“刷取”、浏览获知的观看习惯，借浅传播形成沉浸式体验，借易参与性形成深层互动，从而产生特殊魅力。小视频与媒体习惯做的资讯性或观点性短视频形成错位，面对已经被小视频固化了观看习惯的受众，资讯性或观点性短视频的传播受到了限制。

其三，匹配效率制约。在观看短视频时，受众要看一定时间才知道是否对视频内容感兴趣。因而，短视频产品巨量、丰富的特点与受众的兴趣、需求间存在匹配效率过低的问题。短视频生产者和传播者往往依靠三种方式提升匹配效率：一是将标题与内容简介作为短视频的辅助，以帮助受众选择是否观看；二是通过平台推送与推荐，提升受众选择的可能性；三是打造制作者或产品的品牌，以高识别度提升观看量。

其四，结构性制约。从受众需求角度分析，目前短视频的供应趋同现象在加剧。无论是短视频所传播内容的类别，还是其产品的特征，抑或制作手法，甚至不同平台的短视频，对受众而言，短视频作品可区分度并不高，生产者与传播者的可识别性不强①。从某种意义上说，短视频产品存在结构性过剩现象，这种结构性过剩现象的产生，与人们对短视频发展整体观察研究不够、对受众核心需求研究不够是有密切关系的。

现象级短视频的核心特征是什么？从表层看，是播放量巨大，话题性很强，从而引发更多维度的传播，被人们称为爆款。但从底层逻辑看，恰恰是其抓住了最大基数受众需求中还没有被很好满足的细分部分，或者说，恰恰抓住了结构性短缺部分。因此，在短视频供给结构性过剩的格局中，发展短视频业务的底层逻辑就应当是本能地寻找供给相对短缺的领域、品类、供给方式和服务方式，以此作为方向选择、资源分配、竞争策略确定的依据。抓住最大基数受众需求中还没有被很好满足的细分部分，就能够以相对低的成本和资源消耗破解观看时间制约、观看方式制约和匹配效率制约难题。在精神产品领域，人们同样希望能够创造出某类需求，总体上看，即使是天赐良机，也还需要试错。沿着需求结构，权衡需求满足程度，试错的成本会更低一些。

---

① 短视频平台的雷同化现象已经引起关注。吕鹏、王明漩认为，“内容雷同在资讯聚合类短视频平台的体现比较明显，内容分类具有较高的相似性”；“自媒体短视频平台的界面使用和设计也高度相似”。吕鹏、王明漩：《短视频平台的互联网治理：问题及对策》，《新闻记者》2018 年第 3 期。

二、需求逻辑：回归以短视频服务满足核心需求

人们为什么会花时间观看短视频？除了方便、推送及时、信息丰富等外在因素外，一定存在最基本的核心需求。人们看短视频，实质上是在接受围绕短视频的内容服务，这种服务的存在依据，就是人们有基本需求。而这种基本需求是可以以其他方式满足的，是可以以文字、图片等形式满足的。人们选择了短视频服务，是因为短视频服务比文字、图片服务体验更好，时间成本更低。如此多的短视频服务中，受众选择了某一类短视频产品，某一个内容服务提供者的短视频产品，既可能真的是因为这一个视频被推送到面前，或者是内容提示做得更有吸引力，又可能是因为这个短视频服务提供者以往的产品满足了受众的基本需求，使受众产生情感共鸣，在受众心中留下印记，从而更愿意选择这个短视频服务提供者的后续内容产品，这样就形成了品牌影响力。越是竞争激烈，越是要紧紧把握受众的核心需求，回归核心需求。“需求满足逻辑是商业逻辑的前提。满足价值如何兑现是满足逻辑和商业逻辑之间的连接点。”①

不停留于短视频形式，不满足于VR等新媒体手段，不拘泥于音视频手段的精致专业，回归满足核心需求，才能有真正长久的竞争力。

什么是值得生产的内容？从方法论层面说有四个维度，或者说要解决四个方面的问题。

其一，解决“不知道”。资讯类短视频面对的核心需求，首先就是解决“不知道”问题。这个世界正在发生什么？对我自己及我所关心的人或领域会产生什么影响？传统意义上的新闻信息服务，要每时每刻回答这样的问题。回归以短视频服务满足核心需求，就要从多个维度对受众基本需求中的“不知道”再进行细分。新华社的视频业务，实际上就是依据自己遍布世界的采集网络解决受众的“不知道”问题，以视频形

① 陆小华：《电视的新竞争逻辑》，《声屏世界·广告人》2015年第12期。

态告诉人们这个世界正在发生什么事以及是如何发生的。短视频既可能是比较精练地提炼相关事实，如同短视频消息一般解决“不知道”，又可能是人们希望看到的文字难以描述、图片不能替代的变化着的场景和细节，而且，往往是受众难以想象的场景和细节，受众更有需求满足感。新安江水库大坝建成60多年来第一次九个泄洪孔全开，水流喷薄而出，硕大的鱼在半空中飞行，这场景和细节使人们感到震撼，通过视频展现出来，受众对新安江抗洪形势也就有了深刻了解。

其二，解决“不确定”。这个世界，唯一不变的就是变化。一系列难以预料的变化，让全世界都感到处于“不确定”状态。正是因为存在诸多不确定因素，受众对外部环境与面临问题存在诸多疑问而难以抉择、难以行动，解决“不确定”才更有价值。2020年发生了诸多事件，无论是全球抗疫、经贸摩擦，还是地缘冲突、经济转型，都在深刻地影响企业和个人。在国际组织和个人对全球经济增长率的预测已经下降两位数的情况下，社会成员对“不确定”的担忧更为强烈。究竟发生了什么样的变化？应该怎么看外部环境所发生的变化？应该怎么办？主流媒体有责任、有优势也有能力帮助他们解决“不确定”问题，帮助他们认识并应对这些变化。分析情况、解读变化、提供建议、有所预见，这是今天最有价值的内容，也是自媒体在努力与传统媒体争抢的领域。短视频形态就是自媒体在做这些努力时最愿采用的内容形态之一。

其三，解决“不清楚”。知识弥补是一个社会最基本、最持久、最强劲的需求，也是最大基数受众核心需求中重合量最大的部分。每一个人都需要不断补充知识，学历教育所能满足的仅仅是其中很小的部分，成人教育等所满足的也仅是知识弥补需求中的很小部分。有人愿意付费购买内容，知识付费已经成为一种风潮或习惯，这恰恰说明人们对知识弥补有需求。解剖一下人们愿意付费购买什么样的知识，就会发现主流媒体回归核心需求的切入点。日常生活中的大部分知识需求实际上是通过社会成员间互助满足的，但质量、效率都相对较低。因疫情防控的需要，全社会高度依赖智能手机完成健康码查询、到访登记等事务，在线教育、视频会议成为完成教学和工作的基本形式。观察每一个公众场所的入口就会发现，尽管几乎所有人都有智能手机，但相当多的人还是需要别人帮助才能找到各地的健康码，才能完成各种预约、到访手续。这样的内容同样应当成为主流媒体短视频业务的重要方面。

提供知识性短视频服务，不仅是主流媒体回归核心需求的体现，也是增强竞争力的需要。传统媒体所做的新媒体终端遇到的最大问题，不是一般意义上的内容质量不够好，而是受众使用频次低。从战略层面看，提供内容服务、知识性服务和各种新服务，能够有效增加受众的使用频次，从而增加主流媒体所做内容与受众的接触可能，也就更好地实现了引导的目的。

其四，解决“不能够”。即不仅要注重知识弥补，还要满足人们对解决方法的需求。从严格意义上说，知识可能是散碎的，还不能构成真正意义上的“能力”。“能力”的学习比“知识”的学习更重要，这是人们的基本共识。媒体使用短视频等内容形态和服务方式，提供解决问题、应对困难的方法，提供思想方法和工作方法，有助于提升人们的专项能力和综合能力。这样的内容，与所谓观点性内容有所不同，更注重方法的展示和传授，是新服务框架下的高价值内容，也是可借主流媒体在短视频领域发挥优势的重要领域。

三、影响逻辑：理解人心和利益诉求获得共情基础

2020 年 6 月，一个农民工与图书馆的故事迅速刷屏，打动了许多人。事情并不是简单开始于一个读者在退借书证时的留言，而是开始于一个公共图书馆总服务台的值班馆员注意到一个读者退借书证时，交了身份证，却把借书证放在手里摩挲再三、不舍放下。这位馆员注意到他的难舍，拿出读者留言表请他留言，于是才有了这位读者以“虽万般不舍，然生活所迫，余生永不忘你”结尾共计 133 字的留言，才有了另一位工作人员吃饭回来看到留言感觉“就像一封情书一样”而转发到单位

群里，才有了第二天东莞电视台和东莞时报记者的采访。这位读者的留言以当地人社部门帮他找到工作让他留下来而有了美好的结局，东莞图书馆的公共服务成为全国性话题并引人思考。我们要研究的还有，是什么因素使得一个留言成为现象级传播，这个留言驱动跨圈传播、再传播的核心力量是什么。一位图书馆员的职业素养及共情心和“余生永不忘你”的共情力量，恰恰是这个留言成为现象级传播的决定性因素。

在新媒体传播中，最有效率的传播并不是算法驱动的推送。所有的点击数据都只能说明人们既往行为的特征，不能说明此刻的内心活动和深层需求。最有效率的传播一定是由内容驱动的，什么样的内容能够实现有效传播进而驱动多轮再传播呢？第一是有需求。既包括前文所分析的“不知道”“不确定”“不清楚”“不能够”，也包括其他方面。可以从多个层面、多个维度分析。第二是有效益。人们获取相应内容之后确有所得，而不只是满足他的好奇心或“谋杀”了时间。第三是有共鸣。人们在心理上有所触动，在情感上有所共鸣，甚至是有了更深层面的共鸣，不只是有所感触，而是被感动。第四是有分享动力。内容本身、内容的表达方式和质量，使受众有分享欲望和分享动力，因为感觉有价值又被触动，而有了转发、评论等再传播动作，从而使内容实现了新的传播。受众的分享动力可以分为表层分享动力和深层分享动力，而决定深层分享动力的，是内容与受众在价值观层面的共鸣、共振。

四、价值逻辑：短视频的温度、硬度的融合升华

短视频的质量和影响力，并不仅仅取决于影像、配音等传统因素，也不仅仅依赖于其叙事结构，“其思想含量决定了作品的深层影响力”[①]。我们曾经担负为主要领导人双边和多边外事活动制作出既有“温度”又有“硬度”短视频的任务。有“温度”又有“硬度”的时政

① 陆小华：《最重要的创新是基于新历史方位解析中国——2018 年两会报道随思》，《新闻战线》2018 年第 4 期上。

短视频，其目标传播渠道是网上传播，特别是在移动新媒体上传播，传播策略是力争在社交传播中形成多轮再传播，以刷屏之效形成特殊影响力。这里，“温度”是丰富的细节与感染力，而“硬度”则一定是思想含量，是能够在价值观层面影响人的内容。因此，“温度”和“硬度”必须在融合升华中实现统一，而且，不仅是传统媒体内容优势与新媒体表现手段上的融合升华，更是内容价值含量与思想高度、思考深度、表达力度上的融合升华。

在内容创作过程中，必须特别注重立意。立意的高下决定了能否让人在被感染的同时被影响，被不知不觉地影响或有所感触地影响。而切入角度很多时候既影响“温度”也影响“硬度”。所以角度选取必须既能适应移动传播又能揭示意义，既能吸引受众点击又能形成有穿透力的综合效应。深刻影响短视频表达的有内容选取、表现手法等因素，更为重要的是叙述逻辑，要在两分钟左右的视频中以一系列影像的组接形成叙述结构并能做到逻辑自洽，让流动影像以清晰的逻辑叙述故事，感染、影响、说服受众，而画外音和少量字幕只是起到强化、点化的作用。关键影像、决定性细节的选取体现了报道者的深层认识、发现能力和表达能力，所选取的关键影像和决定性细节本身就有足够的感染力和说服力。为了适应移动传播，短视频的叙述节奏还必须适应移动传播状态下人们的心理需求和行为需求，适应各种场景和手机观看。拖沓的节奏和多余的细节会影响叙述逻辑和叙述节奏，会影响人们的观看意愿和观看行为，从而影响这条时政短视频本身的传播力。最难也最重要的是如何体现短视频的“硬度”，如何体现思想性。这意味着不能让短视频停留于浅传播状态，必须追求深层影响。这就要求短视频要通过信息累积与深化、背景增加与意义点化来体现深度和思想性。这就要求以独特的眼光发现最有说服力和魅力的场景和细节，以兼顾并打通对内对外传播的思维确定报道角度；以挖掘、放大人们不一定注意到的细节，含而不露地体现思想性；以适合移动传播和年轻人接受的时长、叙述节奏制作展现；并需要不断探索竖屏表现方式的特殊规律。在实践中发现，按日常思路、以单纯新闻性细节为切入点制作的时政短视频往往不能过审，融合升华实际上就是既有“温度”又有“硬度”的短视频的审稿标准。我们要做到通过放大有说服力的细节，以平实的方式体现“温度”（感染力、接受度）和“硬度”（思想性和说服力），而不是用过多的特技和其他包装手段，这不仅是对制作风格的要求，实际上也是对政治传播特质与把握标准的要求。

在众多主体通过移动社交巨量提供和传播各种短视频、小视频时，无论是从使命责任还是从竞争策略上说，主流媒体都应当努力制作既有温度又有硬度的短视频，在融合升华中提高对温度与硬度相统一的把握能力，从而实现与受众的共鸣、共振和共识，以内容驱动传播，多制作传播效果好甚至是爆款、现象级的短视频产品。

第三节　匹配逻辑：新媒体内容与服务产品的设计原则

内容创新不仅体现在如何获取信息，如何大开脑洞地创意，如何在内容产品中更好地体现感悟、判断、思考、见识，还体现在遵守一系列新媒体产品设计规则，设计制作新媒体内容与服务产品，更体现在要深刻领悟智能传播时代的传播之道，凭审时、度势、善用赢得内容竞争。

一、新媒体产品设计，从把握需求开始

有一个数据是从事报业与新闻技术工作的人不会忽视的。有报道说，2011 年美国报业广告收入仅有 200 多亿美元，已经回落到与 1951 年的 195 亿美元同一数量级。而从最高峰时的 600 亿美元滑到 2011 年的水平，仅仅不到十年时间。美国报业变化得如此迅速，着实超出了很多人的预料。

面对新媒体时代的到来，传统媒体怎么办？

也许，这样的问题几乎可以提问给所有媒体。人们称其是新媒体，

很大程度上是因为人们从传统媒体的“老”出发去看新媒体。当雅虎这样的“老”互联网公司在更新的互联网业态冲击下处境艰难的时候，谁是传统媒体已经有了新的答案，那就是几乎所有的媒体都必须适应移动传播时代的到来，都必须改变自己。要改变自己，也许先要从如何正确认识自己的传统优势开始，从正确认识什么是你可以运用的传统优势开始。

胶片厂商如何应对数码摄影的冲击，也许是个有启发性的例子。

先看曾经是百年奥运会顶级赞助商的柯达公司。1997 年，柯达公司市值高达 310 亿美元，而 2012 年 1 月 19 日，柯达公司的市值只有 9 718 万美元，每股 36 美分。发明了数码摄影技术的柯达公司也曾决定转型，但无法拒绝胶片业务。因为传统业务利润丰厚，曾经投入 1 美元在胶片业务上可以获得 78 美分利润，而新业务的赢利模式未知，投入 1 美元最多只有 5 美分利润。

柯达曾清楚地看到变化趋势。1979 年，时任柯达高管的罗切斯特大学西蒙商学院教授拉里·马特森的报告，详细描述了摄影市场将如何从胶片时代永久地转变为数码时代：首先是政府勘测机构，其次是专业摄影领域，最后则是主流市场。报告预测，到 2010 年数码技术将全面普及。这与现实情况的“误差”只不过几年。

柯达公司为了保持市场占有率，曾经一下子吃下了中国的 3 个胶片生产厂，几乎把竞争对手赶出了中国市场。今天回头看，这个全行业合资虽然给柯达带来了利润，但也进一步推迟了其转型，从而导致其更快地陷入危局。

柯达为什么错过了自己的发明可能带来的机会？重要的原因是，没有从新的竞争环境出发认清自己的优势。

百年柯达的优势到底是什么？ 1993 年至 1999 年担任柯达公司掌门人的乔治·费舍尔认为，公司的专长在成像，而非化学。因而，他领导柯达发展了数码相机业务，并为用户提供了在线发布和分享照片的功能。遗憾的是，这个在线发布和分享照片的功能止步于摄影思维。今天回头看，也许再往前走几步，这项业务就可以发展成另一个油管。而到了 2005 年，柯达新首席执行官（CEO）彭安东将公司的业务重点转向数字打印领域。柯达进一步迷失在选择中。

而给人以启发与警醒的是，柯达破产重组后想发挥的优势已经不是影像技术，而是精细化工技术。有报道说，柯达希望利用现有生产设备与制造工艺进入太阳能电池领域，与美国奈特科尔技术公司合作开发基于碳纳米管的柔性薄膜太阳能电池，该产品能极大提高传统太阳能电池的能效，且成本仅为其一半。

如果当初柯达公司的掌门人把自己优势的一部分定位于精细化工，利用做胶片必须用到的化学技术与涂布技术等发展新业务，利用自己在数字摄影方面的发现（不是专利，柯达怕泄露而没有申请专利）与影像业务的积累，更有力地适应数码摄影时代的冲击从而实现转型，柯达会怎么样呢？

历史不相信假设，但假设有助于我们思考历史。

柯达有显著的传统优势，但没有看清楚传统优势的消减力量。新的数码摄影技术取代了胶片技术，虽然胶片在影像还原上堪称完美，但人们的需求发生了变化。为了便利，人们放弃了完美。毕竟，数码摄影技术给普通人介入摄影提供了便利，不用冲洗，可制造轻便的摄影设备，甚至可载入手机。更为重要的优势消解力量，是新的消费心理取代了原有的消费需求。今天，人们拍照的目的是分享，而不在于洗印照片。显然，数码摄影满足了这样的消费心理，更便利有效。于是，普通人的选择形成的需求力量，改变了市场规则。不是完美的才有理由存在，而是有需求的，才有存在基础，才有理由存在。

也许可以说，历史地看，柯达的失败，不过是因为太迷恋自己的传统优势，而忽略了满足受众新的消费需求与新的消费心理，不过是因为太沉迷于传统业务的利润，而没有像破产后所选择的那样从新需求出发恰当地定位自己的优势。

如何应对新媒体？柯达告诉了我们答案：要把握新的需求，并根据新的需求恰当认识、定位自己的优势。

每一段历史的终点，都是新的开始。

新媒体产品设计，从把握需求开始。

二、移动需求与电视人的小屏幕感

电视如何更好地面对移动需求？

这个问题看起来没有什么特殊含义，影像产品总是可以在不同尺寸的屏幕里播放的。人们潜意识里可能有个假定，在这个屏幕传播时代，影像内容比文字内容能更好适应大小屏幕传播，有天然的适应性。但这种假定只是从影像产品本身判断其对大小屏幕传播的适应性，而没有考虑面对尺寸大小不同的屏幕时，人们的观看心理、观看行为、观看需求都会发生明显变化。

面对移动需求与移动载体，电视并不具有天然适应性，同样有适应的过程，因此需要建立相适应的小屏幕感。

（一）移动需求是什么需求

2013 年 3 月的《大西洋月刊》提出了一个有意思的问题：如何在 4 英寸（1 英寸 =2.54 厘米）的屏幕上推销自己？

这篇文章认为，移动平台已经占据媒体注意力的十分之一，却只有百分之一的广告支出。这意味着有一个 200 亿美元的缺口以及一个让科技公司必须面对的趋势：移动广告革命已经来临。未来十年，手机普及率将大幅迈向 60%~70% 乃至 80%，这将是一个价值高达上百亿美元的问题：如何在一个 4 英寸的屏幕上有效推销自己？如果不能这样做，后果将如何？

这篇文章还分析说，现在大多数移动广告要么是以横幅方式出现在手机屏幕的一侧，要么是破坏阅读流畅性的“插页式广告”。而移动广告创意的贫瘠，部分原因在于信息的不足。

2023年的秋天写作本书时回顾这篇文章发现，其对手机普及率及智能手机所带来的影响的估计与预测，显得太保守了。但十年前至少可以从这篇文章引申出两个共识：一是移动需求正在发展为第一需求；二是目前人们仍然对移动需求的具体内容与人们相应的行为方式缺乏足够的了解。

不可否认，在21世纪以来形成的新传播格局中，在新媒体产品不断涌现的同时，新媒体工具已经成为人们分享信息、进行社会交往的主要平台。移动终端传播的便利与用户体验，促使人们更迅速地以移动终端作为主要信息终端，从而深刻地改变了人们的信息消费习惯。在这个泛媒体时代，传统媒体所固守的边界将被新技术更剧烈地冲开更多缺口，充当信息传递者与媒介的可能是超越人们想象的更多东西；希望在影响力格局中占据更多份额的媒体、组织与个人所激烈争夺的，更多的是受众随身携带的信息终端（不只是手机、平板电脑、车载导航）上的微小位置，它们更充满想象力地以多种方式尽可能地吸引人们的注意力，占据人们更多的时间，更激烈地争夺与受众接触的机会和已经被手机等占据后人们身上那所剩不多的携带空间。

在这样的格局下，移动需求是什么需求？

首先是即刻需求。人们经常以碎片时间消费碎片内容描述移动需求，这只是描述了时间概念下的需求特征和内容特征：不是长时间的，而是碎片时间的；不是长内容，而是一簇簇碎片内容。从人的信息消费行为视角观察，其实，移动需求的实质是即刻需求，即需求明晰的，希望能即刻对应获得；需求不明晰的，也需要能即刻获得提示，帮助选择。这种即刻，就决定了相应产品与满足方式的特征具有便利性。便利性决定有效性的规律在移动需求中更强烈地体现出来，同时还要求内容产品类别区分更清晰、表达方式更明快、叙述节奏更简捷、使用方式更简单。不但多一个操控动作都可能减少20%的浏览量，导致人们放弃观看、使用，而且内容的呈现方式也要与移动状态下的即刻需求心理与行为特征相吻合。

其次是选择需求。人们可以随意选择想看的内容，随意选择对一个影像产品的消费方式，既可以从头按时间顺序看，即与电视台线性播放方式相同，也可以随意选择某一部分看，这在播放方式上表现为非线性播放。在新传播格局中，就视频领域而言，虽然从广告市场看，2013 年电视仍然占据半壁江山，但电视不再是“互联网一代”视频消费的主要选择，也不再是更为年长的一代视频消费的唯一选择。在我们身边，人们可以随意观察到，哪怕七八十岁的观众，也不再只是每天等着观看电视台所播出的那两集电视连续剧，而是选择上网，或是提前观看后续发展，或是回看前面发生的故事。人们的收视习惯被改变了，他们迅速地成为电视与视频网站的双重爱好者。而从收视时间占比看，人们在网络视频上停留的时间还要更长一些。可以断言，非线性视频消费方式会更迅速地成为第一视频消费方式。相比于传统电视广播的线性提供方式，互联网与移动互联网允许受众随时、随意、随地选择观看内容的非线性提供方式，这更符合人们的消费心理。

最后是多来源需求。相对而言，移动状态下人们对某一信息源的忠诚度会降低，而更可能在多个信息源和娱乐源间选择。内容提供商与游戏提供商在手机等移动终端上嵌入客户端，不过是增加用户使用其服务的可能性。移动终端上多个信息源与娱乐源的竞争远比电视机终端更激烈，代际更替更快，难以独占用户的注意力，难以固化其对某一信息源的使用，这已成为常态。其实，电视机终端也同样面临这一问题，尽管在规则上仍然受到限制，但电视机的互联网化至少在技术层面与人们的心理需求呈同样的发展趋势。电视机作为家庭信息和娱乐中心的位置会一步步弱化。不断有关于电视开机率下降的报道，这只是从一个方面说明了这一点，或者，另一种描述可能更容易被人们理解，即电视机仍然是家庭信息和娱乐的中心，但电视机中展现的不一定是电视台线性播放的影像内容产品，也可能是其他来源的产品。

（二）适应移动行为模式的小屏幕感与传播形态

所谓适应移动需求，其核心是形成不同于室内静态观看状态的影响逻辑，重心是适应移动状态下的特殊需求与行为模式，表现是适应移动需求的表达方式、表达节奏与表达特点，即形成适应移动需求的传播形态，而不只是满足碎片化的内容需求。

对于移动状态下的需求与行为方式的特殊性，人们已有清晰体验，但还缺乏新概念体系下的定量研究，即移动平台的“速效性”到底如何体现，有什么影响。谷歌和尼尔森于 2013 年 3 月联合发布的研究报告《移动搜索时刻——了解移动如何促进转化》指出，在移动搜索引发的“转化”中，55% 的活动在 1 小时内发生。移动平台之所以具有这种“速效性”，不仅因为移动搜索用户常常正在逛街购物，还因为这些人常常处于需要做出关键决策的时刻。研究结果显示，45% 的移动搜索是为辅助决策而进行的。在商店，搜索的目的性会大大增强。三分之二的用户在店内进行移动搜索是为了辅助决策。这项研究的研究方法是：让参试者坚持记两周“搜索日记”，记录所有移动搜索活动；研究开始 24 小时后，参试者会陆续收到关于搜索结果的问题；研究结束时，参试者还要参与最后一次调查。这次调查一共记录了 6 303 次搜索并收集到与之相关的 1 958 个反应。这项研究虽然是研究移动搜索如何转化为决策与行动的，但其对人们认识移动需求也颇有启发。

什么是适应移动行为模式的小屏幕感与传播形态？广播式手机电视虽然进行了广泛宣传，至今却仍不温不火。其不用花费流量的优势，开始容易获得观众，但却难以持续固化观众的收视习惯，最终难以将用户转化成付费用户。从最早全国有五家广播电台开始做广播式手机电视，到如今利用中国移动多媒体广播技术推出 CMMB 手机电视，可以说是把传统电视频道平移到手持终端上来了，其传播形态与即刻需求、选择需求、非线性观看需求、多来源需求等有明显错位。

那么，把现有节目碎片化，剪成 2~3 分钟的小段，是否就可以适应移动需求呢？不能简单地把两者等同。观察在社交媒体与社交平台上传播量大的短视频，我们就会发现，虽然它们可能是从某一长视频中剪辑出来的，但其表达方式、传播形态与传播重点等已与原始视频有了明显区别。

这就提示我们，传统电视人应当如何建立适应移动需求的小屏幕感。至少，适应小屏幕，不只是把字号做大、把视频剪短、把重点突出这么简单。

三、The Daily 之死的十个反思

专注于新媒体平台的内容产品应该怎样做？应当换一种眼光和思维方式看内容产品。

The Daily 是默多克新闻集团专为 iPad 做的报纸，2010 年 2 月 2 日上线，2012 年 12 月 15 日停止提供服务。这款在上市时曾经被称为“令人兴奋不已的杰作”的产品，在两年多亏了 3 000 万美元后下线。The Daily 之死能够给人们带来什么启示？

（一）影响逻辑是否清晰合理

与互联网创业相关的朋友会经常讨论商业模式。什么是新媒体内容产品的商业模式？在我看来，一个新媒体内容产品的商业模式不清晰，但影响逻辑清晰，这个内容产品依然能活着。如果其影响逻辑不清晰，尽管其商业模式清晰，那么这个内容产品也可能失败。什么是影响逻辑？可以用非常简单的三句话概括，即影响什么人，怎样影响人，影响价值如何兑现。这里的影响价值如何兑现就是影响逻辑和商业模式的连接点。

The Daily 想影响什么人？显然是 iPad 用户，希望他们用 iPad 看最新的内容产品。仔细观察分析就会发现，当时 iPad 使用者的第一需求是游戏、视频、影像。通过 iPad 获取最新内容产品的需求是存在的，但是它逐渐被多种更新鲜的推送内容、更新鲜的产品形态和渠道满足，包括手机使用体验变得更好，手机应用推送的内容越来越多。The Daily 提供的是精美的内容产品，但是其生存逻辑是把报纸等传统媒体的内容产品平移到 iPad 上来，并由传统媒体中的精英人士做这个内容产品。这个生存

逻辑假定使用 iPad 的人都是高端用户，他们愿意付费购买高端内容产品。由此可见，The Daily 在影响什么人这个环节就出现了问题。

The Daily 要如何影响人？在移动终端获取产品的用户，其需求一定是多重的，需求心理远远不同于传统需求。移动产品的高质量与传统媒体意义上的高质量并不完全相同，移动内容产品的价值与传统媒体意义上的价值也并不完全相同。为什么 iPad 上由传统媒体精英制作的精美的内容产品在续费问题上遇到大困难？因为在如何影响人这个关键环节，The Daily 的内容与制作逻辑，与移动终端使用者的心理需求、消费习惯、使用逻辑出现了巨大的偏差。因此，The Daily 的影响价值很难兑现。初次使用这款内容产品的人很多，愿意续费的人却很少，最后 The Daily 亏损了 3 000 万美元。从事新媒体传播，特别是传统媒体转型去做新媒体产品，不能假定传统意义上的高价值内容产品就一定有人愿意付费购买。The Daily 在影响逻辑的第二个环节也出现了巨大偏差。

我的核心观点之一就是：移动终端上的内容产品，影响逻辑比商业模式更重要。在 The Daily 上线、在线、下线那个时间段，微信的商业模式并不清晰，但影响逻辑清晰，其用户就爆发式增长。微信获得 1 亿用户用了 433 天，从 1 亿用户达到 2 亿用户用了 172 天。我在 The Daily 下线后曾经估计，微信达到 3 亿用户也就 120 到 140 天，实际上刚好只用了 120 天[①]。依我的观察，微信比 QQ 等其他聊天工具更迅速地进入了社会主流人群的生活。微信凭借一些创新性做法，比如微信和手机通讯录捆绑，使其用户与手机通讯录的真实人际关系复合，提升了用户的使用价值、便利性和工作生活效率。

人们经常讨论产品的价值、工具的价值、平台的价值。我认为，对新媒体传播而言，最有价值的东西之一是习惯。当很多人都在使用一个产品，并形成生活习惯的时候，这个产品就可以随便兑现价值了。可以

① 2012 年 3 月 29 日，微信用户破 1 亿，耗时 433 天；2012 年 9 月 17 日，微信用户破 2 亿，耗时 172 天；2013 年 1 月 15 日，微信用户达 3 亿，耗时 120 天。2013 年 7 月 25 日，微信的国内用户超过 4 亿；8 月 15 日，微信的海外用户超过了 1 亿。

看到很多这样的例子。所以，商业模式不清晰，但影响逻辑清晰的产品可以迅速占领市场。

因而，至少在开始阶段，至少在扩大市场阶段，对新媒体内容产品而言，影响逻辑的重要性大于商业模式。

（二）是否值得改变用户习惯

用非常简单的语言说，用户习惯是传媒人、传播者最好的朋友，也可能是最大的“敌人”。试图改变用户习惯的变革者可能首先要付出代价，而要想改变用户习惯，对中国用户，甚至是全世界用户而言，“免费”是最好的切入点，更容易使其形成使用习惯，以获得后续价值。互联网的分享文化使得免费成了用户心理的平衡点。为什么一些互联网应用能够迅速占领市场，以免费使用来切入是重要原因。

媒体从业者、负责人往往不认可内容不值钱，希望用户付费购买内容。关于这一点，默多克当年在北京访问时就曾经谈到过。但冷静分析就能发现，读者在街头付费购买报纸、杂志，与用户在新媒体平台上付费购买内容，是完全不同的两个逻辑。传统媒体在内容深度、专业性、美誉度上仍占据高位。问题是，传统媒体的内容优势是难以简单转移到移动平台上来的，传统媒体的收费依据与人们对付费购买的认可也很难简单转移到移动平台上、转移到接受移动内容服务中。这两者的内在逻辑是不同的。花了很多钱采集、制作的内容产品是“值钱”的，但如果简单认为在移动平台上阅读这个内容产品一定要付费，就可能是错的。默多克用 3 000 万美元为后来者试了错。

The Daily 开始要收费时，就有研究者关注，它每天只更新一次并且收费，是否可行。现在看，The Daily 的内容与表达方式并没有让目标用户认为有足够的付费价值。

在互联网上，即时分享、免费获得是基本的消费逻辑。首先是要快，而不是 The Daily 如同传统日报式的每天早晨更新，日报的内容供应模式只适应日报读者的消费逻辑；其次是要提供分享可能；最后是能够免费获得，而不是付费获得。因此像 The Daily 这样每日更新、付费阅读的模式，和移动平台上互联网文化的消费逻辑就有了很大差异。

（三）用户价值是否足以支撑续费

苹果手机等移动产品为什么可以维持高利润率，很大程度上是因为有了 100 多万种应用。各种苹果应用的吸引力，使人们有了足够的理由购买苹果硬件。观察发现，在安卓平台和 iOS 平台上有个共同现象，那就是付费应用越来越少，原有的付费应用越来越多地转为提供初级版本、免费版本或者是短期的免费版本来扩大市场份额、扩大应用。也就是说，传统意义上人们熟悉的通过应用商店付费下载的应用，占比有所缩减。

观察全世界的纸媒，在付费阅读方面相对比较成功的是《华尔街日报》和《纽约时报》，原因之一是高价值内容足以让人们有这样的欲望，另一个是百年品牌的影响力。《滚雪球》就透露了这样的细节，巴菲特每天早上请他的同居女友去取《华尔街日报》，当然他还读《纽约客》和一些专业杂志。由于《纽约时报》报道的深度、影响以及世界性大报地位，有些用户愿意付费阅读。

跟踪研究就会发现，在移动终端上做的内容产品初次收费很难，更难的是维持续费。怎样维系、保持、刺激人们付费购买内容产品的欲望，可能是最大难题。The Daily 的结局告诉人们，其内容价值尚不足以让用户续费。

（四）用户关系模式是否适应

传统媒体与读者的关系模式是提供式的，媒体给予，读者获取。而互联网、移动终端与用户的关系模式，不是简单地接受，而是用户参与制作、参与分享、参与评论，通过多种来源形成，通过相关链接获得深度认识。因而，传统媒体与读者的关系模式平移到移动终端上来，是难以成功的。

20 世纪最后 10 年和 21 世纪前 10 年，电视节目形态的变革走向，用一句话概括，就是参与性不断增强。从原来观众在电视机前看节目，到可以进入演播室观看制作节目，到可以在演播室观众席上提问，到可以进演播区提问，到参与问答节目，到成为节目主角，到可以决定节目的走向和结果，都体现出电视观众的参与性在不断增强。

传统媒体已经在向参与性不断增强的方向变革，移动平台也必须建立、优化让用户参与制作、分享的互联网式用户关系模式。比较而言，值钱的并不只是自己打造的某一款内容产品或服务产品，并不简单地是自己做一个渠道，而是创造一种汇聚内容机制，从而做成一种聚合、分发平台，让机制、平台和汇聚起来的内容创造价值。以这样的眼光看一些社交平台、分发平台的成功，原因就是其创造了一种汇聚内容机制，而不是自己制作内容。

（五）竞争模式是否相称

The Daily 相对于新闻集团来说是一个孤立的存在，与集团其他主体间没有什么关系。这就像有些传统媒体做新媒体内容产品，新媒体部分和主体之间的关系只是同在一个集团而已，或者说没关系。但从世界范围看，从军事领域的体系对抗，到消费电子领域进入体系竞争，这一切都说明，新生部分必须是这个集团竞争体系的有机组成部分，与其他部分是内部信息分享、外部竞争协同关系，而不能是孤立的存在。诺基亚在仅仅几年之内就从行业销售老大到被人议论是否要被收购，一方面是因为它是功能手机老大，不是智能手机老大；另一方面是因为它没有苹果这么强大的第三方应用汇聚机制，体系竞争力不够强。

（六）运行模式是否变革

传统媒体的运行模式，其习惯是内容生产与内容发布相分离，做好成品内容再发布。在以新媒体传播为主的时代，这种运行模式缺乏适应性。新媒体传播更应借鉴社会化内容生产模式。社会化内容生产模式可以使用用户制作的内容，重点是它的生产体系、运行方式是不一样的。

The Daily 专门从传统媒体雇了一百多人，但其所提供的付费内容产品中只有这些被认为是高价值人才制作的内容，运行模式还是传统媒体模式，与移动需求不相符。

（七）只提供内容是否有足够竞争力

传统媒体时代人们信奉内容为王。在新媒体时代，仅仅以内容为王是不够的，应该以内容服务为王。服务质量与内容质量的结合才更有价值。以内容服务为王，不是在提供内容之外简单地附加什么类型的服务，而是有价值的内容要以什么方式提供，要如何提高内容的服务质量。新媒体内容服务价值可以用两个简单指标评判，一个是便利性，另一个是停留时间。用户感受到的便利性决定传播的有效性。用户使用移动终端只是便利性的一部分，用户的便利性感受与权衡指标还包括其他更重要的方面。停留时间体现了人们对内容质量与服务质量的认同程度，这两个指标可以衡量内容价值与服务价值的结合程度。

信息技术行业有三个非常重要的分别独立的定律：第一个定律是摩尔定律[①]，第二个定律是吉尔德定律[②]，第三个定律是梅特卡夫定律[③]。换

---

① 摩尔定律是由英特尔（Intel）公司创始人之一戈登·摩尔（Gordon Moore）提出来的。其内容为：当价格不变时，集成电路上可容纳的晶体管数目，约每隔 18 个月便会增加 1 倍，性能也将提升 1 倍。换言之，1 美元所能买到的电脑性能，将每隔 18 个月翻 2 倍以上。这一定律揭示了信息技术进步的速度。

② 吉尔德定律（Gilder's Law）又称为胜利者浪费定律 。乔治·吉尔德（数字时代三大思想家之一）提出，最为成功的商业运作模式是价格最低的资源将会被尽可能地消耗，以此来保存最昂贵的资源。在蒸汽机出现的时代，因为蒸汽机的成本已经低于当时的运输工具马匹，因此聪明的商人开始使用蒸汽机。如今最为廉价的资源就是电脑及网络宽带资源。他曾预测：在未来 25 年，主干网的带宽将每 6 个月增加 1 倍。其增长速度是摩尔定律预测的 CPU 增长速度的 3 倍！

③ 梅特卡夫定律（Metcalfe's Law）常常与摩尔定律相提并论。如果说摩尔定律是信息科学的发展规律，那么梅特卡夫定律就是网络技术的发展规律。罗伯特·梅特卡夫发明了以太网，成立 3Com 公司。乔治·吉尔德提出了这个定律，并以梅特卡夫命名。其内容是：网络的价值等于网络节点数的平方，网络的价值与联网用户数的平方成正比。

一种眼光综合观察这三个定律，发现其都与信息传输有关，从芯片级到渠道级再到网络级，揭示了信息传输能力会以什么样的规律提升。信息传输能力提升，相应地为内容发布提供了新的可能，人们会更多地发布占有更多带宽的视频，会增加更多的相应服务，同时，信息传输能力提升也为内容提供模式和服务模式变革提供了更好的技术条件和更有力的驱动能力。从技术条件和相应变化看，单纯的内容发布要向互动式内容发布转化。

移动平台内容产品应体现的以内容服务为王包括两个方面：一是内容如何传播，以什么方式传播；二是附加什么其他服务。为什么微信一出现就有这么多人使用？能和手机通讯录捆绑，能把真实的人际关系转移到高效率平台上来，这是重要原因。当然，也许对于 20 岁的年轻人来说，通过摇一摇认识陌生人，最有吸引力。

（八）什么样的传播节奏能匹配移动需求

The Daily 每天只更新一次，这显然与移动需求不匹配。

追溯媒体发展历史，观察传播节奏变化，可以发现重要规律。传播节奏的变化经过这样几个阶段：第一是从自然状态到定时，即报纸每天早晨出报、定时传播，形成工业化传播方式的定时特征；第二是不仅定时而且即时，广播电视的时效更快，可以体现即时传播；第三是不仅定时、即时而且实时，广播、电视、网络可以实现直播；第四是不仅定时、即时、实时，而且可以做到随时传播，移动终端可以实现随时、随地获取信息，传播内容，进行多媒体表达。在以移动需求为主、移动传播优先的时代，最好的传播节奏是定时、即时、实时和随时相结合。

像微博这样的移动平台实现了传播者想什么时候发就什么时候发。但如果把自己从传播者代入为受众就会发现，别人的随时发和我未必随时接收之间形成了巨大的差异。因此，传播者随时发的内容和接收者的接收之间是偶遇关系，相遇概率有限。微博及其他平台的关注功能，只是增加了偶遇的概率而已。移动平台呈现的关系链传播有三个“同样重要”，即内容传播与观点传播同样重要，传播内容和对传播主体的传播同样重要，随时传播和定时传播同样重要。解剖《人民日报》的官方微博发现，其成功的关键就三个词：观点、互动、定时。《人民日报》最强的是评论，精华的观点性内容一定要在移动媒体终端上体现。起初，《人民日报》微博每天所发内容中，引起广泛反响，转发评论较多的，是其每天零点所发的《你好，明天》。

在移动终端上定时传播是非常有效的手段，但是只定时传播，就完全回到了传统媒体的传播节奏。最好的传播节奏应该是随时传播和定时传播相结合，而不单是随时传播或定时传播。观察一些新闻客户端就会发现这个定律同样适用，定时传播和随时传播相结合的客户端，传播效率是最高的。

（九）移动产品的生命周期

讨论了传播节奏，还要讨论传播形态和生命周期。

新媒体诞生周期可能多短、生命周期可能多长？新媒体是与时间有关的概念，在不同的历史阶段，新媒体曾是报纸、广播、电视，互联网出现后，手机短信、即时通信工具、社交网络、微博、微信等成为新媒体，新媒体出现的间隔时间越来越短。

那么，新媒体内容产品的生命周期有多长呢？是否其本身就有一定的生命周期，几年内自然而然地会被更新的产品形态取代？ The Daily 推出时，在移动终端上提供每日定时更新的内容产品或许还可行，但随着移动需求的发展和用户心理的变化，这种每日定时更新的内容产品生命周期变得很短，在很多新的内容产品上线之后其生命周期就该结束了，在手机终端和平板终端的使用方式、使用价值相分离又相替代之后，The Daily 这种内容产品的生命周期就该结束了。因此，The Daily 的死亡也可以说是移动产品的生命周期决定的。

随着移动需求变化、移动竞争加剧，手机平台上的内容产品和应用更接近于互联网应用，而平板电脑上的内容产品和应用更接近于电子杂志，产品形态已出现明显分野。这种分野，制约着手机平台、平板电脑上不同内容产品的生命周期。如果受众对不同平台的使用方式、功能定位发生变化，而其产品形态与传播节奏还未改变，那它的生命周期可能很短。

应当说，传播节奏不是技巧问题，是生存逻辑问题。昨天成功，可能今天就会失败。对于内容产品而言，过去定时传播就会成功，今天只定时传播则会失败。

（十）高质量是否足以促进续费

媒体人都认为应当不断提高内容质量，但在移动平台上，是否存在内容产品质量过剩？也许，对一般用户而言，在移动终端上只要获取一定质与量的内容产品就足够了。The Daily 内容包最多的时候有 1 GB，这是不是质量过剩？

面对移动需求的变化，可以提出一个具有颠覆性意味的命题：移动终端提供的内容产品，未必高质量就能带来付费和续费。移动终端内容产品和传统媒体内容产品的质量，其评判标准、评判逻辑有很大不同，这与移动需求的特殊性密切相关，与移动状态下的消费心理、消费行为密切相关。

四、新媒体产品设计的十个原则

曾经被默多克称为“令人兴奋不已的杰作”、专为 iPad 做的内容产品 The Daily，于 2012 年 12 月 15 日停止更新，一个曾经被视为革命性的移动终端创新产品，只拥有两年多的寿命。

2011 年 1 月，新闻集团与苹果公司合作开发的这款 iPad 付费新闻阅读产品，曾经被期待会为苹果公司与新闻集团带来双赢，以一种新的形式复制苹果公司软硬结合、体验取胜的优势，在新媒体领域延伸新闻集团在电视、娱乐领域的品牌影响并继续拓展。有报道说，截止到 2012

年 11 月，默多克已经向 The Daily 投入了至少 3 000 万美元。而连续两年的亏损，让新闻集团对 The Daily 失去了信心，甚至没有耐心让 The Daily 活到一般商业计划书常常设定的转入收支平衡或赢利的第三年。

2012 年 12 月，对世界传媒业来说，类似的消息确实不少。

2012 年 12 月 8 日，经历了从创办至 2012 年的亏损，《德国金融时报》正式停刊，总亏损 2.5 亿欧元。11 月，《德国金融时报》停刊 3 周前，有 67 年历史的《法兰克福评论报》提出破产申请，近年该报每年亏损 2 000 万欧元。要知道，欧洲第一份现代意义上的报纸就是德语报纸，由出版商约翰·卡罗鲁斯于 1605 年在斯特拉斯堡创办。400 年后，德国接连迎接报纸的停刊。

中国的网易宣布其社区将于 2012 年 12 月 18 日停止服务。那则公告的关键词句颇为伤感："网易社区老了，是时候和大家说再见了！"从创办于 1997 年 9 月 15 日的网易 BBS 演变为网易社区，"风风雨雨历经 16 年"，网易确实有资格感叹："每一位朋友的过往，我们都心存感念和依恋。"毕竟，很多互联网人的青春和梦想，都曾经与这个 BBS、这个社区有关。

以这样的眼光看 The Daily 之渐行渐远，引发我们一系列思考。The Daily 虽然寿命不长，但仍然为平板电脑上的客户端产品、移动终端上的其他内容产品、其他新媒体产品，提供了很多启迪。

The Daily 早夭说明了什么？在我看来，至少在以下几个方面有案例价值与信号意义。

（一）影响逻辑必须自洽并清晰

移动终端内容产品成功的关键之一，是满足人们的核心需求。The Daily 早夭让人们意识到，影响逻辑不够合理或不适应人们核心需求的移动终端内容产品，难以在竞争中生存。而影响逻辑合理，适应人们核心需求的内容产品，即使一时没有找到适当的商业模式，依然能够生存发展。

在我看来，新媒体产品的生存要素不仅包括商业模式，更应包括影响逻辑。鉴于新媒体市场竞争激烈，几乎所有新媒体竞技场的新加入者，都会精心研究、选择、设计、探索自己产品的商业模式。但实际上，对于内容性新媒体产品而言，影响逻辑是商业模式的前置条件。新媒体内容产品的生存要素，不仅包括商业模式，更应包括影响逻辑。The Daily 的生命历程证明，其商业模式不是自创的，而是一些新媒体产品使用过的，其影响逻辑并不是完全自洽的，是不清晰的。自洽，即至少要自圆其说。逻辑自洽是指按照自身逻辑推演，可以证明自己不是矛盾或者错误的。就科学研究而言，一个不能满足自洽性的理论或者方法显然会不攻自破。就新媒体产品而言，其影响逻辑不能自洽，便难以让消费者接受，便难以生存。因而，对新媒体内容产品就要诘问：这款产品的影响逻辑是什么？至少，影响什么人、如何影响人、价值如何兑现这三点要很清晰，要能够自圆其说。而影响价值如何兑现，就是这款新媒体产品的影响逻辑与商业模式的连接点，是从受众关注到价值实现的转换点。

以此分析 The Daily，其影响逻辑是否清晰、是否自洽呢？一是看准备影响什么人。苹果公司与新闻集团的选择比较清楚，是 iPad 使用者，但细分度不够。iPad 问世短短几年的历史证明，iPad 使用者的使用目的是多样的，至少，使用 iPad 获取新闻产品未必排在第一位。何况，还要从其中筛选出有付费意愿的消费者，再加上越来越多的消费者选择使用安卓系统的其他平板电脑，留下的空间就更小了。二是看如何影响人。当传统互联网的内容网站、移动终端上的客户端、各种推送渠道上的免费内容，竞相比速度、比丰富、比深度、比覆盖率的时候，The Daily 的内容竟需要付费。付费与人们免费获取的习惯不符，而且付费内容与免费内容比起来并没有太大的优势，这让已付费的使用者做出了不再续费的选择。其实，这样的趋势在移动终端其他应用上也体现了出来，比如付费游戏渐渐走向免费、定时免费或初级版本免费。在如何影响人这个环节事与愿违，使得 The Daily 的影响价值难以兑现。

满足移动需求，应当有与传统平台不一样的影响逻辑，应当有与移动需求相适应的影响逻辑，应当有与人们的权衡标准相适应的影响逻辑。而一款新媒体产品的影响逻辑，恰恰是需要再三斟酌的。实际上，下文在分析其他方面的问题时，仍然要涉及影响逻辑这个基本问题。

一些传统媒体或是从其他领域进入新媒体领域的人，很少讨论影响逻辑，更多的是讨论商业模式。商业模式当然要讨论，值得投资的内容产品的商业模式可以暂时不够清晰，但影响逻辑必须清晰。一个内容产品如果值得投资，其影响逻辑一定是简单的、清晰的，从而是有力的，它的商业逻辑可以在发展过程中一步步完善。

（二）顺应用户习惯更易兑现价值

改变用户习惯的产品与服务会付出特殊代价。一定的环境里，人们会对一类产品形成特定消费习惯，这种消费习惯相对固定下来，就形成了消费文化，也就形成了市场规则。在互联网发展的特殊历程中，形成了免费与分享的消费文化。因此，免费，至少是初级版本免费，从某种意义上就形成了一种市场规则，而免费加增值服务的商业模式，首先建立在免费文化的基础上，顺应了人们免费使用初级产品的习惯。

对互联网产品、移动终端内容产品提供者而言，消费者的消费习惯是最好的朋友，也是最大的敌人。这就像报界会关注阅读习惯一样。改变消费者的消费习惯，需要付出巨大努力，这包括，要让消费者实实在在地体验到新产品的价值，从而愿意使用新产品。这让人想到当年快速消费品公司让中国人放弃用传统方式洗头，而改用洗发露。这也包括要让消费者从新的角度发现自己的需求。而一旦形成使用习惯，消费便会延续下去。如果消费者放弃某种产品，就等于改变其使用习惯，要付出代价，所以会形成阻碍力量。这时，习惯就成为产品提供者最好的朋友。

实际上，免费加增值服务的商业模式就是以免费使用基本服务或初级版本，顺应受众的消费习惯，以此获得尽可能高的市场占有率，再以某种方式触发、刺激或诱导人们的某种需求，让人们愿意为增值服务付费。

传媒人往往不甘于在移动终端上免费提供内容产品，这是传统媒体产品付费获取思维的正常延续。那么，在互联网与移动终端多是免费提供的大环境下，让人们在移动终端上付费购买内容产品，首先改变的是人们的消费习惯。只有付出特殊代价，才可能让人们愿意持续购买。

有人基于中国经验，为 The Daily 设想，如果采用足够长的免费试用期作为导入期，用户量是否可以积蓄得更多一些，与免费使用习惯的摩擦小一些，转换为付费用户的数量就会大一些。当然，这样的对策设计不可能被当年的默多克采纳。毕竟，他当年的理念，就是不认同免费使用内容。The Daily 也有些忽视移动使用环境的特殊要求，每期数据包过大。这样的数据量，相对于移动环境而言，是否有些质量过剩？至少，过长的下载时间可能会带来不好的体验。The Daily 早夭让人们意识到，与用户习惯有较大偏离的内容产品，包括免费获取习惯与使用习惯，难以在竞争中生存。

因此，顺应用户习惯更易兑现价值。如果没有足够强大的控制力，不要轻易改变用户习惯，顺应用户习惯可能更容易成功。特别是传统媒体通过转型适应新媒体竞争，这一点就更为重要。客观地看，人们对于使用移动终端在不同环境下消费内容产品、视频产品的使用习惯，认识仍然不够清晰，研究远远不够。同一用户，在不同时间、不同环境下的使用习惯、观看要求有很大差异，相应地对同一内容或同一内容产品的评判标准就有很大不同。值得一提的是，在电梯口看手机、在地铁上看手机和在办公室看手机，其心理特征、消费需求一样吗？是不是有很大差距呢？在讨论移动互联网、内容产品、消费习惯、用户需求等因素时，应当有更精确的分析与定位，而不是人云亦云。今天不缺少数据，缺少的是换个思维方式对数据进行解读。

（三）付费产品的用户价值必须足够且明晰

将心比心，人们愿意对内容产品付费、续费的基础，是这种产品对其有特殊价值。这种用户价值的内在基础，一定是这种内容产品的核心特征和附加价值与其他免费产品有明显不同。那么，你希望人们愿意付费的内容产品的核心特征是什么，附加价值是什么，这是需要不断明确的。从各种应用商店人们愿意付费下载的内容产品中，可以抽取出高价值产品的“价值”的共同特征。

面对新媒体的竞争，传统媒体最容易做出的选择就是横向拓展，就是多平台分发内容，就是把已有内容产品向移动终端平移。应当说，这对于传统媒体与新媒体的融合，对于有效利用新媒体平台都具有积极意义，它本身就是融合式变革的一部分。The Daily 也许就是这种决策逻辑的产物。但分发平台改变了，所提供的内容产品内核是否有足够的变化？The Daily 仅仅以提供“原创性”内容作为用户价值的全部概括，这是不够的。在移动需求中，人们的心理需求、信息消费方式都是不一样的，这就要求内容产品的基本内核、核心价值要发生变化。仅是改用移动终端，而基本内核变化不大或不适应新的移动终端的内容产品，就会与用户习惯、用户价值有较大偏离，难以适应人们的需要。

The Daily 早夭让人们意识到，平移型的内容产品，虽借移动终端分发，但如用户价值不清晰，就难以在竞争中生存。

所谓适应移动终端与移动需求的新媒体产品，与传统内容产品相比，应当是打碎了重新做，而不仅仅是做一些特征上的改变。通过利用微博平台发布新闻，人们已经发现，必须对基本内核进行改变。微博发布与传统短消息的区别，不只是因容量只有 140 个字而被迫比原来更短，还包括对叙述顺序、表达重点、表达方式等的重新组织和确定。

做内容产品的人可以研究一下游戏是如何影响人、如何吸引人的。从更适应桌面互联网的大型游戏，到更适应移动终端与碎片时间的小游戏，其中的异同，也许可以针对如何做更适应移动终端与移动需求的新媒体产品给人以启示。

用户价值必须足够且清晰。足够，但不要过剩，适度，往往是最好的。值得投资的方案大多是次优方案。一个适当的选择才是最好的选择。

（四）构建相适应的用户关系模式

移动终端上内容产品的用户关系模式必须更新。传统媒体与受众的关系模式是，传统媒体采集、制作出有一定规格特征的内容产品，受众付费获取、使用。这种关系模式中的反馈，主要是反馈对现有产品的使用体验与要求。而互联网产品的受众关系模式，已经不仅是简单的反馈式互动，更重要的互动要素是受众能够自主选择、参与选择、使用选择成果，是将受众接受产品与参与制作内容产品相结合。The Daily 早夭让人们意识到，移动终端内容产品如果仅仅是复制或固守传统受众与传媒的关系模式，是难以成功的。

互联网时代，受众已经被改变。今天的受众主体，已经习惯了丰富而免费、即时而互动、多源中选取、链接中延伸、比较中判断的信息获得模式，更习惯了以搜索为代表的自主选择获取方式。

默多克为 The Daily 高薪聘来的传媒人群体，多出自美国知名媒体，只有 100 余人。他们制作的产品，没有在平板电脑上显现出足够的吸引力与用户价值。与那些免费可获得的内容产品相比，其制作、分析的水准虽然更高一些，但没能吸引足够的人续费。

看起来，这当然包括用户价值的不足。核心问题还表现在，虽然 The Daily 只出现在平板电脑上，但其体现的受众关系模式却是传统的。消费者付了费，但难以有足够的自主选择、参与选择、使用选择成果的机会，也难以参与制作内容产品。

对于平板电脑这样的移动终端，人们愿意付费、续费的关键，也许是要么为受众选择，要么让受众选择；也许是要么为付费消费者汇聚多种来源的内容，并提供自己的分析与判断，要么为消费者提供汇聚多种来源的内容的可能。仅仅提供自己采集的内容，是传统媒体向新媒体平移拓展的习惯思维。有研究者分析媒体做的客户端，主要是提供自己采集的内容。而在移动终端上，成功的受众关系模式恰恰不应是简单提供、单一来源提供。

提供更多参与的可能，提供更多选择的可能，提供更多分享的可能，恰恰是人们愿意付费的用户价值所在。因而，新媒体终端的受众关系模式需要重塑，至少应与传统媒体有明显不同。

每一款内容产品或应用，用户关系一定是不一样的。因此要研究每一款产品的用户关系模式的特殊之处是什么。

（五）遵循作为体系竞争单元的竞争模式

如何定位移动终端上的新媒体产品？移动终端内容产品的竞争模式应是体系竞争的有机部分。

在新媒体的冲击下，传统媒体往往先利用新的终端分发原有的内容产品，然后才针对新的终端设计新的内容产品。只要观察传统媒体的习惯选择，就会发现其缺少对结构关系、策略关系的设计。传统媒体不从体系竞争的层面定位新终端与传统终端如何协同，其结果就是在新终端上的新产品往往是孤立存在的。对于传统媒体而言，最坏的选择是把新媒体部分当成独立单元，与主体缺少联系。而成功的关键，是把新媒体部分作为竞争体系中的一个竞争单元，而不是将其视为孤立存在的。

The Daily 就是这样的孤立存在。其收费策略是独立收费，收费多少与是否购买新闻集团的其他产品没有关系。其内容是由单独团队制作提供的，与新闻集团的生产体系也没有太多关系。从市场策略层面观察，The Daily 采取封闭式提供，即只在 iPad 上提供，即使安卓系统平板电脑、微软平板电脑的全球市场占有率大幅提高，新闻集团也没有为其开发 The Daily 的安卓版、微软版。从竞争模式观察，新闻集团不是寻求把新媒体内容产品在多种终端上分发，而只是为 iPad 开发独家内容产品。从竞争战略层面观察，The Daily 是独立的一部分，也是竞争策略的孤立部分，与新闻集团其他方面没有太大关系。

观察苹果公司的成功轨迹，从乔布斯回归到他去世，在我看来，苹果公司就做了四件事，即专注移动需求、定义智能终端、构建应用体系、跨界垂直整合。苹果公司的主要利润来自满足移动需求的产品，而不是桌面计算机。苹果公司往往不是移动终端的发明者，而是重新定义者，比如智能手机。从 iTunes 播放器，到销售音乐，到开放第三方应用开发工具，苹果公司围绕应用商店（App Store）形成了体系竞争的市场竞争模式，迫使其他硬件厂商参与到体系竞争中来，仅几年就把体系竞争能力弱的诺基亚拉下手机厂商领先者的宝座。体系竞争能力成为苹果公司竞争力的核心。依靠这种体系竞争能力，苹果公司可以跨界整合资源，获取新的收益，比如从运营商的话费收入和数据收入中分 30% 的利润。

现代战争，实际上是体系对抗，而不是简单地在某类武器间或某个部分间进行对抗。由此，才可以看出基于卫星平台的信息体系对一支军队的重要性，也才可以看出 2007 年 1 月中国发射一枚导弹摧毁自己的一颗废弃气象卫星被认为是具有太空攻击能力的特殊意义。对于传媒集团而言，体系竞争能力是今天最重要的衡量指标。我们必须着眼于体系竞争布局传统终端与新终端、传统产品与新产品，也必须着眼于体系竞争，来协同传统终端与新终端的运营。但人们看到的是，多数传统媒体所拓展的新媒体部分是孤立存在的，与其主体的整体竞争努力与竞争策略关系不明显。

The Daily 早夭证明孤立存在的移动终端内容产品难以生存。移动终端内容产品必须是传媒集团体系竞争的有机组成部分，缺少策略协同的移动终端内容产品，或难以创造价值，或难以生存。

实际上，新闻集团接下来的动作，已经表明其在这个方面进行了调整。《华尔街日报》2012 年 11 月发布最新视频网站，为智能手机用户和道琼斯通讯社的记者提供了一个全球发布平台。每条视频都短于一分钟，视频上传前由编辑评估，当月有 200 名记者参加。全员可提供视频，就使得这个新媒体产品与传统体系有了嫁接，而不只是一种孤立的存在。

（六）内容生产与发布相统一的复合式运行模式

传统内容生产与发布相分离的运行模式在移动端必须改变。传媒是大工业时代的产物，带有很强的工业化运行模式特征。首先是产业链上的环节定位清晰。比如，观察传统媒介生态，报纸、电台、电视台一般负责采集本地新闻，全国新闻与国际新闻主要采用通讯社和特稿辛迪加的稿件，虽然报纸、电台、电视台后来有了越来越多的驻站记者，但是通讯社和特稿辛迪加就是批发商，跨越地域采集新闻的费用可以承担。随着互联网时代的到来，批发商的地位被大大削弱，没有转型为直接面向受众与终端市场的通讯社纷纷倒闭。

传统媒体运行模式中内容生产与内容发布是分离的，人们习惯上认为签字确认则代表内容产品的成品可以发布，发布不过是一个环节。当传统媒体开始运用移动终端时，这种运行模式会自然平移到移动终端上来。但这种模式，与移动终端所对应的运行要求不够吻合。

传统的内容生产是专业生产，是一些专业人士为受众生产。而互联网的分享文化，一步步造就了无数的内容生产者与提供者。微博的迅速媒体化，使这些曾经只被称为受众的人，又有了新的身份，即新内容制造者。这个现象，被人们称为“人人都是记者”“人人都有麦克风”，实际上他们是复合体，并不只专为内容采集而存在。或者说，今天的受众发生了根本变化，他们既是表达者，又是内容制造的参与者，因而他们对内容的要求发生了重要变化，不再只有获得某种内容的需求，而有参与内容制作的要求，至少要求有这样的体验。

这样的变化反映在多个方面。人们曾经总结为由专业内容生产走向社会化内容生产，这是在传统媒体运行模式框架内的分析结果。20 世纪与 21 世纪之交，电视节目形态变化最重要的特征之一是参与性的增强：从在电视机前看节目，到可以在演播室看节目制作，到在节目制作过程中提问题，到作为节目重要元素参与节目制作（如益智问答类节目），到可以决定节目走向（如观众短信投票或现场打分），到真人秀等基本上是观众在制作节目。社交化媒体的兴起，使人们习惯并接受了制作内容与接受内容一体化模式。今天人们讲的移动需求，除了移动状态下的内容获取，还包括移动状态下的内容表达。因而，微博才会这么迅速地发展，才会这么迅速地媒体化。

总体来看，移动终端上所谓的受众，已经与传统受众有了重大区别。传统的生产与提供相分离的运行模式不能适应这样的需求。

The Daily 总体上采用传统的生产与提供相分离的运行模式，这是传统专业人士为受众进行内容生产的模式，显然，其与移动终端的受众所习惯的模式有了差距。

（七）体现内容加服务的产品形态

什么样的产品形态才是移动终端所需要的？传统上，传媒人信奉内容为王。但移动终端所需要的内容产品是否只有内容就足够了？在我看来，传媒应当从以内容为王走向以内容服务为王。在移动终端上，或者面对受众，传媒所谓的提供内容，实际上是提供内容服务。其至少应体现四个“同样重要”，即所提供的内容与提供方式同样重要，内容质量与服务质量同样重要，满足内容需求与满足服务要求同样重要，内容获知体验与服务全程体验同样重要。对媒体而言，媒体价值取决于内容价值加服务价值，而服务价值用两个简单指标就可以表达，即便利程度与停留时间。便利程度是受众感受到的接触便利、获得便利等。便利性决定信息传播的有效性，是媒体价值的权衡基础，而停留时间，则体现了受众对媒体价值的认同程度。媒体提供内容服务的全过程，包括媒体对受众反馈做出反应，提供后续、对象化、个性化、针对性或增值服务的过程，都在不断验证受众对媒体价值的认同程度。

媒体即便以提供原创内容为主，其发布方式也需要变化，必须加上服务价值，以服务价值切实提升用户价值。因而，在新媒体时代，传媒要从以内容为王走向以内容服务为王。

所以，在移动终端上，如果以内容服务为王的标准来衡量，The Daily 只提供原创内容包的产品形态就显得太单薄，太不能满足受众需要了。

这种现象在国内媒体中同样存在。传媒梦工场的研究报告指出，在其调查的样本中，传统媒体的客户端每 10 条信息中有 7 条是原创的，而网络媒体上这一平均值是 2.45，传统媒体的客户端信息源平均为 2.43 个，主要承载本媒体的介质延伸功能，其个性化及社交整合仍处于探索阶段，对用户需求关注不够，“运营”理念尚未深入人心，对用户体验的关注“普遍性缺失”。

总体来看，客户端产品大体上有以下几种形态。其一是内容包，The Daily 就属于这种形态。其二是网站入口，直接把使用者导向网站，减少点击动作从而减少潜在使用者的流失。其三是内容服务包，比如某款影音播放软件客户端。其四是互动服务包，可能包括内容加服务，或是软件加服务，可以给使用者提供互动服务，提供分享的可能。

显然，第四类形态的用户体验满意度和用户价值要更高一些。移动客户端、商业网站新闻客户端更多属于这一类。以微信为例，类似即时聊天工具的即时语音、文字、群组聊天功能，类似微博的文字、图片、视频发布功能，有特色的语音留言等，固然有吸引力，但捆绑手机通讯录从而实现强关系链的拓展，通过“摇一摇”等实现陌生关系的拓展等功能，则是更有吸引力的，这也是其只用 433 天就拥有 1 亿用户、再只用 172 天就拥有 2 亿用户的重要原因。微信上线 421 天就开始推送新闻从而媒介化，更是在新媒体发展史上创了纪录。

移动终端上的内容产品应当是什么样的？在推送成为常态，自主抓取提供更好体验的时代，“互动式提供”应当是移动终端内容产品形态的重要特征。移动终端上的内容产品，应当与传统媒体有很大不同。有人总结，其内容应当是打碎后重新建构的。在我看来其叙事方式、影响逻辑、叙述结构、切入方式与传统内容产品应当有明显不同，应当具备允许消费者对内容进行分享、评论、参与制作等功能。

移动终端的内容产品形态究竟会怎样发展？这是一个需持续探索的问题，当然也大有历史经验可以借鉴。历史地看，接续发生的六次零售方式革命均催生了新的零售产品形态。从销售端观察，这六次零售方式革命，大多是一步步拓展零售渠道，一步步在零售上附加新的功能，一步步把零售者转变为产品与服务提供者。从消费者端观察，这六次零售方式革命，大多是在一步步增加便利性，一步步优化购物体验。从社会看，这六次零售革命则是一步步改变了商业形态与社会活动方式，丰富了社会活动的形态与内涵。

以这样的思路观察、思考移动终端的内容产品形态究竟会怎样发展，人们应当可以获得足够的启发。

（八）把握移动产品的特殊传播形态与生命周期

纵观传播史，会发现传播节奏与传播模式大体上经历了从不定时到定时、即时、实时，再到随时的变化。原始的人际传播是不定时的，所以“定时”是一种进步。原始社会举行的祭祀仪式，成为作为文明基础的“礼”的重要部分，这种定时举行的仪式，就是一种定时的社会传播或组织传播。而报纸的出现，形成了工业化的传播方式，其关键词为定时、定向、定量、分类与选择。与之前的书籍传播相比，最重要的变化就是定时出版。而电波传播工具的出现，使得高时效的即时传播成为可能，因而广播、电视改变了人们的时效观念和时空观。在互联网时代，从传播模式与传播节奏角度来说，重要的改变是随时传播成为一种与互联网相适应的传播形态，媒体与公众可以随时发布与获取信息、发表评论，舆情监控成为一种职业与生意。

在移动终端成为主要信息载体的时代，传播模式与传播节奏应当是什么样的？在我看来，应当是随时与定时相结合的传播形态。随时，是指适应了移动终端、移动互联网与相应应用所提供的更适合任何时间、任何地点、任何人、任何事的传播可能，适应了人们在碎片时间随时获取碎片化内容的消费习惯。但如果都是随时，对媒体这样的专业提供者而言，所提供的信息很可能被淹没在碎片信息海洋中，即使受众在某次偶然获得的体验中得到满足，愿意持续关注，也可能因为发布与接收传播时间点的不匹配而难以获取信息，进而因关注期待被弱化而取消关注。而定时传播，会形成定时传播效应，几次传播带来的满足感就可以固化传播期待，强化传播影响。而随时与定时相结合，则既可以提供随时传播的时效体验，又可以满足关注期待，形成约会效应与接受忠诚，使用户成为忠实的粉丝型受众，使专业传播者的传播效应最大化。

这种随时与定时相结合的传播形态，实际上已经被传统媒体有效实践。以电视为例，定时播出的新闻节目是定时传播，而突发事件来临时的插播与直播，则是随时传播。随时与定时的结合，使电视在与互联网的竞争中仍然保持着竞争力。The Daily 则过分固守定时传播模式，与移动终端使用者事实上存在的随时获取要求不相符合，与其他移动终端内容产品，比如手机短信、移动应用的推送新闻可以给人们随时获取、世界变化尽在掌中的体验，有了明显的差距。

智能手机与平板电脑所需要的产品形态的主要差别体现在：其一，手机（哪怕是功能手机）更能满足随时随地获取信息的需求，即使不通过客户端，也可以通过手机短信；其二，手机上的客户端更接近移动互联网的应用，而平板电脑上的客户端，则给人以电子杂志的体验。但即使平板电脑上的客户端内容如电子杂志般精美，也不可能如互联网般随时更新内容，平板电脑上的客户端应该通过推送新闻与重要内容的方式，给人强烈的随时加定时的体验。

与传播形态重大变化相对应的是，移动终端内容产品的生命周期可能变得更短。任何产品都有生命周期，新媒体是一个代际更新更快的领域。观察新媒体发展史可以看出，新媒体出现的时间间隔越来越短，代际更替速度越来越快。梳理一下互联网、移动互联网领域出现的内容产品或具有内容提供功能的产品，就会发现其已形成产品谱系。梳理一下互联网、移动互联网产品谱系，就会发现不断有新产品替代原有产品。而同一种新媒体载体，比如互联网，基于互联网的新媒体产品换代速度也越来越快。搜索引擎的换代速度之快，人们可能已经淡忘，如今衰落的雅虎，当年崛起的利器之一也是搜索。而网易 BBS 虽然发展成了网易社区，但仍然在创办者感伤“网易社区老了，是时候和大家说再见了”

中，在和当年的使用者同样伤感的怀念中退出历史舞台。那么，是不是可以说，在“唯一不变的就是变化”的时代，移动终端上内容产品的生命周期可能更短呢？

在将移动终端作为主要传播工具的时代，传播形态迅速演变为“随时加定时”模式，为了与之相适应，就必须加快移动终端内容产品的更新速度，必须不断改变内容产品形态，增加满足人们需求的新内容与新服务以保持并提升竞争力。

（九）以新思维挖掘数据以发现、把握受众需求

移动终端的广泛使用怎样深刻地改变了受众的基本特征？网络社交的发展对人们使用移动终端的习惯与行为方式，究竟产生了什么影响？移动传播究竟怎样改变了人们的生活方式与需求方式？对这些问题的认识，已实实在在地影响了移动终端上内容产品的生存特性与竞争能力。

人们常常把网络社交归因于社交网络的发展，实际上，电子邮件的出现，使人们拥有了超越时空障碍的低成本、高效率的沟通工具，既可以一对一，也可以一对多，形成并有力地推进了网络社交。其后是BBS，人们可以无心理障碍地与陌生人交流，可能因此与有共同兴趣的陌生人形成新的社会联系。其后，即时聊天工具出现，可提供实时一对一、一对多交流，使真实的社会关系有了更便捷的拓展平台，社交关系得到了维护。博客的出现，使人们有了展现完整人格的平台。而社交网络的出现，从更大范围、更深程度推进了网络社交的发展。更适应移动终端的微博与微信等平台，则使社会主体进入网络社交圈。

移动终端与网络社交怎样改变受众呢？至少，受众由一个模糊不清的群体，变成了关注点与偏好更为清晰与多样的人群，人们把这个时代的受众称为粉丝型受众。这不只描绘出了受众的一部分特征，更提醒内容产品服务者，人们的需求是在随时变化的。上文的多角度分析，只是这些变化的一部分。

人们称今天是大数据时代。大数据时代提供了多种开发利用现有数

据的可能。The Daily 停止服务，未必是开发大数据的结果，而是权衡小数据（比如订户续费数据）的结果。实际上，传统媒体现在已经拥有足够有价值的数据，只是这些数据没有得到有效开发。比如，许多媒体办的网站，其 80% 以上的点击量往往是由甚至少于 10% 的内容贡献的，但这些点击数据却没有得到应有的关注与利用，至少与那些内容提供者，比如传统媒体的采编人员的考核指标与福利，没有什么关系。

对移动终端上用户数据的利用，可以使面目不清的群众、受众变成一个个有独立需求又有共同特征的主体。传统的内容提供逻辑，是对受众进行社会学、经济指标等层面的分类，从而估计其共同需求，寻找需求的公约数。而新内容提供逻辑，是通过数据挖掘发现多种维度的需求特征，从而在把握其最大公约数的同时，让尽可能细分的人群，甚至每个受众，有个性需求被满足的体验，在满足共性需求中，通过互动、分享、反馈等再满足体验，给共性加上个性满足的壳。

在这样的过程中，有意识、有目的地获取数据当然是重要的。江苏有一家叫吉姆兄弟的时装定制科技有限公司，用互联网思维提供成衣定制服务，借助“通过人体二维照片准确获得人体三维尺寸”，能够实现快速、规律化定制。其实现基础之一，就是有意识、有目的地获取中国人的体型数据。因此，与传统销售思维不同，吉姆兄弟第一时间卖的不是衬衣，而是装有订购券、量体说明、面料卡和一把量尺的礼品盒。每一次定制过程的完成，都是体型数据的积累。

那么，传统媒体在与新媒体融合的过程中，能否有意识地在其客户端等新媒体产品中，嵌入相应功能，在后台获取、分析数据，从而可以定期升级产品、不断优化体验呢？

数据挖掘帮助优化消费需求与满足方式。传统媒体也拥有一些数据，但缺少对它们的分析，特别是缺少以新理念、新眼光、新分析工具进行的分析。没有经过分析的数据就没有意义，但是，以不适当的理论框架解读数据，危害可能更大。因此，要进行数据挖掘和数据解读，眼光、理论框架、分析逻辑可能更为重要。

（十）全程体现适应移动需求的传播策略

新媒体内容产品天然应当包括传播策略，创意、设计、制作、分发、互动、反馈等全过程应基于传播策略的设计与实施进行，并应在其中自然嵌入、体现传播策略。这个传播策略包括随时加定时，包括线上和线下的协调，比如新媒体部分和其母体之间的协调，还要包括适应移动环境的数量、质量和提供方式。数量过剩和质量过剩可能都是没有必要的。

第四节　传播之道：凭审时、度势、善用赢得内容竞争

推荐算法介入移动传播，提升了匹配效率，形成了新传播机制，从而使人类进入智能传播时代。算法是基于数据用系统方法描述、解决问题的策略机制。针对算法运用引发的担忧，国家和监管部门已出台了一些法规，这些法规确认了个人拥有选择权、拒绝权、重大利益说明要求权等重要权利，以及互联网平台的备案、公示、告知等义务。

在智能传播时代，最好的新媒体运用是基于对“道”的领悟，在传播手段、传播形态、传播工具的基础上认识并掌握规律。中国人对“势”的认识，可以帮助人们把握传播之道。对传播之“道”的领悟，还包括“善用”，包括保持敬畏之心，最重要的传播之“道”，是要用主流价值导向驾驭算法，是服务“国之大者”，构建有效影响力。

一、重新审视视听领域竞争主赛道

智能传播时代到来了。什么是视听领域竞争的主赛道？发现、把握智能传播时代视听领域竞争的主赛道，并据以调整发展战略与竞争策略，优化资源投入与力量布局，才能赢得智能传播时代的竞争，这十分重要，它甚至决定了一个视听机构未来十年的生存力与竞争力。

历史地看，视听领域过去的竞争，除整体运行效率之外，至少围绕

几个维度进行，从而形成竞争主赛道。

其一，提升画质音质。数字技术运用所引发的视听领域数字化变革，主要体现为画质音质提升，这既是因为数字技术在提升画质音质领域效果明显，又因为人们相信只有出色的画质音质才能在视听领域吸引受众。随着北京冬奥会成功举办，中央广播电视总台 8 K 频道开播，中国电视进入了 8 K 时代，也出现了八个声道的视听节目。8 K 显示设备总像素数量可达 800 万以上，是全高清的 8 倍、高清的 16 倍。客观地看，视听内容面临画质音质提升困境。一是人眼的极限识别分辨率为 5.76 亿像素左右；二是人眼实际极限分辨率又与个体视力、环境、观看介质、画质偏好等有密切关系；三是 4 K 之上画质提升给人带来的新鲜感、满足感等，边际效应递增显然不如从标清到高清、从高清到全高清、从全高清到超高清那么明显，人们更换 8 K 电视机的动力并不足；四是移动传播、网络视听、投影大屏等使画质音质的优势难以有效发挥。因而，提升画质音质很难被视为视听竞争的主赛道。

其二，提升传输能力。在视听领域，人们一直在采用各种新技术提升采集与播出内容的传播能力。就像电报的使用大大增强了报业时效一样，有了微波接力，春节晚会才能传到全国；有了有线网和卫星，才能有多频道供给与全球性覆盖；有了卫星车、4G 背包、5G 技术，移动直播能力才能越来越强。但互联网特别是移动互联网在提供更强传输能力的同时，也改变了视听领域竞争的底层逻辑。客观地看，已经被深刻改变的视听领域，传输能力提升带来的边际效应不会像以往那么大，因此传输能力提升也很难被视为视听竞争的主赛道。

其三，网络视听内容。在电视剧、纪录片等依然极具吸引力，屡出爆款的同时，小视频、微视频、直播等网络视听内容成为主要内容产品。这既是因为互联网与社交平台为公众参与制作提供了工具、传播条件与效果激励，也是因为推荐算法的加持使其成为影响力越来越大的视听内容。但客观地看，新内容形态还是会出现，视听内容仍旧难以被视为视听竞争的主赛道。

智能传播时代，网络视听内容领域的竞争已经出现新焦点，即谁能提供知识性内容等公众心中的高价值内容。人们期待更有价值的知识服务，希望从视听传播中获得更高的知识溢价与服务溢价，这种知识服务在媒体、自媒体关注视线以外迅速发展。山东财经大学教师宋浩讲授并拍摄的《〈高等数学〉同济版 全程教学视频》，至 2023 年 5 月 11 日播放量突破 1 亿。为什么是高等数学？这足以给视听领域竞争者启迪。

在人与人工智能共生的时代，有效利用人工智能的同时，为公众提供高价值内容，就是主赛道之一。

二、深刻领悟智能传播时代的传播之道

在智能传播时代，如何更好地适应、运用新媒体？

在我看来，最好的运用，是基于对“道”的领悟，增强运用“术”的能力；是基于对传播规律的领悟，习得、提炼、运用新媒体传播方法。

所谓对传播之道中“道”的领悟，是在传播手段、传播形态、传播工具之上，运用辩证唯物主义和历史唯物主义，深刻认识自然、社会发展的基本规律，只有深刻认识事物是如何发展演变的，才能把握舆论如何形成、演变，影响如何形成、发展，由此，才能决定如何运用新媒体工具、新媒体传播的影响力。对传播规律的领悟，可以包含在对“道”的领悟范畴，但首先是对自然规律和人类发展规律的深刻认识和领悟，是对中国国情的深刻把握，是基于当今时代、当代世界对中国的深刻认识和把握。中国传统文化注重“道”“术”之辨，不仅因为其既有区别又有联系，更因为其体现了中国人对宇宙规律的认识。因而，古人既直白又深刻地指出，“夫舟浮于水，车转于陆，此自然道也”，也充满哲思地指出，“立天之道曰阴与阳，立地之道曰柔与刚，立人之道曰仁与义”。

在我看来，传播之道，在于谋“势”。中国人对宇宙万物规律的认

识，许多体现在人们耳熟能详的成语中。比如，中国人对“势”的认识，可以帮助人们认识并把握舆论形成、发展的规律，舆论态势的演变和舆论博弈，帮助人们把握传播之道。从方法论层面说，中国智慧的重要体现就是对“势”的认识。中国人对“势”的领悟和把握，渗透了中国传统文化的精华，在诸多层面都有体现。大者如清人陈澹然所言“不谋万世者，不足谋一时；不谋全局者，不足谋一域”，强调大势的重要；小者如围棋高手对弈时的弃子取势，同样是对“肯取势者可为人先”的领悟，体现大势对实现目标的关键作用。

今天，各个国家、各种主体都在努力向外界释放信息、施加影响，力图营造更有利于自己的舆论环境，塑造更有利于自己的舆论态势。在不同情境下，位势、态势、趋势等的分量有所不同，人们对“势”的感知与领悟也有所不同。因而，兵法中有：“激水之疾，至于漂石者，势也；鸷鸟之疾，至于毁折者，节也。是故善战者，其势险，其节短。势如彍弩，节如发机。”传播则应重在谋势。因势而谋、应势而动、顺势而为、因势利导，这四个成语体现了中国人的处世之道，体现了中国的传统政治智慧，这同样也是传播智慧。舆论指向，就是一种势。引导舆论，说到底就是塑造形势、促成趋势、催成大势。“能谋势者必有所成。”这里的“势”，当然既是形势，更是位势，是一种力量。大势所趋则势如破竹，顺势而为则乘势而上，蓄势待发则可借势而为。舆论引导，说到底是要影响人心，势虽无形，却产生实在影响。

对传播之“道”的领悟，还应包括“善用”。这里的“善用”，包括“善于运用”“更好运用”的常规意旨，需要强调的是，要基于敬畏和善意运用新媒体。新媒体工具是利器，传播以及所形成的舆论导向有诸多不可预料、不可控制的影响。本于“善意”、基于“至善”运用新媒体，是所有运用新媒体的人应有之本心和伦理准则。逾此底线者，被舆论所反噬者，不知凡几。中国典籍《大学》中有言：“大学之道，在明明德，在亲民，在止于至善。”《说文解字》对“善”字的解读是“善，吉也”。无论是面对舆情有所发声，还是发布事实扩大影响，可以能言善辩，更应从善如流、择善而从；在新媒体上乏善可陈，也许是因为实际工作不够尽善尽美，而不是因为从事报道、传播的人们缺乏发现。人们熟悉“上善若水”这个成语，《道德经》在“上善若水”之后，既有“水善利万物而不争”，也有“居善地，心善渊，与善仁，言善信，政善治，事善能，动善时”的要求，然后才是“夫唯不争，故无忧”。

对传播之“道”的领悟，还应包括在运用传播手段、传播能力、传播位势之时要保持敬畏之心。智能传播时代，传播手段越来越高效、有力，也越来越难以估量一旦运用后所产生的影响。科技界所讨论的算法的“不可解释性”，以及机器学习所表现出的自我强化和智能处理能力，都应当使人们产生警惕之心。2021 年 11 月 25 日，193 个成员国正式通过了联合国教科文组织关于人工智能伦理的建议，以发展以人为本的人性化人工智能为共同愿景。人工智能应该帮助我们解决世界上最紧迫的问题，而不是制造更多的问题。在智能传播时代，越来越难以估量所发内容、观点可能产生的舆论影响。因而，评估影响可本于谨，制造影响则本于慎。要对舆论可能产生的影响心存敬畏，慎而处之，有时甚至敬而远之，也是一种“居处恭，执事敬”的智慧。《韩非子·喻老》中有“慎易以避难，敬细以远大”之语，谨慎、慎重，不怠慢、不苟且，敬以直内，义以方外，方可以平稳把控舆论可能产生的多重、多种影响。

在智能传播时代，最重要的传播之“道”，是要用主流价值导向驾驭算法。算法由人设计，就应由人操控。算法推荐所体现的价值取向，在很大程度上体现了算法推荐服务提供者的价值观。算法应用必须向上向善，这是社会共识；坚持主流价值导向，优化算法推荐服务机制，积极传播正能量，这是对算法推荐服务提供者的基本要求；不得利用算法推荐服务从事危害国家安全、扰乱经济秩序和社会秩序、侵犯他人合法权益等法律、行政法规禁止的活动，不得利用算法推荐服务传播法律、行政法规禁止的信息，这是算法推荐服务提供者必须遵守的底线规则；

建立完善人工干预和用户自主选择机制，在首页首屏、热搜、精选、榜单、弹窗等重点环节，积极呈现符合主流价值导向的信息内容，提高正能量传播的精准性和有效性，则是算法推荐服务提供者应有的价值取向和追求。可以看到，在算法综合治理中，这些都会运用多种规则、手段强力要求，切实监管，确保实现。

三、有效塑造智能传播时代的深层影响力

在智能传播时代，对传播之“道”的领悟还应包括构建什么样的影响力，如何构建有效影响力。

2021 年底，我看到一本名为《新媒体重塑高校影响力》的书，该书是李嘉毅等作者对实战经验的提炼，也是其多年一线工作的结晶。针对高等学校如何运用新媒体增强影响力，本书不仅讨论了新媒体时代高校影响力、竞争力如何形成，还提供了很多独特的经验和构建方法。诸如“10 万 + 中的秘密”“新媒体中好玩的创意”“新媒体也会‘谈情说爱’”“在有风的日子迎风起舞”等章节，内容既有趣又实用。本书的内容多少从一个侧面体现了天津大学在新媒体传播领域的进展、成绩与经验，毕竟，这所大学的宣传部多年前就设有专门从事国际传播的机构，让我初闻时耳目一新。

高等学校影响力的形成，离不开立德树人的教育努力和成效，以及心怀“国之大者”、服务国家战略的努力和研究成果，总体上离不开学校、学院、学科、学术、学者、学生的成长、发展、成果和见识。其中，在学术期刊、学术会议等平台上发表学术观点和学术成果等，以及在大众媒体、社交平台上对学术活动、学术成果、学术观点等的再传播，对学校影响力的形成与增强有重要作用。人们通常比较注意学术论文的引用情况，认为这体现学术成果的价值和影响。其实，学术成果的再传播，所产生的影响更为广泛深刻。学术传播在数字时代最重要的演变是学术数据库成为学术传播主渠道，这为学术活动、学术成果、学术

观点在其他媒体、互联网平台上的再传播提供了极大便利。

在我看来，努力使学术活动、学术成果、学术观点等在国内外各种渠道进行再传播，能够构建一所高校、一个国家的有效影响力。无论是一个国家还是一所学校，不仅要塑造形象、构建影响，而且要致力于构建有效影响力。学术成果的再传播，给一所高校、一个城市、一个国家带来的是更实质、更深层的影响力，会更让人信服并产生依赖感。这对中国走向强起来、实现中华民族伟大复兴是非常重要的。

从更高层面看，学术传播是非常重要的传播现象，既具学术性影响，客观上又产生国际传播、战略传播所期望产生的深层影响，深刻影响人们对科学活动、科学成果及相关研究团队、研究实体和国家的认知。“科学技术从来没有像今天这样深刻影响着国家前途命运，从来没有像今天这样深刻影响着人民生活福祉。”[①] 在我看来，高等学校的传播活动与影响力构建，并不只是一所学校的事，并不只关乎一所学校的影响力和学术声誉，而是讲好中国故事的重要组成部分。增强高等学校的影响力，是构建具有鲜明中国特色战略传播体系和中国国际传播能力建设的重要组成部分，有利于中国学术传播产生战略性影响，发挥战略效益。

这就是“国之大者”，是传播之“道”。

① 习近平：《努力成为世界主要科学中心和创新高地》，《求是》2021 年第 6 期。

第三章　竞争策略

内容竞争，不变的是为受众和社会更有效、更经济、更快捷地提供内容产品和服务，完成使命任务。但内容竞争如同其他领域的竞争一样，既需要在得当的战略定位基础上相应地配置资源、明确战略方向、建立竞争优势，也需要审时度势地谋划竞争策略，选择能够帮助破解问题、赢得竞争的方法。

第一节　需求匹配：新传播格局中的竞争方法

21 世纪第二个 10 年，人类社会进入了传播体系大变革的年代。

在这样的年代，从世界范围看，传播格局在进一步调整，以纸媒为代表的依托传统载体的传媒形态，在新媒体的冲击下急促地上演着“变形记”，或是与新媒体工具协同甚至融合，或是改而选择周报与网站的组合。其实，在整个世界范围内，内容生产体系、传播体系都在发生剧烈变革。这样的变革，对传统媒体与其后出现的新媒体，都产生了强烈冲击。决定其适应水平的，首先是媒体观，即在意识深处如何认识媒体。新旧媒体的区分，并不简单直接地依赖于物质载体。即使是纸质媒体，只要适应了这样的内容生产体系、传播体系的变革，做出了关键的适应选择，也可能成为“新”媒体。而即使是广播、电视之类的电子媒体，或是网络媒体，不能做出关键的适应选择，也依然可能停留在传统媒体领域。

媒体观的新旧，不仅划分了媒体的新与旧，还在重新确定竞争参与者。

一、新媒体格局与受众收视需求的转移

21 世纪的第二个 10 年，在传媒领域，影响最为深远的变化就是新传播格局的形成。

它不仅包括人们已经看到的一系列变化，比如，就信息量与反应速度而言，与传统媒体相比，网络传播已明显占据优势，还包括一些更为深刻的变化，比如，在新媒体产品不断涌现的同时，新媒体工具已经成为人们分享信息、进行社会交往的主要平台。移动终端传播的便利与用户体验促使人们更迅速地将移动终端作为主要信息终端，从而深刻地改变了人们的信息消费习惯。

在新的传播格局中，变化更为剧烈的是受众的信息消费方式与习惯。因而电视机作为家庭信息和娱乐中心的位置在一步步弱化。《IT 经理世界》曾经报道的某调研机构的调查结果就是这种变化的例证。由长虹公司委托的第三方调研机构的调查表明，2011 年北京地区每晚电视开机率为 38%。2008 年同一机构的调研结果是 75%。据 CNNIC 调查，2010 年有 4 000 万人声称不再看电视。全国电视收视率一年下降 13% 左右，而在 2008—2011 年，网络视频收视率以每年 300%~400% 的速度增长。

在这样的新传播格局下，在这样的传播体系大变革的年代，电视媒体的竞争不再简单地遵循原有逻辑与轨道。显然，新传播格局对电视竞争方式已经产生了深远影响。

二、非线性消费习惯对电视市场的影响

观看网络视频这种非线性视频消费方式一步步成为第一视频消费方式，这显然深刻地影响着电视市场的格局、运转方式与各方参与者的竞争地位。从实际操作的角度观察，这种影响至少包括以下几个方面。

（一）非线性消费习惯与视频传播主渠道地位

在现代传播史上，随着载体的变化、新的信息载体的出现，信息传播主渠道不断发生代际更替。400 多年前，现代意义上的信息传播主渠道是报纸，随后杂志加入，之后广播出现并占据了信息传播主渠道地位。90 多年前，电视诞生，作为多媒体传播平台，电视一步步占据了视频传播主渠道的地位，甚至可以说成为最有影响力的传播媒介之一。电视传播地位的上升，对电影业曾经拥有的传播地位的影响是显而易见的。而当人们的视频消费习惯一步步走向依赖网络供给，非线性视频接受方式成为重要甚至主要选择时，电视业的地位会受到什么样的影响，可以显而易见地得出结论。

但人们还是常常被眼前的景象迷惑并争论：网络视频传播对电视的影响真的这么大、这么快吗？电视业的收入不是还在增长吗？人们是否很快像讨论报纸会不会消亡一样讨论电视的未来？

历史地看，传统领域的强势地位保持一定时间后，其下降曲线往往呈现超越人们想象的陡势。有个国外的例子是发人深省的，那就是美国印刷报纸广告收入的突然下降。观察美国报纸在 1950—2011 年广告收入的曲线就会发现，从 2000 年的 600 多万亿美元下降到 2011 年的 207 万亿美元，只用了 11 年，又回到了 60 年前的水平（1951 年为 195 万亿美元）。

而现实地看，虽然狭义的视频网站的现金收入还不能完全与支出持平，但其所依托的网站平台的收入已经接近或与收入水平最高的电视机构中国中央电视台（CCTV）相当。虽然，2010 年 CCTV 春节联欢晚会

零点报时广告费用为 5 201 万元，远高于奥斯卡颁奖礼广告费每 30 秒 175 万美元的水平，但这毕竟是特例。观察中国四大商业网站 2011 年第三季度收入及其与当年上季和 2010 年同期的比较，就足以提示人们注意其收入增长的速度。考虑到一些新媒体业务可能拥有的货币化能力，就更应当看到网站在广告市场的竞争能力。

非线性视频消费方式成为第一视频消费方式，必然深刻影响电视业的传统地位与其在广告市场的竞争能力。倒不用像讨论报纸的未来一样急着讨论电视业的未来，我们只需冷静地想想钢笔与毛笔在人们书写中的地位变化，就可以得到足够的启示。钢笔依然存在，而且价格越来越高，可如果问一句，在过去的一年里，你曾经使用钢笔写过多少字，你会如何回答呢？

（二）网络替代对电视节目形态的影响

非线性视频消费成为第一视频消费方式的伴生结果之一，其改变了电视市场的生态与运行逻辑。视频产品不仅有传统电视机构作为播放平台与定价中心，而且有了新的选择和新的定价中心。对于视频内容的生产者，传统电视机构的需求与网络播放平台的需求是有明显差异的，网络视频消费与电视视频消费的受众需求心理、需求特征与相适应的叙述逻辑的差异也越来越大。

在适应这种差异的过程中，电视节目的形态会发生明显变化。

1. 参与性不断增强

梳理演播室节目的演变历程可以看出，尽管外在形态变化多端，节目内容多样，但一个内在逻辑总是在顽强地发挥作用，那就是参与性不断增强。从观众可以进入演播室；到观众可以通过短信、连线、提问等方式与主持人互动；到观众可以参与到节目中，成为节目的一个元素，如《开心辞典》；到真人秀的观众成为节目主体；到观众可以在一定程度上决定节目的走向。可以说，观众参与性的增强，是这些年来电视节目形态变化的重要特征。

这当然是基于提高参与性可有效地促使观众的参与欲望增强，有利于增强观众的“约会意识”和收视效果。这满足了普通观众对于电视传播魔力的向往和分享的欲望，在一定程度上让他们有了掌控感。至少，观众短信投票制的设计，让观众以为投票可以决定选秀的结果，从而吸引他们疯狂参与。

当本来就以互动、分享、自主参与为基本特征的网络，加入视频传播的主要平台竞争时，电视节目形态与内在叙述逻辑就不仅受电视平台的影响，同时也受网络平台的影响，甚至有些节目在设计时就会越来越多地考虑网络平台传播的要求，调整其形态与叙述逻辑、叙述方式，而不是简单地只有网络版。因而，电视节目的参与性会进一步增强，网络式互动元素会进一步成为节目的基本逻辑。中国电视屏幕上一系列相亲类节目，顺应的是互联网一代的需求和心理，顺便也抓住了比他们年长和年幼的人的需求。相亲类节目在过气后突然翻红，与此是有很大关系的。

2. 兼顾性不断增强

在电视平台、网络平台双平台需求的驱动下，电视节目会进一步兼顾两个传播平台。这不仅包括综艺类节目，还会越来越多地涉及纪录片、科教类节目甚至新闻专题节目。

历史地看，电视节目与网络平台的关系呈现出一个有意思的演变过程。最初，电视节目在网络平台免费播出，目的是借助网络平台扩大影响力，但人们从内心并不认为网络平台可以为扩大节目影响力做出多大贡献，也不认为其是电视平台收益的有力竞争者，因而内容是免费的。其后，随着网络视频消费渐趋流行，网络平台对视频内容有了市场需求，电视节目所有者开始希望网络平台付费购买版权，这才有了网络版权价格。但在中国，网络版权价格以超乎所有人预料的方式上涨，甚至曾在两年的时间里上涨 6 倍，出现了“网络首轮播放”这样很少有人预料到的格局。

网络平台与电视平台的关系也在变化。网络平台从视频传播的附属地位转向平行地位，甚至一些为大银幕和电视平台制造的内容，要先在网络平台上宣传造势，获取足够的热度，然后才播出，播出的同时还要制造足够的话题，以维持收视率。

2011 年，一部低成本制作的电影《失恋 33 天》的意外成功，引起了人们的广泛讨论。这部电影改编自风行的网络小说，该片上映当月有 20 多部新片包括 4 部大片上映，评论认为会出现多片上演“一日游”的特殊局面。《失恋 33 天》采取了别开生面的社交网络营销模式，利用新浪微博、人人网等社交媒体，精准定位目标营销群体，早早启动网络话题营销，结合多城市失恋物语、失恋纪念品收集，为电影积累了人气。上映不到一周，该片的票房已冲破 1.5 亿元。这个案例告诉人们，在新媒体时代，社交媒体、视频网站甚至电商平台都可以作为内容产品的营销平台，我们要进行多维度营销，以口碑传播深刻有力地影响市场走向。除此之外，我们需要以新的逻辑认识、适应并运用多平台传播内容产品。

毕竟，多个平台传播对传统电视平台的效应并不总是正向的。2011 年，多个电视新闻节目、专题节目中的某些内容被截取出来，其瑕疵被放大；某些电视节目被放到网络平台上，其标题被重新制作后，引起电视人的强烈反响，他们认为与原意不符。这些事例提醒人们，在多平台传播的时代，需要在节目制作中有效应对兼顾性不断增强这个现实。

3. 内容主体性不断增强

视频产品可以在电视、网络等多个平台传播的现实，促使内容产品与传播平台的关系发生切实变化。

首先表现为内容产品的主体性增强，即内容产品不再只是内容生产系统的附庸，而开始有了更多的主体地位或者说独立性，其可以独立于生产者而存在；其次是内容生产系统开始相对独立于播出平台而存在，内容生产系统有了新的存在价值；最后是内容产品开始最大限度地由单纯的作品变为内容产品。

在这样的变化过程中，内容生产系统会由只是为自己所隶属的播出平台制作播出内容和作品，转变为同时为自己的新播出平台制作产品，进而转变为为多个播出平台制作兼顾性更强的内容产品。这种生产关系的变化，会深刻地影响电视生产与视频内容产品本身。

从只为一个播出平台制作作品，到为多个播出平台制作产品，这促使人们重新认识制播分离与内容为王。制播分离，不再只是简单的行政选择或是市场选择，而成为内容生产方式、生产关系决定下的自在选择。

在这样的变化过程中，视频内容产品的生产方式也会发生变化，从多年来电视业习惯的一个个节目组自主生产的作坊式生产，转变为更具内容工业特征的大流程生产，再转变为具有足够标准化、流程化生产特征的按需生产。按需生产，就决定了视频内容产品会更有效地满足多个播出平台的共同需求与特定播出平台的特殊需求。而针对特定平台的视频内容产品会发生更迅速的演变，比如，正在爆发性增长的微视频产品，不管是 UGC 方式，还是专业制造方式，都会呈现新的特征，其叙述方式、叙述逻辑，会与电视式视频产品有明显不同。

4. 传播性不断增强

传统的视频内容产品强调的是影像质量与特性。数字视频技术的发展更强化了这种取向。这种强调有一个前提假定，即它是在一个强大的电视平台上播出的，观众只不过是在同一特性的不同电视平台上选择不同的视频产品，即选择了不同的影像。

对电视平台而言，这个路径当然是有效的，从模拟到数字到高清再到 3D，只要不断地强调影像质量，就可以吸引观众。

但当非线性视频消费成为第一视频消费方式后，网络平台成为重要的视频播放平台，移动互联网成为重要的传播依托，移动终端成为主要的影像传播载体，微博、微信、微视频平台成为视频传播的新入口，这种种变化，导致人们对视频内容产品的需求逻辑发生了根本性变化。影像质量是重要的，但不再主要体现其技术质量。尽管已经有了可以裸眼看 3D 的平板电脑，但毕竟是通过移动终端看视频，其他维度上的质量与需求成为更主要的决定因素。这就决定了视频内容产品满足需求的诉求重点发生了变化，其传播性不断增强。

在这样的变化过程中，视频产品的设计开始更多地考虑网络传播因素，其诉求重点也越来越多地变为希望所制作的视频产品成为网络热点和关注重点，对视频产品内容的介绍，也趋向努力抓住可能引起网络、社交平台关注的爆发点。视频内容产品从以往的自我传播，即主要靠产品本身传播或传统平台传播，转为更多地借力传播，借社交传播之力传播。《失恋 33 天》让人们看到了电影借网络之力传播的效果，而一些新电视栏目的走红，实际上是网络传播的结果。甚至有些电视栏目，其所隶属省级电视机构的主要负责人都会亲自上阵，在社交平台上喊话，以求扩大新节目的影响。虽然其落脚点一定是为了提高人们对这个栏目的关注度和节目的收视率，但这种做法本身就清晰地说明了传播方式的变化与电视节目网络传播特性的增强。

今天，多平台传播，特别是社交平台传播效应的利用，已经成为电视产品生产者与电视机构负责人的新课题。

5. 价值性不断增强

视频内容产品的质量如何权衡，从传统意义上看，人们已经有了大致的标准，同行评价、专家评价、收视评价、广告价值，大致可反映出相关又不同的评价维度，但这并不是视频内容产品价值的全部。

人们时常注意的问题是，传统媒体所办的视频网站虽然有高流量，但并没有广告收入。高流量为什么不能变现？研究发现，传统媒体所办的网站，哪怕是由具有世界性影响的著名电视机构所办的网站，一般受众在其网站上停留的时间都很短，而停留时间长的忠诚受众所占比例很低，仅有 5%。但只有这部分停留时间较长的受众，对广告商才是有吸引力的。这项研究结果促使网站重视能增加停留时间的互动性强的栏目，以提高停留时间较长的忠诚观众所占的比例，从而提高其内容产品的广告价值。

这个案例至少说明，适应网络平台传播与价值实现的视频内容产品，与传统视频产品相比，其价值权衡维度与指标都必须有明显变化。

迫使视频内容产品价值权衡维度发生变化的，还有电视机构与视频内容生产机构面对资本市场诱惑的变革压力与价值实现冲动。这种压力与冲动，会促使电视机构与视频内容生产机构探索内容产品如何资源化，内容资源如何资本化，并进而通过可以接受的方式在资本市场上定价，确定可以计价的价值。

2011 年我在一篇文章中预言，为了加速内容产品化、资源化、资本化的进程，一些视频网站会大力推进部分视频产品收费才能观看的营运方式，让其平台价值、影响力价值与视频内容产品的价值迅速货币化，获得现金流与盈利，满足资本市场的要求与想象。这会催生高价值视频市场，也会相应提高视频内容产品的价值。之后，芒果 TV 等电视机构自有平台上线，在这个领域放大了内容产品价值的同时，也创造了平台价值。

三、新媒体发展对电视生产的影响

新媒体的发展已为电视界所强烈关注。但值得注意的，绝不仅仅是把新的互动手段和方式作为节目元素，新的传播方式也需要利用，新的选择也需要投入，新的传播平台也需要竞争。更为现实的课题是新媒体的发展必然对电视生产本身产生强烈影响，电视生产需要做出适应性调整与主动调整。

（一）移动互联网发展对社会生产方式的影响

截至 2011 年 3 月，中国大陆手机用户数超过 10 亿，印度手机用户数接近 10 亿，当时只有 3.108 6 亿人口的美国，手机用户竟然已经超过了 4 亿，其中 53% 的手机用户表示自己拥有智能手机。在把智能手机视为信息终端的那个阶段，显然，这些数据的潜在含义是移动需求进一步增强了。

但应当强调的是，移动需求带来的变化，并不仅限于媒体领域，移动互联带来的超越想象的变化，正在改变社会关系、社会生态与内容生产模式，并正在扩展到社会生产领域扩展到社会本身。传统的社会关系是以血缘、相邻、相识、共事、统领等交集关系为主体的。以微博为平台的新社会交往方式，构建了非相识、非交集的“半熟”社会，微信改变了现实社会中社会关系的维系方式和工作、生活方式。在社会关系发生变化的同时，移动需求正在改变社会生态与社会生产模式。

总体来看，对传媒技术领域乃至更大范围科技领域的未来格局影响最大的是社会生产与社会服务体系，其正在从传统的以服务于在确定地点的人为中心，转变为以服务于移动着的人为中心，也就是从以满足静态需求为中心，转变为以满足移动需求为中心。

在如此剧烈变化的历史进程中，选择以满足移动需求为主营方向的公司，成为新的领先者。苹果公司在 20 世纪第一个 10 年里市值有如此迅速的增长，进而成为当时世界上市值最高的公司，其与微软等一系列拥有巨量技术、专利储备的公司的最大不同，或者说其能够实现迅速增长的内在原因，就是选择以满足移动需求为主营方向。从 iPod 到 iPad，到每年发布的新型 iPhone，不都是在满足移动需求吗？

可以说，社会生产方式发生的演变还不止于此。在互联网与移动互联网的助力下，消费者与生产者的距离在缩短，作为工业时代基本特征的标准化生产将被突破，这将影响整个经济领域。可以在第一时间对人们的消费需求和偏好，包括消费内容、消费地点、消费方式等，进行多维度分析，以“你可能喜欢”“你可能关注”等方式反馈给消费者，从而实现一定意义上的按需定制。因而，社会生产的核心，将真正一步步走向“具体的消费需求决定适应此需求的生产”。400 年来作为工业化象征的标准化生产，会演变为标准化生产与按需生产相结合。因为人的主要需求，都可能借助移动终端和互联网而被记录、整合，需求可以扁平化地被生产者便利获知，从而形成大规模按需生产。这样的变化过程，有点像从农耕时代的小生产走向工业化时代的大生产（标准化生产），再走向适应消费需求的灵活生产、按需生产。

在内容生产领域，这样的变化同样已经出现。印刷业的轻印刷模式，可以实现有了销售订单再开机，极少量订单也可以开机。2011 年，就有几位知名作者，把他们的新著直接交给亚马逊在线销售，省去了出版社这个中间组织的运作。

在这样的体系性变化中，针对传媒技术体系如何变革这一问题，就应有新的思考基点与参照系，同样，针对电视的生产方式将如何顺应这种体系性变化，也必须有新的思考基点与参照系。

（二）新媒体发展对内容生产方式的影响

1. 从静媒体走向动媒体

2007 年 4 月，我曾写下这样的话："新媒体最超越想象的变革将基于移动互联。这不是一个预测，已经是一个事实。许多平面媒体纷纷进军手机报，其实就是媒体移动化的一个表征。而媒体的移动化，与移动互联既是互为表里，又表现出新的内容。但总起来看，都是在适应人们生活方式的变化。"[①] 而"移动互联最终将改变人们的信息消费方式，改变人们的活动方式，将影响人们的思维。它会催生出一系列新的信息消费需求。于是，人们会看到，关于新媒体的概念和范围会不断变化，最终，要重新认识什么是媒体"[②]。而且，"从整体上看，正在形成一条新价值链，诸多产品形态正在融合中分化，形成新产品链。而这更进一步拓展了这种移动媒体的影响空间。也许在人们还没有形成怎么称呼的共识之前，这种移动着的媒体就已经改变了传统的舆论影响格局"[③]。

移动需求成为第一需求，这就是左右今天乃至未来传媒格局的决定

① 陆小华：《最超越想象的变革将基于移动互联——新媒体变革取向漫谈之四》，《新闻记者》2007 年第 4 期。

② 同①。

③ 本刊评论员：《媒体移动化是大趋势》，《中国记者》2007 年第 4 期。

性力量之一。在传统静态需求被取代的过程中，所有的媒体形态都将被驱使发生剧烈变化，并形成以能有效满足移动需求的新媒体为主的格局。在数字技术发明与应用的推动下，传媒会从适应当时人们生活方式的传统“静媒体”，转向适应人们移动需求的“动媒体”。

2. 从标准生产走向按需生产

传统电视内容生产，总体上是标准化生产，针对的是特大群体。虽然电视内容生产者非常注意观众的需求与偏好，但总体上，对观众需求与偏好的感知是粗略的、概念的、个体的，缺乏足够的定量分析的支持，难以感知小群体与个体的需求与感受。尽管电视内容生产者关注收视率，但收视率调查方式的运作机理及有限样本量，决定了其数据意义的有限性，其选择调查对象的方式，使得中高端观众难以成为调查样本，更削弱了收视率数据的价值。因此，目前电视生产方式总体上还是以结果式生产、效果式检验为主的标准化生产，生产者与观众只能在事后权衡其价值，对产品本身已经影响不大了。

实际上，在视频生产领域，有些产品已经实现了一定意义上的按需生产。比如，一些所谓季播的电视剧，每周一集，每年一季，电视剧开拍之后，可以根据观众的反映调整剧情走向。在电影工业领域，有一个内容生产者曾被人称赞创造了奇迹，那就是乔布斯回到苹果公司之前运作的最重要的公司皮克斯动画工作室（简称皮克斯）。皮克斯制作的动画片部部大卖，1995 年的《玩具总动员》、1998 年的《虫虫危机》、1999 年的《玩具总动员 2》、2001 年的《怪兽电力公司》、2003 年的《海底总动员》、2004 年的《超人总动员》、2006 年的《赛车总动员》、2007 年的《料理鼠王》、2008 年的《机器人总动员》、2009 年的《飞屋环游记》、2010 年的《玩具总动员 3》，都受到市场热捧。皮克斯如此成功的原因之一，我认为是其生产方式中采用的“目标受众过程检验”方式，从故事到脚本，不断地以市场反应来筛选。销售好的故事，才可能变成脚本。在投资拍片过程中，公司不断请目标观众到公司的小放映厅来观看还没有出厂的动画片，根据目标观众的反应来修改产品，设定的某个笑点没有引起足够的笑声就会被调整。这样的“目标受众过程检验”，在生产流程中会进行多次。

事实上，在电视内容生产领域，很多时候人们还只是在制作作品，而不是在生产产品。比如，电视业还缺少产品管理制度，也没有与制造业和互联网领域都有的产品经理职位相类似的职位与职责要求。1927年，美国P & G（宝洁）公司出现第一名产品经理（Product Manager），随后产品管理制度逐渐在越来越多的行业得到应用和推广，并且取得了广泛的成功。传统上，产品经理的任务包括倾听需求、负责产品功能的定义、规划和设计、协调生产过程、研究产品的发展趋势、对产品生命周期中的各阶段工作进行干预。在电视内容生产过程中，上述工作很多时候是没有专人负责的。

网络平台成为视频内容的重要传播平台，给电视内容生产带来的好处之一，就是有了新媒体平台的点击数据。这些数据反映了网民对此产品的需求偏好、满意程度等多方面内容，可以作为收视率指标的替代物。关键是，电视业要习惯做数据挖掘工作，从中提取宝贵的信息，而不只是看到排名即心满意足。利用数据挖掘提取的信息，可以有效改善生产过程与产品，可以更有效地满足受众的需求，从而更多地体现按需生产。

3. 从传统生产体系走向共享式生产体系

移动互联网对电视内容的影响，首先体现在要求重新确定电视内容生产系统的基本定位：是只作为内容生产责任主体，为自己所隶属的电视播出平台生产，还是作为内容提供商，既为所隶属的电视播出平台生产，也为其他平台生产。虽然，在电视剧领域，已经出现为多个电视平台制造内容产品的生产模式，但那是为了在多个播出平台获取收入，是一个被动而必然的选择。而在电视专题、电视栏目等领域，还是采用传统生产体系和传统生产模式。

显然，新媒体的发展要求这样的生产体系发生变化，要求整个内容生产系统适应多平台分发，即内容产品既要通过传统电视平台分发，也要利用新媒体平台分发。这样，生产体系就应是共享式的，能够适应传统电视平台和新媒体平台对产品的不同要求，这就要求电视生产流程一步步进行适应性调整，甚至进行流程再造。

第二节　领先制胜：新媒体产品供给形态演化

内容生产方式革命已经到来。这不仅表明内容生产方式发生了重大变化，即在公众参与内容生产的同时，专业内容生产走向再社会化，在人工智能辅助内容生产的同时，AIGC 生成的内容已经开始传播；还表明新媒体产品的提供方式、服务方式等都发生了深刻变化，即新媒体产品供给形态不断演化。在这样的背景下，不仅要考虑如何推进内容产品创新，适应内容生产方式革命，还要优化竞争策略，适应新媒体产品供给形态的变化。

一、如何面对内容生产方式革命

报纸是否不再需要照片？

2013 年的儿童节，引人关注的消息之一，是发行量位居美国第八的日报《太阳时报》在 5 月 30 日上午开会宣布裁掉整个摄影部，解雇共计 28 位摄影记者和摄影编辑，包括 2 次普利策奖获得者约翰·怀特，该决定立刻生效。这位怀特记者曾随美国自由论坛（Freedom Forum）新闻摄影讲师团于 1996 年来华访问，在北京、武汉和上海做过三场讲座，有近千位中国摄影记者听过他的课。他虽临近退休，但也被解雇了。专业摄影人士对此反应强烈。不是读图时代刚刚到来吗，怎么专业摄影岗位却已经陷入如此境地。

报纸是否不再需要照片？《太阳时报》给出的答案是，不再需要摄影部，但还需要照片，只是生产方式发生了变化。法新社援引消息人士的话报道，《太阳时报》隶属太阳时报媒体集团，该集团要求文字记者在采写文字稿的同时附上自己拍摄的图片和视频。遇上重大报道，报社将聘请自由摄影师拍摄图片。也就是说，报社采用了更为节省资金的照片获取方式，改变了原有的专业生产方式。

这个消息仅仅是引起专业摄影人士警醒吗？不管人们怎么看，摄影部被撤销是有标志性意义的。撤销整个摄影部带来的冲击，显然不只与摄影有关，微电影、微视频的发展，其意义绝不只是出现了一种新的视频产品，它更意味着是一种新内容生产方式出现。这种几乎人人可以参与的专业内容生产方式，是一种比 UGC 更具专业水准、比传统内容生产更具社会性、更允许自由参与的内容生产方式，它正在重新定义什么是内容产业，什么是广播电视业。

（一）从技术替代到生产方式替代

技术革命在推动世界的变化，这是不争的事实，并已为人们所深刻体验。1896 年 6 月 2 日，意大利发明家马可尼在英国获得无线电发明专利许可，专利号为 12309，名称是“电脉冲及信号传输技术的改进以及所需设备”，从而人类开启了利用无线电远程传递信息的时代。这之后，人类不仅有了电报，用以传递信息，改变了军队的编组与作战方式，改变了贸易理念与方式，还有了用电报给所有媒体供稿的通讯社，以及适应电报传递的所谓“金字塔结构”的写稿方式，更有了今天人们普遍公认的改变了世界的电波媒体——广播和电视。

1990 年，在《中国摄影家》杂志，我曾经在《谁能宣告摄影术“死亡”》中这样阐述过摄影的影响：“摄影术使人类掌握了如何再现时间，再现生活；使人类学会了从惯常不可能的角度（比人眼更低、更高、更近、更远、更精细，甚而人眼根本不能达到的领域）观察世界和人类自身；使人类适应了如何在被观察下生活，从而更自如地生活，而不仅仅是自在地生活；摄影改变了人类的思考方式，使人类找到了大自然早就赠给人类的用形象思考的方式（完全以一种成熟的方式去构造、选择、判断），而不仅仅是使用语言；最终，摄影改变了人类的生存方式。人类不能容忍没有文字记录的生活，同样，人类更不能容忍没有形象遗存的生活。相反，为了这形象遗存，人类会着意创造很多东西，着意记录和留下这些东西，就像人类为了文字记录而刻意创造、表演一样。摄影还改变了人类的表达方式。图像，特别是照片，不仅成了不同民族间沟通、认同的有效工具，人类还幻想利用形象手段去与外星人联系。时至今日，人类已经有了150年摄影史，难道还能想象没有摄影术的人类吗？”

也许，在这里，用“电视”一词替换“摄影”，那些阐述同样立得住，毕竟都是人类的影像记忆、思考与表达方式，无非是静态影像与动态影像之分。而换一个角度，以更具技术性的语言说，所有的动态影像不过是静态影像的连续播放而已。

如今，专业的摄影岗位、摄影队伍、摄影部门被以这样的方式放弃，给电视人什么警示？

说到电视业的发展，人们的注意力常常集中在技术替代，集中于类似数字技术取代了模拟技术、高清电视替代标准电视。而纵观30年来世界传媒业的变革，更需引起高度关注的实际上是生产方式替代，是技术革命催生的新生产方式正一步步从根本上改变传媒业。

这种取代趋势，在摄影领域，我们早已经看到。同样在《谁能宣告摄影术“死亡”》中，我这样说过：“摄影已不再是一门被专家所掌握和垄断的技术，从这个意义上分析，人们几乎可以说，摄影术已经消逝了。”“这虽然不是已成定局，但待到有一天，人人随时持有照相机，都能与新闻机构随时发生供稿联系，那还剩下多少新闻摄影记者能够赖以生存的东西？假使人人都知道可以用摄影表达意念、情绪、观感与对世界的记忆，那留给摄影师的还有多大天地呢？”“谁能宣告摄影术的‘死亡’？也许就是摄影家自己，他们教会了公众去拍摄与欣赏，却导致了最终自己被否定；也许是公众，他们对摄影术越是应付裕如，就越会认为这东西并不那么了不起；也许是新的发明，对人类的感知与观察方式有了新的开拓，把摄影术‘闷’下去。难道这一天不会到来吗？难道沉湎于摄影的人们不该认真想一想未来吗？摄影难道永远只是受科技成果与技术世界所左右吗？”

也许同样，在这里，仍然可以用“电视”一词替换“摄影”。那是否可以警醒今天电视业的人们？

专业电视内容制作者确实“可以做到器材更精、机会更多、拍得更精美”，但技术进步使得非专业影像制作者可以拥有类似装备和制作水平。特定情形下人们更需要的是即时现场影像记录，恰恰可能是专业影像制作者的劣势。没有电视机构能假定，重大突发事件发生时自己的专业队伍正在现场。“9·11”事件发生时有专业摄影队伍正在世贸大厦附近的街头拍摄别的题材，因而拍摄到第二架飞机撞楼的画面。但人们可以假定，突发事件发生时，大概率会有随身携带具有视频拍摄功能手机的人们在现场。

如此，对专业影像制作者，就已经不是简单的技术替代，而是生产方式替代。是人人可参与的社会化内容生产，给公众提供更多虽然不那么精美、但可满足一般消费的视频；是分散存在的社会化专业内容生产者，以独特的视角与专业水准，提供更多有较高价值的影像内容；是在传统电视生产流程中嵌入社会化内容生产的电视机构，比传统电视机构有了更强的制作能力与适应市场的能力。

内容生产方式革命正在到来。存在于微信平台上的大量个人自媒体，已经比微博有了更强烈的专业自媒体色彩。而所谓自媒体平台上出现大量的专业自媒体，本身就是对传统媒体空间的侵蚀。这将迫使传统媒体改变内容生产方式。

就电视而言，今日的电视台如果还定位于播出平台，那已经很难有竞争力了，如果还停留于传统内容生产方式，那么目前所拥有的竞争力也会消失。

（二）从消费需求倒逼到消费方式倒逼

如今的电视市场已经是一个强竞争市场。各竞争主体高度重视收视率数据，并将其用于调整生产行为与竞争动作。但分析各大电视机构的调整行为与竞争动作，会发现它们基本上还停留在消费需求倒逼的层面，重视的是人们对电视内容的消费需求，对人们的消费方式需求缺少关心。

什么是消费方式需求？即人们潜意识里希望在什么环境下，以什么方式、什么节奏、什么状态使用某种内容产品，它更准确地反映了人们在消费这种内容产品时的心理匹配需求与行为匹配要求。而心理匹配需求与行为匹配要求，比所谓的品种、类型、题材要求更大程度地决定着人们的消费欲望、消费偏好与消费选择。用更直白的话说就是心理与行为不匹配，就会导致人们放弃使用某种内容产品。

今天，在视频领域，人们的消费方式需求呈现出新的特点和变化。显然，非线性视频消费方式正在成为第一消费方式。传统电视台按时间顺序播放节目，即以一种线性方式提供，迫使观众只能按时间顺序观看。而所谓非线性视频消费，不仅指通过网络看视频，更指人们的观看方式，指人们更愿意自主选择如何消费一部视频作品或观看一段视频。正是因为非线性视频消费更匹配人们的心理需求，因而网络视频出现了惊人的增长。市场调研机构拜特（ByteMobile）早在 2012 年第一季度的移动分析报告中就指出，视频已经占据移动互联网所有数据流量的一半，高于上年同期的 40%。

视频消费方式的变化，已经在改变视频内容格局。微电影与微视频的大量出现，不仅意味着出现了一些适应网络平台的产品，更是非线性视频消费方式催生内容生产格局变化的重要标志。微电影与微视频的大量出现，是社会化内容生产方式的结果与表现之一，而且其正凭借多样化的制作方式与消费方式的匹配度抢占市场，对传统生产方式产生了更深远的冲击。

内容生产方式革命不以人们的意志为转移，人们所能选择的就是如何适应、如何利用、如何借以增强竞争力。

（三）在音视频格局重构中发掘新发展空间

站在21世纪20年代的起点观察，音视频格局正在发生重构，也正在为主流媒体孕育着新的战略性机会。

这首先体现为音视频内容供给格局的重构。音视频内容制作与传播成为媒体融合进程中传统媒体不约而同的选择。不仅广播电视机构在把音频和视频业务向适应移动传播的方向推进，在谋求成为短视频领域的领军者，平面媒体同样也以多种方式进入音频、视频内容的制作与传播；不仅互联网机构和平台在为公众音视频内容制作发布提供便利条件，多种社会主体、经济主体也成为音视频传播的积极运用者。在信息生产领域进行供给侧结构性改革，是加快媒体融合向纵深发展决策的基本内容之一。而音视频内容供给格局的重构，让人们看到信息生产领域进行供给侧结构性改革的表现与效应。

音视频格局正在发生的重构，还体现为音视频功能格局的重构。在融合移动传播中，音视频内容已经由单一的资讯性内容拓展为关系性内容和媒介性内容。即传统的音视频以提供资讯、观点、知识、方法等资讯性内容为主体，同时也提供维系、拓展社会关系的关系性内容，旨在帮助参与音视频传播的普通公众增加社会资本和社会能力，甚至音视频内容本身也成为一种特殊的“媒介”。这对习惯于在资讯性内容领域发力的音视频内容制作者提出了新的课题，也为其提供了新的竞争空间。

音视频格局正在发生的重构，还体现为音视频传播格局的重构。这不仅指传播的基本形态正在朝以融合移动传播为主的形态发展，还包括不同传播渠道之间的关系格局在发生变化，内容产品的传播驱动机制越来越呈现出移动获知、大屏观看、社交认同、共情驱动的特征，而不再只是简单的大屏小屏同时传播或大屏小屏互动。

音视频格局正在发生的重构，还体现为音视频需求格局的重构。这不仅指人们对音视频内容与传播的需求不断细分又不断融合，不仅指人们对长短视频的需求更基于不同场景而不是基于是否在使用手机，还包括人们发现行业性音视频内容需求越来越旺盛。习惯于大众传播的传统广播电视机构如何看待行业性需求，需要新的思维和新的应对方式。

音视频格局正在发生的重构，还体现为音视频支撑格局的重构。5G、人工智能等一系列通信、计算机、网络技术的结合，为产业的进一步快速迭代变革、社会结构和运行方式进一步变化，提供了驱动力量和承载平台；为人的生活方式、工作方式、连接方式、认知方式的变化提供了强大的牵引力和支撑平台。在新的技术支撑下，内容产品会向着可读、可视、可听、可互动、可分享、可感受、可体验、可参与的方向发展。这不仅影响着内容产品的创新方向，同样也要求广播电视机构的受众思维要有新的拓展。让音视频制作与传播工具便利化，学习门槛低又功能丰富，曾经是国内外一些新音视频平台扩大使用基础与影响力的有效利器。广播电视机构推出的移动音频平台、视频平台，不仅要提供内容，更要提供与内容相关的服务；不仅要提供特色服务，更要提供便利、高效、低学习门槛的音视频制作工具、套件、辅助材料，作为服务的基本部分。

在音视频格局重构中发掘新发展空间，应当是加快推进媒体融合向纵深发展的必要选项。

二、内容供应商：领先制胜还是品种制胜

与电视业平台化发展相对应的是，一些内容制作者演变成实力强劲的电视内容制作机构。比如，引起公众关注的《中国好声音》的制作方灿星文化，从提供娱乐专题节目到因《泰囧》的高票房而让业内外一惊的光线传媒，都成为传媒深度挖掘的对象。这些内容制作机构，或有电视台背景，或由电视机构直接培育，或是电视台参股或控股。在一些电视机构内部，衍生出一些内容制作主体，充当体系内内容供应商。还有些新闻机构，转型战略是成为内容供应商，把自己和他人控制的新媒体平台视为合作伙伴，希望在社会生产体系中重新定位自己。

要参与内容市场，就要重新认识内容市场。内容市场的竞争逻辑是

什么呢？是靠对主要节目不断创新来制胜，还是靠提供多个品种的产品制胜？是多方获利还是风险分散？内容供应市场的竞争规律，是否与有形商品市场有共同特征？

（一）有形商品市场与内容市场

内容供应商与传统内容生产者有什么区别？内容供应商是市场竞争主体，而不只是生产主体；要参与市场竞争，而不只是在体系内充当重要生产单元；要重新建构与播出平台的关系，就像灿星文化以真正的制播分离的方式直接参与浙江卫视的广告分成，而不只是内容的提供者。传统内容提供者，虽然其产品也会有经济回报，但毕竟与内容供应商在市场竞争中的角色有很大不同。

那么，内容市场与有形商品市场有什么不同？有形商品市场的竞争逻辑与人们从这些竞争中发现的定律，内容市场是否适用呢？

如果暂且放下这种二选一式的思维，换一种眼光观察就会发现，这几年在计算机、互联网、消费电子、软件领域里发生的最重要变化，恰恰是软硬结合，是传统硬件商与软件商的互相进入，是软硬件兼具的体系式竞争在重新决定谁是行业的领先者。在这方面，苹果公司提供了颇具启迪的案例。

乔布斯回归后，苹果公司的重要变化是从封闭走向开放。当年，苹果公司产品的操作系统与硬件体系架构不对其他生产者开放。而当年的国际商业机器公司（IBM）向其他生产者开放硬件架构与软件接口，接踵而来的所谓 IBM 兼容机生产者，帮助 IBM 打败了苹果公司。当年苹果公司独步世界是因为其技术很“炫”，更因为其封闭。乔布斯回归后，苹果公司转向开放，因而构建了一个以苹果公司为核心的软硬件结合的产业链和生态体系，使苹果公司成为行业领先者和规则制定者。其中，关键的两步：一是 2008 年 3 月 6 日，苹果对外发布针对 iPhone 的应用开发包（SDK）提供免费下载，以便第三方应用开发人员开发针对 iPhone 及 iPod touch 的应用软件；二是同年 7 月 11 日，苹果 App Store

正式上线。三天后，苹果商店中可供下载的应用已达 800 个，下载量达到 1 000 万次。至 2012 年 11 月，苹果商店已有 100 万个应用软件，半数为付费应用，苹果公司与开发者三七分成。虽然这部分收入在苹果公司总收入中的占比不过百分之一二，但正是这些应用成为了苹果产品使用者的购买理由。构建一个应用商店，是谷歌和其他手机厂商的不二选择。

软硬结合、体系竞争，使有形商品市场的竞争逻辑延伸到内容市场，这从苹果商店的运行模式中可以清晰地看出来。同样，内容市场的特殊要求与竞争逻辑也深刻地改变了有形商品市场。iPhone 4 被作为时尚象征风靡世界，而乔布斯后的 iPhone 5 因为缺少创新，不再那么时尚，使苹果公司的市值从 6 000 亿美元下降到 4 000 亿美元，由此同样可以看出这一点。

实际上，2010 年苹果公司市值超过微软，与之后苹果公司市值下降，是同样的原因。当初苹果公司市值超过微软就曾引发思考：这是盖茨所代表的左脑科技的过失，还是乔布斯代表的右脑科技的功劳？左脑科技的核心是技术创新，盖茨擅长让技术人才发挥最大作用，把理性的技术主义发挥到极致；右脑科技体现为“科技 + 美学”，人们称其为应用创新，乔布斯擅长激发创意人才的潜力，苹果公司所制造的产品都能深深打动人的心灵。如果说当初的成功是因为打动心灵，那么 iPhone 5、iPad mini 等产品就因缺少超越人们想象的变化，没能足够有力地打动人们的心灵而拉低了市值。人们真的很需要 iPod、iPhone、iPad？可以说这是一种新的消费偏好，不一定是为了实际需要，而仅仅是为了一种精神满足，仅仅是为了一种心理需求。

而打动人们的心灵，不正是内容产品的魅力所在吗？

（二）领先制胜还是靠品种取胜

内容供应商参与内容市场的竞争，是应当靠领先取胜，还是靠品种取胜？其答案当然是根据竞争主体情况的不同，由其各擅胜场、各显其能、充分竞争。但要梳理竞争逻辑与规律，总是要给出选择，苹果公司的经历同样可以给予启迪。

一位著名管理专家曾经叙述了苹果的这段转折。1995 年，Windows 95 发布后，苹果公司的业绩急转直下。1996 年 2 月 5 日，《商业周刊》将苹果商标放到封面上，当期头条新闻为《美国偶像的陨落》。《连线》杂志登出了一篇文章，题为《拯救苹果的 101 条道路》，该文章针对苹果的状况提出了诸多建议。到 1997 年 9 月，距离苹果破产只有两个月的时间了。此时，曾在 1976 年参与创办苹果的乔布斯同意回归苹果公司，进入经过重组的董事会担任临时首席执行官。不到一年时间，苹果得到彻底改变。乔布斯在保证苹果公司能够生存的前提下，大刀阔斧重组，仅保留核心部分。当时，微软正拼命向美国司法部解释垄断问题，如果苹果公司破产，必定对微软产生不利影响。乔布斯抓住盖茨这种担忧心理，说服微软向苹果注入了 1.5 亿美元的资金。他将苹果 15 个台式机型号减少到 1 个，将所有手提及手持设备的产品型号减少到 1 个，完全剥离打印机及外围设备业务，减少开发工程师数量，降低软件开发力度，减少经销商数量，将 6 个全国性的零售商缩减到 1 个，几乎将所有制造业务转移到亚洲。由于亚洲的产品链大大简化，乔布斯成功地将库存减少了 80%。苹果建立了一个新的网站，直接向消费者销售产品。乔布斯还停止了新操作系统的研发，因为他回到苹果时，从耐斯特（NeXT）公司带来了业界最好的操作系统。乔布斯这一战略的真正威力在于，采取专一化和协调性的措施，直接解决最根本的问题。他并没有宣布宏伟的收入目标或赢利目标，也没有盲目改革，而是围绕如何通过有限途径销售简化的产品，调整整体的商业逻辑，公司战略是这位管理专家的讨论重心。乔布斯的关键选择是简化：从简化产品型号，到简化产品链。

在我看来，乔布斯的成功，不仅在于简化，更在于领先，是领先制胜。乔布斯敏锐地抓住了移动需求成为第一需求这个历史契机。他回归后，尽管有新的台式机产品问世，但在此后 10 年里，他的主要目标是满足移动需求。而微软还停留在以满足固定需求为主。苹果公司的产品，从 iPod 到 iPod touch，到 iPhone，到 iPad，没有一个不是在满足移动需求。“科技 + 美学”是集中于一类产品，极致地追求领先，无论是体验还是美感。

（三）领先者可以领先多久

领先者可以领先多久？这几乎可以说是一个哲学问题，但从公司战略角度思考，实际也是一个管理学问题。那么硬件市场就领先者可以领先多久发现的定律，对内容市场有效力吗？有启迪思考的价值吗？

英特尔公司前高级行销主管和副总裁达维多发现，一家企业要在市场中总是占据主导地位，就要做到第一个开发出新一代产品，第一个淘汰自己现有的产品。因为市场的第一代产品能够自动获得 50% 的市场份额，尽管当时的产品还不尽完善。该定律被称为达维多定律。

英特尔公司显然是这个发现的受益者。英特尔公司的微处理器并不总是性能最好、速度最快的，但是英特尔公司始终是新一代产品的开发者和倡导者。1995 年，英特尔公司为避开 IBM 公司的 PowerPC RISC 系列产品的挑战，故意缩短当时极其成功的 486 处理器的技术生命，提前推出奔腾 586，把竞争对手抛在了后面。在软件业，管理学家把类似的战略称为“版本升级法则”。比如，微软公司和其他软件商往往不是刚开始就向消费者提供终极产品，而是逐步改进、不断升级。达维多定律如此有力，以至在硅谷，“自吃幼崽”成为一种事实上的规则。

这个定律是否同样适用于内容市场呢？至少，从《快乐大本营》到《非诚勿扰》再到《中国好声音》的一系列节目，都曾在不同程度体现出类似的规律。一个新内容产品上场，让人耳目一新，在市场竞争中也有很好的表现，那么，内容市场的领先者下一步当如何？是保持领先还是横向纵向拓展？当一个成功的选秀节目提供商开始经营签约歌手的线下演出时，当一个内容供应商开始同时制作多档节目在多个平台舞动时，是否能够做到质量控制到位？还能保持以往的市场号召力与竞争力吗？成功节目的品牌显然有助于线下演出，线下演出如果与节目质量控制有距离，是否有损于节目品牌？

领先者在市场上尽可能保持领先，这是人们的正常期待。但观察者与市场的新玩家都会问，内容市场的领先者还可以领先多久？凭什么继续领先？

第三节　布局思维：适应新内容生产分发方式

什么是移动互联网时代的生存之道？什么是智能传播时代的生存之道？在智能传播新阶段，人工智能不仅辅助内容生产而且直接生成内容进行传播。技术条件、数字变革推进的时代背景，决定了要据此谋划新内容竞争策略。

一、零售方式革命与电视业的新布局思维

电视业的优势是什么？人们经常提到，电视业有自己的播出平台，有一个公众习惯接受的内容提供渠道，有可超越语言障碍的影音手段，有低门槛、高兴奋度的表达方式。新媒体时代到来，人们开始习惯说，要把电视已经播出的内容通过新媒体渠道分发，要把其他商品通过电视平台销售。这种分发与销售思维的引入，使电视机构越来越像什么？答案之一也许是，内容零售企业。这必然影响电视机构的布局思维。

（一）电视业属于内容零售业吗

换一种眼光看，可以把电视业看作零售业的一种特例。

一般零售业销售的是物质商品，不由自己制作。零售业的销售方式，过去是购销方式，花钱批来，加价售出。因而，那时零售企业的经营，讲究的是如何提升资金周转速度。资金周转速度越快，一定量资金所能带来的利润越大。但零售业的竞争使得购销利润越来越小。今天许

多零售企业的商业模式发生了重大变化，它们提供销售平台，场租费、进场费、广告费等成为其主要利润来源，而不主要依靠购销差获利。这就像银行一样，存贷差之外的收费成为重要利润来源。北京海龙电子市场的户外广告屏直对四环路，位置颇佳，几年前其年收入就已经占到海龙电子市场总收入的很大比例。不是货品选择能力等，而是大卖场的聚客能力与消费体验，成为零售企业的核心竞争。这样的变化，使大卖场类的零售企业实际上已经发生了重要演变，其更像一种生产性服务企业，租其店面的企业，不管是厂商，还是连锁店，才是消费性服务企业，才是零售企业。以这样的眼光观察这几年发展迅速的所谓城市商业综合体，与其说其从事零售业，不如说其从事生产性服务业。这种商业地产，不仅通过商业综合体提高所在地段的价值，获取更高溢价，还通过自持物业出租，共同聚客，分享稳定的现金流。

换个眼光看，电视业分发内容就是在销售内容，只不过这种分发或销售从观众手里获取的，不是一般的货币，而是一种反馈。用经济学的话语说，观众免费观看内容时，实际上支付的对价是时间、注意力、被影响。因而，观众观看电视节目实际上并不是免费获取。电视台也不是免费提供，电视机构把观众受到的影响进行分类（按频道、时段），将其出售给广告主，使影响价值以货币的形式兑现，这就是人们常说到的传媒的二次销售商业模式。

在这样的运作模式里，电视台分发内容，但经营的对象是影响，影响力才是其核心竞争力的主要部分。所谓电视台的品牌价值，是其影响力价值的凝结与集中化。

制播分离中的电视业，在加快走向平台化。除新闻以外的节目，电视台主要提供播出平台，而不是主要分发自制内容，这有点像大卖场一步步弱化传统购销所占比例。而且，资本市场的经营思维开始被引入电视台的运作。《中国好声音》案例的重要意义是，播出平台开始有了新的估值方式与收益分享方式，同样，制作方也有了更有激励效应的收益分享方式，这是新的合作模式。相较而言，所谓的制播分离倒是次要的。

电视台走向平台化，使得电视业的经营者可以用新的眼光重新审视价值链，而不只是传统的产业链，重新确定布局思维，而不是简单地应对互联网视频与新媒体的冲击。

（二）零售方式革命：仅限于物质商品还是包括内容分发

互联网、移动互联网的发展，催生了更广泛、深刻的变革。数字经济这个概念，最初局限于硬件产业、软件产业等，其后扩展到所有生产、分销和销售都依赖数字技术的商品和服务。这就应当包括内容的生产、分发和销售，或者说，有形商品的销售与无形商品的销售，会受一些共同规律的影响。

就有形商品的销售而言，人类历史上发生过六次零售方式革命，相应产生了六种零售业态。农耕经济形成了自然销售方式。从自然销售走向集中销售，是第一次零售方式革命，由此诞生了百货公司这种零售业态，其通过近距离货架货柜展示刺激顾客的购买欲望，集中大量货品向顾客提供选择可能，雇用售货员提供商品信息。在工业化时期，百货公司是城市的标志。第二次零售方式革命是从集中销售走向自助销售，诞生了超市业态。超市不仅能集中采购、多中心配货，而且开始用计算机管理销售过程，开始通过零售数据挖掘需求、拓展销售，通过销售数据、存货数据来管理进销存，管理向各店配货，减少资金占用和财务成本。因而，大型连锁超市，如沃尔玛，被人视为运作高效的物流企业。第三次零售方式革命是从自助销售走向品牌销售，诞生了专卖店业态。专卖店可以给顾客提供更好的消费体验，与百货公司不同的是，专卖店吸取了自助销售方式中顾客可以随便接触商品的长处，甚至采取免打扰式服务。第四次零售方式革命是从品牌销售走向便利销售，诞生了深入社区的 24 小时服务连锁便利店。这种连锁便利店的出现，打破了大型超市周围 3 公里的零售店都会消失的规律。第五次零售方式革命是从便利销售走向体验销售，诞生了集吃、购、玩于一体的超大规模购物中心，它可满足人们一体化（All in one）的要求。在这样的商业综合体中，人们购买的是一种可以全方位满足的体验。第六次零售方式革命是从体验销售走向电商销售，诞生了电商平台与电商商城等业态。这是一种非在场、远距离、异时空销售，与传统零售中顾客与销售者在同一时空完成购买过程不同。电商销售也是一种信用销售，为此需在新的层面重构信用的体现形式。会员制，淘宝推行的皇冠加差评的约束机制，作为支付工具的支付宝，都是在新的层面重构信用的体现形式，而支付宝借此成为有强劲竞争力的金融工具。电商销售更是一种智能销售，只有电商平台才可能集中如此多的销售服务提供者与顾客，才可能提供如此多的选择可能，才可能提供如此丰富便利的体验。

（三）新布局思维：超越仅兑现影响价值

零售方式革命对电视业的布局思维有什么新的启迪？

这六次零售方式革命，从销售端观察，大多是一步步拓展零售渠道，一步步在零售上附加新的功能，一步步把零售者转变为产品与服务销售机会的提供者；从消费者端观察，大多是在一步步增加便利性，一步步优化购物体验；从社会端观察，则是一步步改变了商业形态与社会活动方式，丰富了社会生产活动的形态与内涵。

换一种眼光观察，这六次零售方式革命及其催生的新零售业态，也在拓展零售企业的价值链。自助销售发展到一定阶段，大型超市不仅提供零售平台，超市的品牌与影响也成为经营对象，超市用自己的品牌定制商品，在自己的平台上销售，如宜家、沃尔玛销售自有品牌商品。电商销售还催生了新的零售产品，比如，一些学生在淘宝上挂上只供自己家长拍的学费支付链接。看起来这是一种利用支付宝的方式，但实际上这是在启迪人们可以出售一种虚拟商品，一种内容性商品。这是传统销售难以比拟的。

零售方式革命并不局限于有形商品，也在影响内容分发。传统的介入方式，是把内容变成有形商品，如平面媒体中的报纸、杂志。对于广播、电视、电影而言，则是把内容装入有形外壳中。音像制品的出现，同样是在拓展广播、电视、电影的价值链，增加了新的内容价值实现方式，使内容可以再一次兑现。体验销售的出现，给电影提供了新的市场空间，毕竟视听体验是人们群聚消费体验的重要部分。中国的银幕数量增加得如此迅速，与商业综合体的迅速增加是分不开的。

应当说，零售方式革命与新零售业态的迭次出现，正在对内容分发产生强烈影响。互联网的发展，已经彻底改变了唱片工业的生存逻辑。网络视频的发展，也正在影响电视业的生存逻辑。上海广播电视台提出的“在播、在线、在场、在商”的产业布局，就是依据新生存逻辑做出的选择，其已经远不同于传统思维。对新媒体时代的电视业而言，广告仅仅是兑现影响价值的一种形式，电视业需要更多的新布局思维。

二、移动互联网时代的摄影生存之道

什么是移动互联网时代的生存之道？

2023 年是中国全功能接入互联网 29 周年。29 年，摄影界内外都已经被以互联网为代表的技术革命改变。29 年，已是沧海桑田。

放眼前望，什么是移动互联网时代的摄影之道？

29 年前，我正负责《中国摄影家》杂志连载专栏，那一年发生了一个在今天看来非常重要的事件：1994 年 4 月 20 日，由中国科学院作为项目实施单位的中国国家计算机与网络设施（NCFC）到美国加州斯托克顿市（Stockton）的 64 K 卫星专线开通，首次实现了我国与国际互联网（Internet）的直接连接，由此，中国成为全功能接入互联网的第 77 个成员。此事被中国新闻界评为 1994 年中国十大科技新闻之一，被国家统计公报列入中国 1994 年重大科技成就。

而互联网在中国进入商用领域已经是 1995 年 1 月。1994 年 9 月，邮电部电信总局与美国商务部签订中美双方关于国际互联网的协议。1995 年 1 月，通过美国第四大无线运营商 Sprint 公司从北京、上海分别接入美国的两条 64 K 专线开通，并且通过电话网、DDN 专线以及 X.25 网等方式开始向社会提供 Internet 接入服务。

64 K，这个带宽，甚至不如今天读者手机的带宽，29 年后难以想象那是一个国家互联网带宽的起始数据。1995 年 1 月，我的专栏在讨论《是流失还是蓄积》，专栏文章的结尾是问句："我们可以不管什么在流失，那毕竟是一个旧的时代在结束，不可以想象摄影不会变化。只是谁能从这变化中汲取一点什么，那才是真正的最实在的蓄积，新的摄影观念、摄影行为方式、摄影评价体系是从聪明者的顿悟中到来的。……要问的是，您是否做好了准备？"这更像是自问、是扪心之问。因为，那正是中国互联网时代的开始。

移动互联网时代到来了。移动互联网不仅可以更有效地体现传统互联网联通一切的魅力，而且能够满足人在移动状态下的显在与潜在需求，以及扩大并创造更多需求，从而更深刻地改变了人的信息沟通方式、行为方式和认知方式，改变了社会关系与社会结构，因此也一定能够深刻改变摄影。

曾经的王者因何而亡？往往是一种颠覆性技术引发的颠覆性创新，这种技术甚至可能是其所在行业的领先者发明的。最终，领先者发明的新技术引发了领先者不能适应的变化。一旦领先者没有理解这样的变化，危局就会真正形成。过去几年人们看到的最令人唏嘘的例子，莫过于柯达的破产重组。颠覆柯达的与其说是柯达 20 世纪 70 年代发明的数码摄影，不如说是柯达贪恋于传统领域丰厚的利润而难以下决心转向数码摄影，是柯达没能准确判断在数码摄影冲击下自己最大的优势包括精细化工而不只是影像技术。更重要的是，数码摄影这种颠覆性技术，形成了新的生存逻辑、新的生存规则。柯达没有充分理解这样的变化，所以没能生存下来。

移动互联网正是这样的颠覆性技术。移动互联网显然不只是一种新的传播工具、传播平台，它还产生了新的影响逻辑与生存逻辑，正在形成新的生存规则。谁能够抓住这些核心的东西并有效利用，谁就会迎来一个最好的时代。不能适应这样的变化，即使是曾经为王者的摄影，也会倒下。

因而，今天再问是否做好准备，更要问的是移动互联网时代摄影应当有什么样的生存之道。

（一）适应内容生产方式革命：专业摄影生产的社会化

专业摄影生产的社会化，具有三个基本特征。

其一，摄影内容生产活动的高参与度。所谓内容生产方式革命，首先就表现在摄影上。数码摄影的出现，降低了摄影的技术难度，从而使摄影师从一个专业成为一个职业，而互联网的出现，使摄影变成人人可以参与的事业。这种高参与度，体现着互联网的精髓，对摄影师个体是竞争，对摄影则是一种再造和振兴。高参与度的背后，是人们更多地出于喜好去摄影，而不是职业所迫。高参与度，使人们的摄影作品有了更为便利的价值兑现渠道，但依然有无数的人只是为了内心的满足而摄影。高参与度决定了今天的摄影，无论是艺术摄影、新闻摄影还是商业摄影，都有更为强劲的生产能力与需求基础。

其二，摄影内容生产组织的高社交化。基于互联网平台，摄影者拥有了超出想象的信息获取与分享渠道。20 年前，任何一本专业杂志所能聚集的读者，都难以赶上互联网专业论坛。今天，借助微信等移动社交平台，摄影者之间形成了无数新的社群，其活跃程度不亚于摄影社团。基于互联网平台，形成了多种商业性的摄影组织，无数个人摄影工作室都可以借此对接市场。作为研究者，我 29 年前多次论述过基于互联网平台的图片银行（Photo Bank），类似图片银行的新平台与新机制，才能聚集并管理如此庞大的队伍。

其三，摄影内容生产过程的高生活化。基于随处可以利用的移动社交平台与便携智能设备，人们可以随时随地进行摄影活动，摄影生产与日常生活紧密融合，创作欲望与需求欲望紧密结合，专业生产与人生爱好紧密结合，这给予摄影更为强劲的生命力。而其中一部分摄影者具有较高专业水平，报社摄影部被解散正是因为其具有了可替代性。

专业摄影生产社会化的直接影响是，传统摄影生产组织的竞争力与必要性大大降低，这对专业摄影人的职业稳固性会有持续冲击。

（二）适应生存逻辑转换：专业摄影者的再专业化

当年，我作为摄影研究者就有深刻的体验：对于许多专业摄影者来说，摄影是他们实现人生价值的主要载体。但它有一个存在基础，就是社会上绝大多数人不掌握专业摄影技术。但我在 1990 年就已经断言，便携相机特别是数码摄影的出现，使这种生存逻辑难以持久。

专业摄影师确实可以拍得更精美，但不能保证关键时刻在关键现场。而任何一个有人的现场，都可能有人携带手机。同时，手机硬件的发展使其摄影效果越来越适合媒体使用。

很多时候，特殊场合人们自拍的照片，反而能创造更大价值。2014 年 3 月 3 日，主持人艾伦·德杰尼勒斯在奥斯卡颁奖典礼与众明星的自拍照，就成为推特历史上转发量最大的照片。据报道，法国最大的广告与传播集团阳狮集团 CEO 称，这张自拍照片的价值在 8 亿到 10 亿美元之间。何况，个体虽然分散存在，但基于移动社交平台可以聚合起来的摄影者，可以以独特视角与专业水准，提供更多有较高价值的影像内容。

这都对专业摄影者的职业地位形成巨大冲击。对专业摄影者而言，这已经不是简单的技术革命的冲击，而是生存逻辑转换。如何适应这种生存逻辑转换？在我看来，专业摄影者必须再专业化。它至少包括三个方面。

其一，摄影能力的高专业化。专业摄影者对摄影的体悟与理解要高于他人，既能够在摄影范畴内表达，又能够从多个维度认识、理解摄影的发展趋势与内在规律。同时，专业摄影者具有超出一般人的摄影表达能力与创作成果。专业摄影者只有在专业能力上高出一筹，才有更强的竞争力。

其二，专业领域的超细分化。总结摄影家们的成功之道可以发现，他们的成功往往基于某个细分领域内的作品超出他人水平。而超细分，是移动互联网时代的新生存规则，不管摄影产品呈现在什么载体上。再专业化，就要求对所要满足的需求与满足方式再细分。从移动互联网的角度看，传统内容产品的细分化程度远远不够。智能手机上的各种应用，你愿意使用或保留的，往往满足的是一个很具体的需求，开口越小，可能使用者越多，反而呈现出更大价值。在移动终端上，面向细分需求的产品，可能创造更大价值。在移动互联网的推动下，内容产品、服务产品都进一步超细分。实际上，细分能力本身就是一种专业素质的体现。

其三，表达能力的高传播性。移动互联网的到来，使得人们可以即拍即传，实现了摄影内容生产的高传播性、高即时性，这进一步改变了摄影专业的专业性内涵。而存在于微信平台上的大量个人自媒体，已经比微博有了更强烈的专业自媒体色彩。新的传播平台，更提高了对专业摄影者传播能力的要求。专业摄影者的再专业化，包括以更有效、便利的方式传播，受众获取越方便，传播越有效。再专业化，要求专业摄影者重新感受什么是移动需求，重新感受人对自由与社群关系的新要求，重新理解人性中那些曾经被掩藏的部分，重新感受人群的行为方式。

（三）适应粉丝型受众需求：优化摄影产品形态

如何用一句话概括所面对的需求，可以说今天已经进入以粉丝型受众为主的时代。

粉丝型受众具有更强烈的分享欲望，比以往的受众更愿意把引起触动的内容分享给好友或公众；具有更有效的参与行为，不只是作为被传播者存在，而是不自觉或主动地参与到传播中来；具有更清晰的选择偏好，通过跟随选择、偏好选择或有明确目的的选择等几个阶段一步步明确、固化信息来源与追踪对象，从而表现出对特定传播平台更强的接受忠诚度；具有更固化的习惯依赖，因而接受习惯、接受时间等对传播效果有更大影响，信息消费方式在影响受众接受体验的诸因素中占据较大份额，一旦形成习惯则习惯本身就成为强烈的驱动因素；具有更强烈的意见表达，多元意见表达行为本身实际上表明了传播的影响，也使评论、意见表达成为关系链传播中的重要部分；具有更大被传播的可能，正因为受众参与分享、参与选择、参与评论、参与到传播过程中，粉丝型受众才更可能被传播、被影响，才足以说明为何如此多理性的人成为某个信息源或意见领袖的粉丝。

这种粉丝型受众的特征，并不只表现在社交平台的使用者身上，还表现在摄影作品观众群体和摄影产品消费群体上。20 多年来 BBS 等各种论坛，QQ、MSN 等各种聊天工具，人人网（校内网）等传统社交平台，微博、微信等移动社交平台对受众群的重新塑造，使其偏好、习惯、趣味、表达感受的方式与渠道都已经发生了深刻的变化。

基于粉丝型受众群体的扩大，关系链传播成为主要传播方式。因而，传统摄影作品评价方式的影响力相对变小，而口碑型评价、话题性传播成为重要的评价方式。这都需要根据关系链传播的特点，优化摄影产品形态。上海一位医生筛选了自己拍摄的照片，按照一年 24 个节气命名并编辑发布，在互联网上广泛传播，这就是一件满足粉丝型受众需求心理的摄影产品。

第四章　创意案例

重大庆典既是极为重要的新闻事件，又是极考验功力的政治传播事件，还是饱含丰富现实场景与历史信息的复杂报道对象，需要动用大量报道资源、报道力量，更需要系统谋划创意、组织实施才能妥善完成。一次重大庆典报道是如何创意、如何实现的？其中每个关键阶段、环节的深层考虑是什么？如何统筹把握报道安全与报道创新？

大型电视直播报道《国庆》，第一次以电视直播报道形态，全方位报道新中国国庆60周年庆典这一重大政治活动和历史事件，既体现了多现场电视直播报道的特色，又体现了我们的追求。

以塑造引导力为原则，在重大庆典核心现场构建并在重大庆典大型直播中得当使用现场演播室，描述现场、解释现场、丰富与现场相关的信息与画面，可以在具象直播中有效增强报道的深度与思想性，放大重大庆典的强化认同功能，从而有效地在感染力中渗透说服力，实现更强的传播效果。

思想力在深刻影响重大庆典报道表现力的同时，也在很大程度上决定了其感染力和说服力。报道国庆这个重大庆典就要回答，为什么“国之典”就是“民之庆”？因此，必须以依托、凝聚、体现思想力，作为重大庆典报道整体框架建构与主线设计的基本原则和思想方法。在新中国国庆60周年庆典报道中，我们以体现思想力的构建原则和实现方法，设计确定了包括大型直播报道在内的重大庆典报道整体框架和主线。

重大庆典报道创新，需要依托对重大庆典本身、相关场景、相关内容及其内在特质的洞察，依托在新历史时点对人们的情绪、情感、价值观共鸣共振需求的洞察，充分进行场景想象、画面想象，在此基础上展开直播点布局、画卷构思和创意策划。从方法论层面说，按事件发展逻辑选择有代表性的节点作为直播点，把多个现场、多种场景、多组画面编织成有机体，以多种视角展示现场、塑造超越现场的感受，按照核心立意构建高质量画面流，这样的画卷构思，其思维方式、策划方式是一以贯之的，体现了以结构思维、空间感觉展开布局、处理场景，以事件发展逻辑与影像叙述逻辑为纲来编组画面。而长画卷展示，以多点透视、特殊手段赋予电视观众超现场的观感和体验，则是这种思维与策划的实现手段之一。

重大庆典直播报道总体框架、基本布局、主线设计确定后，就要打开思维空间、想象空间，进行充分而得当的效果想象，形成有创新力、表达力和可行性的创意策划与实施措施。从方法论层面说，充分发挥想象力、领悟力才可能获得足够表达力。因此，按创意构思和直播指令拍摄高质量画面，在理解现场的基础上大跨度展现并能动反映现场，打造体现核心立意、特色创意的画面流，从而以流程化、体系化的方法实现核心立意、直播构思，才可能达到理想的效果。而让现场声、音乐在直播中渲染场景、阐发意义，以协同运作构建宏大气象，凸显核心信息，以流程化、体系化方式实现核心立意、直播构思，既是效果想象的重要体现，也是核心立意、特色创意的重要实现方法。

重大庆典报道既是内容不断再发现的过程，也是不断验证报道者创意提炼能力的过程。因此，探讨重大庆典报道内容发现与创意策划方法，具有重要的方法论意义。其中，发现宏大中的细节、图景中的象征、格局中的奇点，既是内容挖掘的三个切入点，也是创意策划的思维方式。从人与现场、人在现场、还原现场三个路径切入做现场解析，既有助于内容再发现，也会支撑创意再提升。而创意极化、创意丰化、创意简化，既可以从整体上提升报道本身的创意水平，也可以提升报道团队的创意把控能力。

重大庆典直播报道是一个复杂的系统工程，这个复杂系统工程的设计、实施能否达到预期效果的最主要决定因素是实现能力。有足够强的实现能力，就有足够满意的实现效果。新中国60周年大庆的大型直播报道，就体现了我们如何摸索、实施了这样一整套方法，它包括通过团队组建、集体策划、体系建构、综合培训、创意验证、演练提升，有效实施报道准备，锻造实现能力，还包括锻造实现能力时必须抓住三组关键因素：能力构建必须始于赋能、得于本能、成于效能，创意验证必须严于得当、立于可行、臻于至善，直播实现则安于有备、立于警觉、信于实证。

从方法论角度看，系统解剖《国庆》这一重大庆典报道的创意和实现过程，既有助于回答本章开头提出的一系列问题，又有助于在重大庆典报道相关领域和其他领域提升创意水平，提高内容创新能力和实现能力。

第一节　重大庆典直播：多现场直播报道的努力与跨越

2009年10月1日0时0分至22时30分，新华社成功完成大型电视直播报道《国庆》。大型电视直播报道《国庆》以六集政论片《国之典 民之庆》为骨架，以现场直播报道为血肉，以思想性为灵魂，以现场演播室——天安门广场演播室访谈为特殊表现手段，全方位、多现场、多角度、多信息流、长画卷地报道了国庆庆典和国内外的相关活动。这次直播的圆满成功，完成了“实现直播安全、主控大型直播、统筹两套体系、探索新的突破”的工作目标，达到了“国之典要重场面、庄严典雅，民之庆要重典型，有可看的人物与故事”的要求。

一、追求：多现场直播报道的特色与努力

大型电视直播报道《国庆》，第一次以电视直播报道形态，全方位报道国庆庆典活动这一重大政治活动和历史事件。以往的国庆庆典活动，新华社主要进行文字、图片报道。新中国成立50周年时，新华社进行了视频报道，但从未对其做过电视直播报道。中国电视界以往主要进行国庆庆典仪式直播，从没有对阅兵部队从出发到返回的全过程进行过大型现场直播报道。新华社这次大型电视直播报道，既体现了多现场电视直播报道的特色，也体现了电视人的追求。

（一）思想性，是多现场直播报道的灵魂

新中国成立60周年，是伟大的历史时刻，在核心现场天安门广场进行的庆典仪式和联欢晚会，是世人瞩目的核心事件。在我们看来，国庆60周年的阅兵式和群众游行不仅是十年一见的宏大场面，它还以一个庄严的庆典彰显了一个国家的精神和尊严。阅兵式是张扬国威的载体，以“军之威”体现“国之典”，是当今世界的普遍做法，而表现新中国“国之典”时的“民之庆”，则有深刻的政治内涵和象征意义。国之典更是民之庆，这是今天我们这个民族具有强大凝聚力的基础和象征。

筹备这样的大型电视直播报道，认识高度与思想深度是做好直播报道的前提和基础，或者说，思想性是多现场直播报道的灵魂。在这次大型电视直播报道筹备之初，我们就提出，这次直播要突出爱国主义主题，诠释国家庆典与人民的关系，要注重事件进程直播与现场报道的结合，体现新华社全球新闻采集网的优势，通过丰富多样的现场报道，体现出认识高度与思想深度。

直播策划方案把此次大型电视直播报道定位于两种类型直播的结合，一是围绕核心现场（天安门广场）的核心事件进程进行的直播报道，二是与核心事件、核心现场紧密相关、主线清晰的多现场直播报

道。这次大型电视直播报道分为“国之典”和“民之庆”两大篇章。根据国庆日庆祝活动的开展情况，不仅直播报道当天核心现场核心事件的演进，同时也直播报道与核心现场紧密相关的其他现场的情况，以多现场构成的丰富场景和内容体现报道的主题。毕竟，新中国国庆60周年已经是一个全球关注的重要事件，我们同时利用分布于天安门广场、阅兵游行队伍行进延长线、京外各地、海外三地的多个现场，能够完成更有感染力的多角度报道。

（二）多现场，是大型电视直播报道的说服力所在

电视现场直播是借助卫星、光纤等传输手段，多镜头、多信息流、实时展现事件现场的一种报道模式。现场直播可以把现场情景实时传达给观众，因而同步展现是现场直播魅力的最重要部分。

电视现场直播的实质是什么？

电视现场直播的任务并不仅仅是让观众看到现场。电视现场直播的影响力基础并不仅仅是展现现场、记录所见，还应当包括体现主观意图，努力能动地反映现场、解释现场。这是多媒体时代的电视现场直播与无记录介质时代的现场直播的重要区别所在，是与人们习惯的录播时代现场直播的明显区别所在。多媒体融合与竞争给电视现场直播引入了新的表达手段和依托条件，其中，就包括能够通过多种手段有效地控制多个现场，报道多个现场。

大型电视直播报道《国庆》共有各类拍摄点位59个，编为四个系统，部分点位布置了多机位，实施了二级切换。总体上，是围绕天安门广场这个国庆庆典发生地的核心现场，将点式布局、线式布局、放射式布局三类布局相结合，形成具有不同价值和意义的多重现场群。所谓点式布局，指在天安门广场内根据庆祝大会与联欢晚会的不同报道需要，分别设置了拍摄点，形成B、C两个直播系统；所谓线式布局，指在长安街及阅兵与游行队伍行进路线上设置拍摄点，形成A系统；所谓放射式布局，指与天安门广场这个核心现场紧密相关的海内外直播点，它们

形成D系统。

多现场的电视直播与单一现场的电视直播相比，有什么特殊的魅力？多现场直播比单一现场直播视角更广阔、内容更丰富、反映更全面，但更重要的是，多现场直播事实上以超越一般观众信息获取能力的高度和位势，提供了观众即使身在现场也难以获得的多个视角、多个场景，使其获得了更为丰富的观看体验和感受，冲击力更强。这种多现场同时展示的报道方式，实际上是从多个角度"权威地"解释着事件，解释着现场，也在解释着正在演进的历史。这显然比单一现场说服力更强。

（三）骨干专题片，是大型直播报道的骨架与内涵体现手段

大型电视直播报道，并不因其延续时间长而有分量。正因为时间长、涉及现场多，更需要有一个特殊的载体集中表现其主题，表现对一些重要关系和问题的思考。在大型电视直播报道《国庆》中，这样的载体就应当是一个政论片，以形象的手段阐述主题。同时，这部政论片也可作为骨架，支撑起多个现场构成的直播报道。

在这次大型电视直播报道筹备过程中，我们从2009年8月开始策划制作六集政论片《国之典 民之庆》，其既作为思想脉络之所在，也是澎湃的激情与深刻厚重的历史观的交织体现。这六集政论片策划独特，见识高远，解说词大气磅礴，画面精美，剪辑流畅。它首次用政论片的方式，思考并回答了前人从来没有回答过的问题：国家大典上为什么要有阅兵式？国家的生日与人民的关系，国家与人民的政治纽带、利益纽带与精神纽带是如何体现的？在直播中，这六集专题片分集播出，与正在演进的事件进程和正在进行的报道互相映衬，达到了很好的效果。直播结束后，有的电视台在国庆七天中还连续重播了这六集专题片，该片成为其国庆报道的重要部分。可以说，这六集专题片播出后，受到了市场的欢迎。

（四）长画卷展示，是提供超越现场的视角与体验的基础

为体现点式布局、线式布局、放射式布局三类布局相结合的直播点布局优势，这次大型电视直播报道，特别强调以现场画面为第一表现手段，以长画卷展示作为与这次国庆庆典的宏大场面相称的表现方式。所谓长画卷展示，即按事件发展顺序或观众关注顺序或一定叙述逻辑，连续使用相邻或相关的多个直播点的画面，形成按时序展开的长画卷，我们称之为长画卷式展示，它与接力式直播有类似之处，但长画卷式展示更注重画面间的有机联系，如直播正在集结中的阅兵队伍，就会让观众有乘坐滑翔机“鸟瞰”队伍的感觉。在直播中，导播常常会连续使用长安街沿线同侧四个直播点的画面，或天安门广场内相邻拍摄点的画面，让观众连续从多个视角观看激动人心的场面，这远远超过现场观众所能看到的影像，电视机前的观众能获得超越现场观感的特殊视角和体验。

根据事件进程与观众的观看心理，大型电视直播报道《国庆》采用序曲、进行曲、回旋曲、欢乐颂四种不同风格交替推进，形成四个不同阶段。这次大型直播以舒缓风格起步，阅兵之前的时段如同一支进行曲，越接近庆典，节奏越响亮明快。庆典之后的时段，是对庆典激动人心场景的回味，是一系列动人的故事，是一个个让观众关注的人，从而形成回旋曲。而联欢晚会则更集中地展示了“民之庆”，此时及之后的直播报道，如同一曲欢乐颂。这样的节奏与风格把握，给所展示的长画卷提供了多维、立体的诠释。

（五）现场演播室，是多现场直播报道的特殊表现手段

在核心现场设立现场演播室，可以强化大型电视直播报道的现场性，更具象地引导观众，更有效地影响观众。对这样一个大型直播而言，还有什么比演播室出现在天安门广场现场更加激动人心呢？但翻检资料发现，天安门广场历史上从来没有出现过演播室。因此，如果可能设立，“天安门广场演播室”将是历史上唯一的呼号，加上“新华社”这几个字，更是历史唯一。

新中国国庆60周年的伟大庆典，与历史上任何国庆庆典都不同，新华社电视的发展理念也与以往有很大不同。何况，我们要做的是一次历史上从来没有过的国庆日大型电视直播报道，它将展示参与国庆庆典阅兵、游行、联欢、新闻报道等各路队伍的出发、集结、准备、举行、疏散全过程。天安门广场是最重要的核心现场，是整个新闻事件的核心报道点、最佳评述点，是激情与事实汇聚之地。设立一个现场演播室，无论从哪个角度看都是极具价值、必须努力实现的。

设立现场演播室，核心是要让借用的实景与演播室诸元素，如背景、主持人、主持台等，协调地组合在一起，产生特殊的效果。既要让天安门城楼的实景在画面中突出显现，让演播室诸元素起好烘托作用；又要让现场演播室的主要元素——主持人，在灯光、实景的"塑造"下，成为与大型直播的主旨、风格、追求相称的引导者。因此，设立现场演播室的核心就是如何传神地运用实景。在新中国国庆60周年这样重大的时刻，在天安门广场这样庄严的地点，尤应如此。

经过艰苦的准备，新华社天安门广场演播室终于得以在10月1日06：10启用，那正是这一天的标准升旗时刻。这个现场演播室充分地利用了天安门城楼的实景，与设在新华社新闻大厦内的主演播室流畅对接，现场访谈更凸显了这次直播的思想性与思想深度。10月1日下午，直播正在进行，新华社专门发稿对此做了报道："新华社今天在人民大会堂楼顶首次设置天安门广场演播室，以独特的视角、现场的画面，使人身临其境，感受国庆60周年庆典的盛况。"

二、跨越：大型电视直播报道《国庆》的成效与评价

对于《国庆》这样的大型电视直播报道，提出技术需求，是筹备工作的第一步。2009年3月，为进行国庆直播报道，新华社音视频部派人参与天安门广场现场踏勘，并向有关部门申报技术需求。5月，成立了国庆直播报道筹备组并召开了筹备策划会。6月22日，"国庆60周年

大型直播策划方案”获得批准。6月22日至26日，筹备组围绕新闻事件进行了3次直播训练，并形成了一系列工作规范。随着策划工作的深入，根据新的直播报道要求，8月17日上报修改了6次的第三个策划方案“大型电视直播报道《国庆》策划方案”，并派出采访组到沙河、通州阅兵村及空军相关机场进行前期采访拍摄。8月21日，8个分时段编导小组成立并开始工作，国庆直播报道筹备工作全面展开。从新华社音视频部和全国各分社抽调的精兵强将陆续到位，直播组织架构和运作体系一步步完善，主持人、摄像记者、出镜记者等与国庆直播有关的各岗位训练工作全面展开。8月28日开始，借参加首都国庆庆典活动的三次专项演练机会进行了三次全系统模拟实战演练。10月1日凌晨，大型电视直播报道《国庆》拉开序幕。

这次大型电视直播报道实现了历史跨越，以中国电视界或新华社为参照系，创造了许多第一。梳理下来，至少有以下20个。

（一）第一次直播报道国庆庆典活动这一重大政治活动和历史事件

以往的国庆庆典活动，新华社主要是以文字、图片进行报道的，国庆50周年时进行了视频报道，但从未做过直播报道。中国电视界以往仅对国庆庆典进行仪式直播，没有做过大型现场直播报道。

（二）第一次主控超大型直播报道

所谓主控，是指从直播报道的创意策划到直播方案、直播脚本的制订，从直播组织到直播流程安排，从主控演播室的掌控到对直播体系与直播进程的整体、全程控制，均由新华社负责。

已经成功进行的“5·12”大型电视直播报道《重生》仅有5个直播组、10个直播点，新华社北京演播室是直播演播室之一。如果6小时以上的直播为大型直播，12个小时以上为超大型直播，那么从《重生》直播算起到这次主控多现场超大型直播，新华社跨越了三个阶段：主控直播、主控大型直播、主控超大型直播。为了保证直播成功，从9月30

日早晨开始到10月2日凌晨顺利撤回，直播体系前后方一部分同志大概有长达40个小时不眠不休，一直保持着工作状态。

（三）第一次完整呈现多现场、多信息流、长画卷直播报道模式或报道形态

现场直播报道与中国电视界比较常见的仪式直播、晚会直播、演播室直播在理念、形态与模式上都有明显不同。多现场、多信息流、长画卷直播报道模式更具有新华社特色，更能体现新华社全球布点的优势，更能体现新华社的新闻报道水准。大型电视直播报道《国庆》是这种多现场、多信息流、长画卷直播报道形态的第一次完整呈现。

（四）第一次在天安门广场设立现场演播室

从记载的资料来看，天安门广场在历史上从来没有出现过现场演播室。“天安门广场演播室”是历史上唯一呼号，加上“新华社”几个字，更是历史唯一，由此可见完成这个创意方案的难度。同样具有难度的是，现场演播室的多数直播都是在没有事先准备主持人讲话稿的状态下进行的。直播中现场演播室的多次使用，为直播增添了亮色。

（五）第一次在重大庆典报道中使用“动中通”卫星通信车等特殊设备

“动中通”卫星通信车可以在行进中发射信号，实现直播。但因其遇到桥梁、建筑物、树木等遮挡物时信号有衰减，直播时容易出现信号中断（黑场），因而，在重大庆典报道过程中没有电视台将“动中通”卫星通信车用于直播。这次大型电视直播报道，我们在演练中摸索出可保证直播安全的使用模式和非技术措施，如制订详细的直播路线图，以特殊方式训练技术人员、摄像人员与驾驶人员的协同配合等。

（六）第一次实现同时控制 34 个不同类型的现场直播点，处理 34 路信号

在一个演播室同时控制 34 个不同类型的现场直播点，处理 34 路信号，其操控难度可以想见。这次大型电视直播报道，我们在天安门广场、阅兵和游行延长线、北京市、京外五省市、海外三地共设有 59 个拍摄点，对其中 34 个不同类型的现场直播点实现了同时控制、使用。有些直播点还进行了二级切换，即在现场将多机位信号进行二级切换，然后再把切换后的信号送到新华社北京演播室参与一级切换。第一次主控超大型直播就采用二级切换，这既锻炼了队伍，也提高了直播报道的水平。

（七）第一次实践了长画卷式展示的直播报道风格

这次大型电视直播报道的拍摄点位分为四个系统。其布局总体上是将天安门广场这个核心现场的点式布局（广场内直播点为 B、C 系统）、线式布局（阅兵与游行队伍延长线，为 A 系统）与放射式布局（与天安门广场这个核心现场紧密相关的海内外直播点，为 D 系统）相结合。为体现这种直播点布局的优势，我们在直播中以现场画面为第一表现手段，按一定关注顺序和叙述逻辑，连续使用相邻或相关的多个直播点，实践接力式直播、长画卷式展示。如连续使用长安街沿线同侧或天安门广场内四个直播点的画面，让观众有观看长画卷的感觉。

（八）第一次在直播报道中以政论片为骨架，系统阐述核心构思和主题

为体现新华社对许多重大问题的认识，体现思想性，我们在这次直播报道中制作了六集政论片《国之典 民之庆》，既将其作为骨架，作为直播核心构思和主题的形象载体，又将其作为独立产品，提供给用户播出，还将其作为音像制品出版。

通过这部政论片，我们第一次在直播报道中系统阐述“国之典”与

“民之庆”的关系，阐述为什么国家大典要以阅兵式为表现形式，为什么中国人民会把国庆日称为国庆节，人民与国家的政治纽带、利益纽带、精神纽带是什么。

（九）第一次直播报道阅兵与游行队伍出发、行进、集结、疏散、庆贺全过程

在新中国的国庆庆典报道中，阅兵式本身已经被直播多次，但阅兵与游行队伍出发、行进、集结、疏散、庆贺全过程，从未被直播报道过。北京长安街东单、西单以外，队伍如何进入与返回，从未被直播报道过。这次大型电视直播报道，第一次实现直播报道阅兵与游行队伍出发、行进、集结、疏散、庆贺全过程。为此，相关直播组 9 月 30 日傍晚就出发，10 月 2 日凌晨才返回。

（十）第一次形成传统演播室与现场演播室主备皆具、协同运作的格局

为保证这次大型电视直播报道的安全，新华社把一个旧演播室改造成了具备直播能力的备用演播室，再加上位于新华社新闻大厦内的主演播室与位于人民大会堂楼顶的天安门广场演播室，三个演播室主备皆具、协同运作，为将来同时操控两个直播提供了一定基础。

（十一）第一次统筹直播与当日新闻两个报道系统完成国庆庆典报道

新华社音视频部的国庆报道，概括地说，有三个方面：一是大型直播报道（包括六集政论片《国之典 民之庆》）；二是对新中国成立 60 周年当天的庆典进行的新闻报道（包括通过中文电视通稿线、中文电视成品线、英文电视专线发出的前期新闻和专题报道，以及当日的新闻和专题报道，如大量新闻和《中国曙光》等专题片）；三是后续制作的相关专题片。

这次国庆报道，报道组统筹直播与当日新闻两个报道系统（两个报道系统拥有不同的后方编辑与发稿系统），以中英文两种语言、直播与新闻报道两种报道手段、新闻与专题两种报道形态、电视素材与电视成品两种产品形态，圆满地完成了国庆庆典报道。从2009年9月30日18：00至10月1日18：00，新华社音视频部共发稿548条1 264分钟，其中自采稿323条844分钟。

（十二）第一次设立了为电视直播与当日报道服务的特殊拍摄点

这次大型电视直播报道，还实现了在一些特殊位置设立拍摄点。如在参加受阅的武装直升机上设立拍摄点，所拍摄的画面由担任接力任务的直播组使用卫星发回，迅速编辑成新闻短片在直播中播出。

（十三）第一次在直播中体现了多媒体融合理念与成果

电视直播可以视为一个多媒体融合的平台和载体。正是因为电视直播可以融合文字、图片、新媒体等多种产品，形成多媒体融合的直播形态，才便于形成多信息流。在这次大型电视直播报道中，我们既专门制作了天安门广场和长安街沿线的三维模型，清楚地告诉观众阅兵和游行队伍将如何行进，以及我们的直播将如何进行，又把新华社文字、图片等报道成果直接用于直播中。在大型电视直播报道《国庆》中播出的专题片《中国曙光》，就是根据新华社总编辑何平的要求，把新华社国内部发出的通讯《中国曙光》制作成电视版在直播中播出。在直播中，我们还专门把《新华每日电讯》（号外）上的文字报道、图片报道连同报纸本身一起展示介绍。

（十四）第一次向多用户提供直播产品

这次大型电视直播报道，除向新华网和战略合作伙伴黑龙江电视台全程提供外，还向10多家用户提供电视直播信号，其中既有广东、上海、广西、天津等地的省级电视台，也有济南等省会城市的电视台；既有搜狐等主要商业网站，也有美联社，由其提供给海外用户。为此，我们在直播流程上做出了一些特殊安排，如每小时的固定时间安排播出我们专门为本次直播制作的 2 分钟 MTV（音乐短片），既丰富直播报道表现手段，又可供用户插播广告。

（十五）第一次向正式运作的手机电视台提供直播信号

在直播之前，新华社手机电视台与中国移动合作进行了“手机电视看庆典、新华直播在身边”的推广活动。直播期间，用户数和节目点击量创新高，从 2009 年 9 月 30 日的用户数 11 704 万人点击 20 621 万次，激增为 2009 年 10 月 1 日用户数 56 428 万人点击 171 864 万次，创下新华社手机电视台开播以来的新高。

（十六）第一次对国庆庆祝大会、联欢晚会进行立体、全程报道

虽然在报道国庆庆祝大会、联欢晚会时，按有关方面要求，转播了各 2 小时左右的公用信号，但天安门广场与长安街沿线新华社电视直播体系各拍摄点位仍正常工作，通过光纤、卫星实时传回现场画面。这些画面当即被制作成电视新闻及时发出，同时被分类存储为珍贵的视频资料。可以说，这次大型电视直播报道，新华社派出的前方采访组拍下、记录而没有用于直播的画面资料，远比直播报道展现得多。

（十七）第一次建构了大型直播报道工作体系、工作规范与工作模式

大型直播报道与仪式直播、晚会直播在工作体系、工作规范与工作模式方面，有共通之处，也有明显差异。同时控制散布在核心现场与全球各地的卫星直播点，需要有特殊的工作规则与工作模式。比如，巴黎到北京的卫星信号要经过两颗卫星中转，一问一答间要延滞 4 秒，与天安门广场光纤传输的无延滞、长安街卫星传输的延滞不到 1 秒，形成鲜明对比，因此，在直播时需要建立新的工作模式和规则。

新华社这次直播报道的信号，提供给了多个电视台和网站用户。因而，这次直播报道的工作体系、工作规范与工作模式，要适应多用户对直播报道提出的服务需求，要适应直播报道与庆典当日报道的不同运行要求，这就需要更多的特殊规则、流程与安排。经过这次直播报道的实践，我们形成了比较完整、适应新华社工作特点的大型直播报道工作体系、工作规范与工作模式。

（十八）第一次建立并演练演播室应急使用模式

因为要把新华社大厦演播室作为主控演播室，为保证直播安全，需要设立应急备用演播室，同时，这次大型电视直播报道的用户具有多样性，这决定了必须使用三个出口，即用专线提供给黑龙江电视台，用社内专线提供给新华网，用卫星提供给其他用户。为此，启用了应急演播室的应急模式和工作流程，这与其他电视台的应急模式和工作流程，又有很大不同。我们摸索、设计了适应用户多样性又满足直播安全要求的演播室应急使用模式，并多次进行了演练。

（十九）第一次在海外设立多个直播点并第一次与海外电视台协同直播

这次大型电视直播报道，新华社亚太、欧洲、北美三个总分社分别在香港、巴黎、纽约设立了三个直播点，并使其加入了直播体系，与其他直播点同时使用。多个海外直播点的设立和同时使用，这对我们来说都是第一次。在直播中，新华社还第一次与海外电视台协同完成了直播报道。

（二十）第一次大规模锻炼并形成了一支直播队伍

在这次大型电视直播报道中，我们启用、训练了一批从没有参与过电视直播的“70后”“80后”业务人员做编导，控制直播报道各个时段的直播进程，按直播要求培训了一支摄像队伍和出镜记者队伍，涉及全部国内分社的近一半队伍和三个海外总分社。可以说，新华社直播人才已经呈星火燎原态势。

这次大型电视直播报道，对以各种形式在前后方参加直播的 200 多位同志来说，是一次极好的锻炼和精神洗礼。全体同志夜以继日奋战两个月，带着光荣感投身报道、带着责任感落实报道、带着成就感完成报道，不负重托，实现了历史跨越。

第二节　现场演播室构建原则：塑造引导力

重大庆典既是极为重要的新闻事件，又是极考验功力的政治传播事件。针对重大庆典时的大型直播报道，在核心现场设立现场演播室，可以强化直播报道的现场性，更有效地影响观众。以塑造引导力为原则，构建并在重大庆典大型直播中得当使用现场演播室，描述现场、解释现场、丰富与现场相关的信息与画面，可以在具象直播中有效增强报道深度与思想性，放大重大庆典的强化认同功能，从而有效地在感染力中渗透说服力，实现更强的传播效果。

2009 年，新中国 60 周年大庆时，新华社主导、主控了 22.5 小时的大型直播报道，在天安门广场设立并长时段多次使用了现场演播室，这在历史上是第一次。回顾这次现场演播室的构建与使用，仍然有许多启示，对做好之后的大型报道不无裨益。

一、依何选点：强化核心现场的说服力

在天安门广场设立一个现场演播室，从开始筹备新中国国庆 60 周年直播，这个想法便在我心里翻腾。这次大型电视直播报道，将是新华社历史上第一次主导、主控的大型直播，将新华社的大厦演播室作为主演播室，在提供给新华社视频用户的同时，还在一起合作进行这次直播的黑龙江电视台卫视频道全程直播。

在一个炎热的中午，在去食堂的路上，我偶遇何平总编辑，他问起直播。几句话后，他就说，应当在大会堂设一个现场演播室，以天安门城楼的实景为演播室背景，这样进行现场报道效果更好。这个创意的实施，协调难度很大，最合适的协调人是连续十多年参与大型报道协调工作的新华社总编室室务委员赵勇。当天中午，我在电话里和赵勇讨论了许多，然后约定下午两点半出发去看场地。现场演播室设在哪里，我在看现场之前就依据以往对大会堂的印象有过设想。但最后排序第一的，却是直觉引导的现场选择。

2009 年 8 月 5 日下午两点半，我和赵勇及新华社音视频部设备室主任闫永廷在人民大会堂北门会齐。第一站我们去看了二楼、三楼的几个厅，希望能从某一个大窗户发现设立现场演播室的最佳位置。但可惜的是，从设立现场演播室的角度看，这几个厅的窗户都不够大，角度也不是最佳。一路踏勘下来，只有一个厅内的小厅可以作为备选。从其中一扇窗户看出去，可以取到天安门城楼的景。现场评估，这个地方可以做大背景板，中间把窗户留出来，实景与虚景结合。可惜的是，场地局促了些，勉强有一个机位。

第二站是大会堂北段楼顶东北角，这是传统的电视和摄影拍摄点，大会堂的同志很熟悉大型活动时央视的机位和新华社的机位在哪里。与厅内相比，这里视野豁然，开阔得多。仅仅作为拍摄点，这个位置很好，可以拍摄包括天安门城楼在内的东长安街和广场，画面气势磅礴、重点突出。如果是朝阳初起、彩霞满天，或是华灯齐放、城楼如画，定是一片辉煌。但从设置现场演播室借用实景的角度，从这个位置拍摄天安门城楼，角度还是偏了一点。

第三站是大会堂中段东侧，距大会堂北段楼顶东北角约 400 米，接近大会堂的中轴线。从这个点拍摄天安门城楼，角度正得多，但效果还不够理想。即使和大会堂北段楼顶东北角一样搭个平台，拍摄到的也只是比较正的侧面。现场演播室的实景，应当选取更为正面、更为壮观的。

在两个位置间走了一遍，我默默地从大会堂北段楼顶东北角南眺，感觉从大会堂南段向东突出部分的楼顶向北拍摄，效果可能更好，拍到的天安门城楼应当更正。既然大会堂北段楼顶的东北角和中段东侧不够理想，那么能否在南段楼顶设现场演播室呢？

但这一次踏勘，没能去大会堂的南段。前三个点的踏勘，已经可以形成初步判断，即设立借用天安门城楼实景的现场演播室的创意是有条件实施的。2009 年 8 月 7 日下午三点，我们三个人带了摄像机，开始第二次踏勘。令人高兴的是，这次有了另外一位同志引导，我们可以去大会堂南段楼顶的平台。据说，过去举办重大活动时，南段楼顶平台未曾有媒体在此设立机位。我们在已经选的三个点分别拍摄了景观效果、主持人可能坐的位置，大致测量角度和尺寸后，就登上上次想去的第四个点——人民大会堂南段楼顶。

从人民大会堂南段楼顶向北侧偏东眺望，天安门广场气势雄伟，天安门城楼巍峨壮观。我的脑海里浮现出庆典时的壮观场景，如果是一个大全景，人民英雄纪念碑正在画面的黄金线位置。这儿是一个很好的拍摄位置，多种内在的力量线汇聚于此。在此设立现场演播室，可以充分展现现场，又不被现场“淹没”。楼上女儿墙边有一些旗杆，两个旗杆间约有 50 米，设立现场演播室的面宽足够了。摄像机纵深空间更是宽阔，在上面设置一个 40 平方米的平台，再设一个主持台，加上灯光和摄像机，用有机玻璃做个透明的小屋，花钱很少，就能建一个临时现场演播室，这将是这次直播最大的特色，所谓错位补充，这可以算其中之一吧。

四个拍摄位置对比下来，这里当然是第一选择。当时的方案是，把南段楼顶平台当作一号位置，北段四楼中部和角上仍然作为拍摄点申报，到时也派出摄像记者。三楼那个小厅作为保底点。何平总编辑看了这四个机位拍摄的录像，认为一号位置效果最好，同意了这个方案。

按此方案，我们开始申报在楼顶和天井院内转播通信车内工作的人员的信息和相关车辆信息。转播通信车是黑龙江电视台派出的。楼上平台一号位置只考虑两个主持人、三个摄像机位的最少配置，再在大会堂北段东北角楼顶和近中段东侧各安排一个摄像记者。按现场情况，要实现二级切换，使用转播车效果最好，但这么大型的车，只能放在大会堂天井院内。而车内的人员数量太多，几经商量，减少到七人，再加上小厅内的主持人和摄像记者，转播车内的人员就有九人之多。

二、据何创意：放大核心实景的感染力

依据什么原则设计现场演播室？借用实景易，传神难。合适的设计，必须是恰到好处地“借用”了现场实景，而不是影响了实景在观众眼中的观感和深层价值判断，是恰当放大核心实景的感染力，而不是让传统演播室的一些手段干扰对核心实景的呈现。

但对现场演播室而言，实现设计意图的过程，也是解决许多意想不到问题的过程。

最初的设计创意，是在大会堂南段楼顶所选的机位做一个长背景板，既可以遮住平台背后的女儿墙，又可以传递多种视觉元素，烘托气氛。为此，9月3日，我们第三次去踏勘现场。这次的重点，是带着设计小组现场测量。依然是个炎热的下午，从大会堂西南门进去，我们发现外小院与内天井间有个过道，高度只有3.5米，已经报了车号的转播车高4米多，根本开不进去。新的问题出现了，楼上的信号需要借助更长的光缆才能传到转播车内。去哪里寻找长达3千米的光缆呢？最终，这条超长光缆，成为单列出来需解决的特殊问题。最后的解决办法是从重庆租用，特长光缆乘飞机而来。当然，成功完成直播之后，这条光缆也以同样方式返回。

所谓设计小组，其实是由设计Logo的临时组合延伸而来的。负责设计本次大型直播报道Logo的，是音视频部的视图工作室。我依照做杂志总编辑时的工作习惯，在电脑前和视图工作室的负责人吴炜玲以及参与设计的陈鸿毅、仇晟等一起讨论，做了几个方案，经过几次大修

改，几次报请李从军、何平等社领导选择、审批，终于确定了 Logo。这一过程用了几周的时间。现在，Logo 设计完成了，正好接着设计大会堂楼上现场演播室的背景板。直到前一天，我才告诉他们存在这样一个构建现场演播室的设想和工作任务，至此，知道有此方案的人员也就刚过 10 人。

再次上到大会堂南段楼顶，我们拿出摄像机和卷尺，测量位置、选择景别、权衡角度。主持人要坐在 60 厘米高的地台上，三个摄像机准备架在三个摄像台上。单是四个地台的设计，不深究，就不太搞得清楚现场演播室的设计意图。但旁观的大会堂工作人员和随行的技术局工作人员，还是对我们的工作方式感到惊叹：居然如此认真。我和他们或拉着卷尺测量，或作为模特儿站在那儿帮助摄像找不同景别里主持人的位置感、画面感。毕竟，此刻地台没建，只能想象、模拟。计算下来，有了地台，加上三脚架，摄像机最高可以架到 2.7 米。主持人坐在 60 厘米高的地台上，但此刻权衡背景板怎么做，摄像机怎么取景，模拟不太容易。于是，这一天的踏勘，留下了这样的工作视频：我和吴炜玲站在镜头前，竖着拉开卷尺标示高度，我还把一支圆珠笔平举在吴炜玲的头上，标识将来直播时坐在地台上的主持人的头部所在。这有些奇怪的模拟方式，后来被当时在现场的同志不断说起。

这次踏勘，同时获悉另一个消息，楼内小厅那个备用演播室的拍摄机位用不成了，因为到庆典当天，那个小厅另有大用。因此，一号拍摄机位成了唯一的拍摄点。

以后的几天里，我几次去电脑前看设计。核心设计没有变，就是在两个主持人之间放一个圆形的主持台。圆台面以约 35° 的仰角朝向镜头，上面标有“新华社大型直播报道”的 Logo。

设计小组的陈鸿毅用电脑做了一个现场演播室的三维模型，该模型可以随观看者的意愿变换视角和景别、画面的大小，可以看到两个主持人和三个摄像机的空间关系，可以 360° 地看主持人与摄像机的相互关系，可以看到不同景别下以及晚上可以拍到的天安门城楼场景。有意思的是，出于年轻人的习惯，陈鸿毅最初把动漫式的机器人放在主持人的位置，比真实人像醒目得多。但这多少影响了我们对背景板设计效果的判断。后来，我让他们都换成真实人像，这倒是为背景板的设计工作增加了一点亮色。

但我们却一直没有找到合适的背景板颜色。全红、橘红，单色加上一些元素，都感觉不太对。何平总编辑在电脑前审查时提出了方案。他第一次看这个演播室背景板的设计时，便对颜色选择提出了意见。第二次看时，他斟酌再三，进而提出不要背景板，就在主持人背后摆上三层鲜花，错落有致，有红花、有绿叶。演播室设计由此豁然开朗，背景板的设计得以迅速完成。所有的软硬件制作工作都按此进行，加速推进。

三、如何呈现：以大气度传递思想性

天安门广场演播室的构建方案和使用方式，在我心中常如岩浆般奔涌，我时常在沉思、在琢磨，却几乎从不谈论，即使是与直播筹备团队的核心筹备人员或我的领导。

首先，设立天安门广场演播室这个方案和行动的存在，我几乎不谈论。在任何与直播筹备有关的方案、文件中，从来没有出现“天安门广场演播室”的字样。虽然我在积极推动天安门广场演播室筹备的各方面工作，力保人民大会堂楼上各拍摄点的人员名额，但在这样特殊的地点，能否实现这个创意，每一步都可能遇到意想不到的困难。行百里者半九十，如果物议沸腾，议论纷纷，于事无补，可能造成更大困难。因此，在很长时间里，清晰地知道有这个方案存在并在积极推进的人，数以个位计。9 月 24 日我在新华社领导召集的一次会议上全面汇报大型直播筹备工作时，才第一次在会议上提到这个演播室的存在和使用。

其次，如何使用好这个现场演播室，思路也需要不断地完善。在我的心底，对庄严神圣的天安门城楼充满敬仰，甚至心存敬畏，因为它是新中国的一种象征。使用这个现场演播室，更要传达出这种情感。

因此，面对编导或是面对主持人与出镜记者，我几次说起：在这样一个壮阔的广场，面对十万多参加盛典的人，人声鼎沸，场景壮阔，主持人和出镜记者必须能够做到不被场面“淹没”，成为一个得体的引导者。怎么做到这一点呢？那就是必须心中有足够的积累和酝酿，不仅是知识、信息的储备，还包括情感、心理的准备。一个伟大的国家、一段伟大的历史、一个伟大的民族、一个伟大的盛典、一个伟大的日子，都要装在心底，才会有大胸襟、大气度，才会有主持、出镜的大感觉、大表现。而在天安门广场演播室的主持人，更要有这样的大胸襟、大气度、大气象。国庆 60 周年这样的大型直播，对主持人和出镜记者的要求必须很高。主持人要有很强的临场随机应变能力、现场控制能力，更要有较深厚的知识储备和思想深度。当然，使用这个现场演播室，我的标准也是实事求是的，完成两条就是成功：一是早晨“点亮”她，开始使用“新华社天安门广场演播室”这个呼号；二是在直播进行中完成直播流程确定的报道任务。

按这个思路，经与一起筹备这次大型直播的董琳等同志探讨分析，我掂量再三，选择了主持人张大鑫和女记者朱玉。之前我已经安排朱玉担任六集政论片《国之典 民之庆》的总撰稿，并与她多次谈过这次国庆直播的核心理念、重要元素，对于一个伟大盛典的阐发，她应当能担当起重任。

但他们两位事实上很晚才知道他们在大会堂楼顶这个拍摄点的真正任务是什么。其他拍摄点也有不错的主持人担任出镜记者，而且在以往的演练中有很好的表现，这让处在新华社演播室直播指挥中心的我们颇感振奋。9 月 12 日，张大鑫和朱玉随参加专项演练的新华社报道队伍进入广场，第一次登上了大会堂南段楼顶。但这一次，他们更多的是在为现场出镜报道做准备。同时登上那里的几位摄像记者，我也没有清晰地告诉他们真正的拍摄任务。9 月 18 日是庆祝大会和联欢晚会最后一次综合演练，也是前方直播团队最后一次有机会实地演练。之前，我分别和张大鑫、朱玉谈了一次，让他们按照在新华社天安门广场演播室主持的要求，按与一个伟大盛典的直播报道相称的、现场性思想性并重的要求，去现场体验、准备，要求他们拿出最好的精神状态。从对这个现场演播室的特殊安排，他们当然能够感受到其中的重要性。

选择这样的组合，更多的还是要保证这次大型直播报道安全运作、有效呈现。作为总指挥、总导演，我不仅要考虑这个演播室的主持人是否能够传神地体现直播的意图和特色，还要确保直播安全，即一旦现场信号或主演播室出现某种问题，天安门广场演播室应当能以两个人之间的对谈和现场报道支撑直播，至少支撑一段足以让后方演播室调整的时间。因此，这个组合并不是一个典型的双主持人组合，而是访谈组合。虽然是男女各一，但从直播总体需求看，对主持人的第一要求，当然不是外貌，而是现场把握能力。选择的结果就是一个男主持人，一个知名女记者。我期望的组合实际上就是一个主持人加上一个可以应付多种情况的“多功能嘉宾”。

9 月 18 日的综合演练，虽然只有 4 个小时，但我们的直播系统是全系统仿真演练，8 个时段的编导组，每个编导组用其真实脚本的第一小时演练，8 个演练小时横跨了未来真实直播的 22.5 小时。根据不同时段脚本的要求，天安门广场演播室作为报道点，需要多次使用，两位主持人作为现场记者，多次出镜，摄像记者也自觉地演练了如何在镜头中带着现场记者拍摄广场，进而展现广场。这次演练，暴露出一些问题，但也让我有了更多信心。总体上，他们能够把握现场，而灯光、画面、耳机等问题，总是可以解决的。因此，这次演练后，我就放手让这个组合自己准备，并在与编导、其他主持人的磨合中更多地积累、更准确地对位现场演播室的感觉。看着他们睁着带红丝的眼睛与一组一组的编导对接，我也只能报以鼓励的话语、肯定的眼神。在各种层次、各种方式、各个系统、各个环节的对接中，现场演播室如何呈现，轮廓逐渐清晰。

直播，就是直播。每一个参与者，都要遵守它的规则。

四、凭何能用：以精细准备支撑可行性

在这样的重大历史事件现场，现场演播室能否成功投入使用，不仅取决于电视界通常意义上的演播室使用准备，还取决于许多复杂而微妙的准备，特别是非现场准备。几乎每天都会出现一些问题，有时遇到的问题难度之大，令闻者齐叹息，然而，峰回路转往往就在看似已陷入困境而又努力坚持后的一瞬间。这个过程，着实磨炼人的意志和心性。大家逐渐意识到，如果没有充足的多方面准备，再好的创意可能都只是纸上谈兵。

要保证现场演播室按设想启用，最重要的还是要做好一系列准备工作。主持人准入问题在正常申报解决中，演播室基本形态与背景设计已经完成，之后就要考虑演播室相关硬件的制作，考虑主持人与现场演播室队伍何时进去工作，如何保证在人民大会堂楼顶天安门广场演播室长时间工作。

是现场制作还是非现场制作？最初的设想是在现场提前制作现场演播室主持人和摄像所需要的四个地台、一个主持台、背景板等，既保证安全，也能减少搬运量，特别是避免搬运时的准入麻烦。一系列相关手续完成后，接获通知，不能现场制作了。这时，时间已经不多了，必须赶快联系安排加工制作。闫永廷多年协调类似问题的经验发挥了关键作用。他悄悄地安排一切，中间多次协调，并去制作方检查进展。最早制作完成的是两个主持人座位间的圆形主持台，把它送到新华社演播室里后，大家都很满意。同事特别告诉我，从镜头里看很不错。就像有些人平时不太显眼，但在镜头里看起来特别精神。这个主持台在镜头里看起来神气得很，这次大型直播的 Logo 格外醒目。不过，第一个送回来的主持台，放在我们准备的备播演播室里体量正好，放在天安门广场演播室里，就显得大了一些。第二个送来的主持台成品，直径比第一个小了一些，正好适合现场演播室的空间环境。

现场演播室的设计，也许并不比标准演播室的设计容易，毕竟，要

考虑太多非标准问题。最初，我的设想是给现场演播室做一个玻璃房子，如同足球比赛队员席、教练席上的有机玻璃棚子，将其立在两个主持人身后，可以在他们上方有所遮挡，这样既可以减少不必要的现场杂音干扰，又可以替他们挡一点放烟火时可能飞下来的东西。因而，时任新华社副总编辑吴锦才曾经把这个现场演播室叫作“你们那个玻璃房子”。能否做出这个玻璃房子？我曾以为关键是有没有这么大的有机玻璃板，一番打听下来，最大的规格是 2 米宽 3 米长，这足以保证镜头拍过去的背景板部分有足够大的无接缝透明范围了。距直播还有几天的时候，我看到拍摄回来的制作中的这个“玻璃房子”的录像，感觉体量实在有些大了。有机玻璃板的重量不小，制作方加了钢框架承重，这与我心目中的无骨架的“玻璃房子”相距太远。这样高大的“玻璃房子”在 9 月 30 日时竖在人民大会堂楼顶，难保不会出现什么问题。我只有放弃这个“玻璃房子”了，还是使用最初意义上的现场演播室，蓝天为顶，可以让主持人和观众一起心游万仞。

提前进入还是按流程进入？这个问题是主持人和策划指挥组的人都关心的。即将去现场演播室的朱玉，在最后几天里总是提醒我，一定要提前进去，我也总是默然不语。距直播还有十多天的时候，我几乎天天为最后的准入难题而费神劳力。其实，在我心目中的问题单子，不仅包括让主持人、摄像、导播、音视频工作人员早些进入，以保证这个现场演播室能够被早些启用，还包括要解决好他们连续工作 30 多个小时的基本问题，怎么吃饭，怎么喝水，怎么补妆？协调的过程就是不断试探又不断反复的过程。开始我们尝试请人民大会堂的后勤系统解决饮食问题，后来，改为要求我们直播系统的后勤小组买足够的面包、水等等，正常安检带进去，自我保障。我还要求主持人要化好妆进去，现场简单补妆。

但能否让技术人员、摄像和主持人提前进去，仍然是个问题。在协调会上，这被提到了保障直播顺利进行的高度。在已经下发的 9 月 28 日至 10 月 1 日的工作流程安排中，他们不在第一批安检进入天安门广场的人员之列。但根据这个工作流程实际需要，我们再次进行电话沟通、书面请示，终于成功获准。与我们直播系统提前进入的人员在相同制高点的摄影记者及技术人员，“顺带着”也要在凌晨一点前到达安检场所。尽管，他们没有提前开始工作的任务。但这不重要了，能够提前进入天安门广场的核心区域，并且保障现场演播室的所有人员能够都在庆祝大会后不离开现场的人员名单里，就保证了天安门广场演播室的最大使用效果，就有了成功的基础。获知结果的那一瞬间，我真是发自内心地喜悦。

五、如何使用：充分展现阐释核心现场

一个在我们心中孕育了很久的现场演播室，何时使用最佳呢？如何使用这个历史唯一的新华社天安门广场演播室呢？最理想的结果当然是早用、用好、多用。

随着国庆 60 周年的临近，每一个人都对天安门广场演播室的使用寄予了自己的期望和想象。在我们这个直播团队内，知道有现场演播室存在并准备使用的人越来越多。我先是在编导会上让大家考虑如何使用现场演播室，让主持人习惯与这个现场演播室对接，之后准备在天安门广场演播室使用的主持台制作完成并暂放进主演播室。在一次编导会议上，我正式告诉大家，可以开始在直播脚本中写上“新华社天安门广场演播室”了，这就是正式呼号。至此，这个现场演播室的使用进入了实质阶段，大家开始更多地谈论如何使用的问题。

一定要早用，但不能太早。在我的心底，“新华社天安门广场演播室”这个呼号，应当和 60 周年大庆这一天的第一缕阳光一起抵达天安门广场，为期待恢宏庆典的广场增加更多亮色，为从零点开始的大型直播加上新华社大型直播报道的印记。为此，我查了天安门广场升旗时间表，这一天的升旗时间是早晨 6 时 10 分。那就是第一缕阳光抵达天安门广场的时间。虽然，按照国庆 60 周年庆典的特殊需要，这一天的升

旗仪式在庆祝大会正式开始之后。

什么叫用好这个现场演播室？其标准当然是在合适的时间使用最适合的演播室，也就是说在一些特殊时刻一定要使用天安门广场演播室。我们最初的设想是在阅兵式和联欢晚会之前，在天安门广场演播室做开放式访谈，随时可以切入阅兵式和联欢晚会的公用信号，阅兵式和联欢晚会以后，马上回到天安门广场演播室，我们的两位主持人激情绽放，呼应那一刻的现场神韵和人们的心情。

后来，出于直播安全的考虑，只部分实施了这个想法。因为公用信号结束时间难以确定，为了给使用这次直播报道内容的电视台留出准时切入的空间以保证安全播出，公用信号结束后我们下一个阶段直播的开始时间，最好是整点或五分、十分这样的时间点。为此，最有利于大型直播各环节协同、最有利于保障安全的处理方法，是公用信号切出时，我们的主演播室播放一个专为这次直播制作的 MTV，然后按照选择的整数时间或整点时间推出总片头，开始新一时段的直播。

但用好这个现场演播室，更在于多用。我曾经多次在各种会议上告诉直播团队，就是要在非核心时间不断回到核心现场，直播镜头要尽可能切到天安门广场，要不断地展现、报道天安门广场，她的盛装以待，她流光溢彩的面容，她胸怀里的人声激荡，充分展现、阐释天安门广场这个核心现场。实际直播时，天安门广场的风采激发我们更多地把直播镜头转入天安门广场，与天安门广场演播室常常相呼应，成为直播的点睛之笔。

2009 年 10 月 1 日的那个黎明，经过了 6 个小时的直播，指挥中心呈现一片带着疲惫的兴奋氛围，我们在期待一个历史性时刻。5 点左右，接到天安门广场一个拍摄点工作人员的电话，他说看到了广场上空云层间露出了一片天空，是晴天。我很兴奋，畅快地大声说："这将是伟大的一天！"

6 点整，CCTV 新闻频道开始了国庆日的直播报道，演播室里，白岩松熟悉的声音传出，一会儿，CCTV 的镜头转向正在准备中的天安门广场，从画面看，应当是从大会堂楼上拍的。我拿起报话机，要求我们的 B11 点，即大会堂楼顶的“新华社天安门广场演播室”做好准备，并通过另一个通话系统告诉在新华社大厦主演播室内的导播，马上把时间交给“天安门广场现场演播室”。6 点 10 分，一个历史性的呼号，通过我们的直播传出去。男主持人首先说，这里是天安门广场演播室，随后的声音，在我耳中是如此熟悉而又有些激动，“新华社天安门广场演播室”在 6 点 10 分“点亮”了，和第一缕阳光一起来到了 60 周年大庆这个伟大盛典前的天安门广场。

其后，我们不断地使用这个现场演播室。整个直播中，我不时干预主演播室导播，把时间交给天安门广场演播室。这是我在整个直播中所做的为数不多的直接干预之一。回到核心现场，回到天安门广场演播室，每一次使用这个演播室，他们总能不负众望地有精彩的表现。那些翻涌而出的话语，那些描述和点评，大多在直播脚本上都不曾存在。那是现场激发的结果。

看着屏幕上正在超常运作的天安门广场演播室，我想起一句熟悉的话，新华社记者见证历史、记录历史，有时也创造历史。

2009 年 10 月 1 日下午，我们的直播还在进行中，新华社发出了一条特殊的报道《新华社设在人民大会堂楼顶的演播室成〈国庆〉大型电视直播报道的亮点》。这在历史上是没有过的，专门发消息报道一个正在直播报道中使用的现场演播室，还加上直播截图放到了新华网上，其意义当然不仅是扩大正在进行的大型直播的影响，还肯定了一个现场演播室的特殊地位。

当时发布的报道原文如下。

新华社北京 10 月 1 日电（记者张平锋、幸培瑜）新华社今天在人民大会堂楼顶首次设置天安门广场演播室，以独特的视角、现场的画面，使人身临其境，感受国庆 60 周年庆典的盛况。

伴随着北京晨曦，天安门广场演播室在 10 月 1 日 6 点 10 分被首次启用，大气磅礴、庄严典雅的电视画面逐渐舒展在观众面前。演播室里，新华社记者兼主持人朱玉、张大鑫精彩的现场解说与点评，配合长安街沿线、广场 20 多个直播点全景、中景、近景、特写画面有效组接，使新华社国庆电视直播具有全方位、立体化、长画卷的特点。

天安门广场演播室与设在新华社总社的演播室对接，在直播中将精彩画面与实时点评结合起来，将庆典直播从人民大会堂楼顶传向全世界，约有 7.6 亿观众可以接收到直播画面。

此次新华社《国庆》直播从 10 月 1 日凌晨 00：00 持续到当天的 22：30，在海内外各地共设置 40 多个直播点，58 个机位，其中包括首次使用“动中通”卫星直播车。

这条消息中公布的机位数，也可以说少算了一个，那就是受阅直升机上的机位。这个机位在直播前特意保密，直播团队里只有几个人知道。这条消息发出时，这个机位拍摄的画面已经传到新华社，并经编辑后用到了直播中。

其实，直播进行中时，就有年轻的同事不断地做出直播画面截图，放到当时正热的开心网上。他们的即时评点，观众和网民的好评，使我们对天安门广场演播室的使用频率大大增加。

现场演播室的使用效果，也给了更多关心此次直播的人以信心。那个下午，我不断接到电话，要求赶快把时间交给天安门广场演播室，多用现场演播室。晚上十点一刻，何平总编辑第三次来到直播指挥中心，很快，镜头回到了天安门广场演播室。这已是直播的最后时刻，按照最初的创意和安排，这时应当是让天安门广场演播室把三条线归拢，把精气神提上去。看着那几块同时展现着辉煌的天安门广场情景的屏幕，看着激动不已正祝福祖国的主持人，现场演播室的创意者与实施者一起屏息等待着成功那一刻的来临。

等待直播成功那一刻来临的，并不只是直播系统的同志们。后来得知，直播一结束，在人民大会堂南段楼顶工作的人们，观看晚会的人民大会堂的工作人员和家属，都涌上来，站在我们的主持台前合影。那一晚，我们等于有了无数个现场演播室的“主持人”，照片记录下的一张张表情丰富的脸，承载着在现场被激发出的无限豪情。只是可惜，这些珍贵的照片我没有机会看到。

直播后，看到许多同事的感言，我如同亲历了现场演播室的每一刻。

第三节　框架建构与报道实现：体现思想力

重大庆典不只是一个新闻事件，而往往是一个包含主要标志性事件的报道。一个重大庆典的报道质量与影响力，不仅取决于报道者深入生活的程度与事实发现能力，即报道者的脚力、眼力，还取决于报道者的思想高度与思考深度，更取决于报道者的眼界与观察世界的方式，即思想力。思想力就是脑力，在深刻影响重大庆典报道表现力的同时，还在很大程度上决定了其感染力和说服力。因此，必须以依托、凝聚、体现思想力，作为重大庆典报道整体框架建构与主线设计的基本原则和思想方法。在新中国国庆 60 周年庆典报道中，我们正是以体现思想力为构建原则和实现方法，设计确定了包括大型直播报道在内的重大庆典报道整体框架和主体主线，并成功实施。

一、提升思想高度，赋予报道灵魂

做好重大庆典报道的基础，是对这个庆典本身要有独到而深刻的认识，要能发现其中蕴含着的核心问题与核心关系，从而让受众不仅能在事实层面认知，在情感层面共鸣，还能在价值观层面共振。这样的核心问题，可以让报道者把握整体报道，可以起到牵一发而动全身之效。即使是音视频报道，以形象展现为主，思想性依然是报道的灵魂，思想高度与思考深度是做好直播报道的前提和基础。

那么，要报道好新中国国庆 60 周年重大庆典，其中蕴含着的核心问题与核心关系是什么？报道的核心立意应当是什么？怎样比以往的成就报道更提升一步，更深刻一层？国家生日同时又是人民欢庆的日子，在这个日子举行国家盛典蕴含着什么特殊意义？我不断地追问自己。长夜静思后得出结论，报道国庆这个重大庆典，那就要回答为什么“国之典”就是“民之庆”。虽然，我们做的主要是音视频报道，但仍应思考并回答前人从来没有回答过的问题：国家大典上为什么要有阅兵式？国家的生日与人民的关系是什么？

在国庆 60 周年这样的重大庆典报道中，不仅要回答一个国家生日的重大庆典为什么要以阅兵式为主要表达方式，更要分析并展现国家的生日与人民的关系，国家与人民的政治纽带、利益纽带与精神纽带。国庆 60 周年的阅兵式和群众游行，是以一个庄严的庆典，彰显一个国家的精神和尊严，以“军之威”体现“国之典”，张扬国威，而新中国“国之典”更是“民之庆”，在促进民族共识的基础上，增强民族凝聚力。因而，我们的报道虽然是多种形态，但要集中于以各种手段突出爱国主义主题，诠释国家庆典与人民的关系。国之典，必须庄重典雅，民之庆，则要生动热烈。这两种不同的表现风格，有不同的内容支撑，但又集中于“国之典”就是“民之庆”。由此，通过事实、现场、画面等表现出来的爱国主义主题，就更具有感染力和说服力。

由此，我们把“国之典 民之庆”作为报道的主线，赋予报道以思想性的灵魂。

二、探求思考深度，建构整体框架

具有思想力的主题，要通过事实、故事、观点表达出来。但对于一个重大庆典报道的组织，还要建构一个具有支撑力与放大力的整体框架，使这些事实、故事和观点能表达出更深刻的意义和主题。

在新华社音视频部对国庆 60 周年的大型直播报道（包括六集政论片）、国庆及庆典报道和专题片《万岁，祖国》中，大型直播报道难度最大。何况，在筹备国庆 60 周年报道的最关键阶段，音视频部还完成了达沃斯、G20直播报道和内容丰富的日常报道。

新华社从文字报道起家，后来有了摄影报道，而后开始了视频专题和视频报道。到2009年，视频业务不过20年的历史。大型直播是一个电视机构专业能力、组织水平的集中体现。其所要求的装备技术水平尚且不论，精密的组织和在直播状态下的专业能力发挥，更为考验一个新闻机构的素质和能力。新华社音视频部这支队伍过去仅参与过大型直播，在与黑龙江卫视合作进行2009年5月12日汶川地震一周年的大型电视直播报道《重生》中获得了一些经验。但这次国庆60周年的大型直播报道，鉴于庆典在北京举行等特殊因素，我选择并坚持了要由新华社音视频部主控。在新中国成立60周年之时举办这样的国家盛典，策划、筹备、主控这样一次大型直播报道，对新华社来说是历史上第一次，超出了我们所有人的知识和经验范围，对我们每一个人都是一个严峻挑战。但新华社决定要做这次大型直播报道，我们必须体现出应有的水准和风格。在我的人生经验中，我一直把信任视为最为贵重的礼物。领受了信任，就领受了责任。这份信任如此厚重，驱使我们竭尽心力，克服数不尽的困难，设定尽可能高的目标，创造本来并不具备的诸多条件，完成这次直播报道。

因此，整体框架的建构，就从大型直播报道开始。

（一）时间框架

一个大型报道的运行，是从核心立意开始的，但首先是依时间线展开的。

如果从2009年10月1日直播倒计时算起，倒计时200天前，两会报道期间，开始申报国庆报道在天安门广场核心区的技术需求；130天前，“5·12”汶川地震一周年大型直播报道后，音视频部成立国庆报道筹备组；70天前，根据已经变化的形势和要求，开始做第三个策划方案；45天前，第三个策划方案的第六版获得社领导正式批准；35天前，从分社抽调的第一批同志到位，音视频部加入直播编导组的人员开始在日常工作之余增加直播任务；32 天前，参与北京市第一次专项演练；直播 3 天前，参与直播工作的所有人终于全部到位，开始直播倒计时准备。最初，仅仅由两个人申报需求；最终，形成目标明确、组织严密的大直播团队。

但从申报技术需求开始，就要确定大型直播报道的时间框架：这次大型直播报道从几点开始，到几点结束，每个时间段大致直播什么内容。依此，才能确定基本技术需求。而所申报的技术需求，是相关电力、通信、安保等方面工作的依据。惯例上，一旦过了最终申报时间，则不能更改，一旦过了特定时间点，则不能施工。

一个大型直播报道，时间点与时间段的选择是立意与主题的具体体现之一。新华社国庆 60 周年的大型直播报道应当从什么时间开始？常规选择，重大庆典直播报道开始时间是阅兵式开始之前的某个时间，或是提前到早晨。新华社的国庆直播报道应当从什么时间开始，到什么时间结束，是连续的还是分段直播的？深思之后，我选择从国庆日零点开始，到当天晚上群众联欢结束之后半小时结束。因为，从零点开始就进入了国庆日。零点开始，使开始的时间点也承载了重要的象征意义。何况，国庆庆典的重要活动是阅兵式，但阅兵式并不只是简单地从天安门广场东侧开始，到天安门广场西侧结束。围绕国庆庆典的诸项活动在当天零点后就实质性启动。而准备工作如何进行，阅兵部队如何集结、行进、准备，天安门广场如何等待一个伟大盛典的开始，这许多零点后已经开展的内容，过去并不为公众所知晓，更没有机会以直播形式展示。国之典就是民之庆，应当把这些场景展示出来，使其成为国庆日的重要内容。在互联网时代，不必担心零点后没有观众。一个全球布局的通讯社，采集力量和用户在全球都存在，在时间点的选择上，我们也要有全球观。

从零点到晚上联欢晚会结束后半个小时，在这两个时间点之间，是做分段直播，还是做连续大直播？虽然我们深知对于第一次主控大型直播报道的这支队伍，做连续大直播难度更大，但我还是选择做连续大直播，以此形成对国庆日主要活动和相关内容的全程报道、通透反映。依据上午主要是阅兵式，晚上主要是群众联欢晚会的议程安排，也依据主题和创意的递进，我们将直播分了 8 个时段，组织了 8 个编导组分别负责，分别安排前后方的工作内容。第一时段，庆典序曲，00：00—03：00；第二时段，庆典序曲——不眠之夜，03：00—05：00；第三时段，走向阅兵场，05：00—07：00；第四时段，激情长安街，07：00—09：40；第五时段，回味大阅兵，12：00—14：00；第六时段，举国同庆——国之典 民之庆，14：00—16：00；第七时段，沧桑巨变——国之强 民之福，16：00—18：30；第八时段，盛世颂歌——国之歌 民之心，19：30—22：30。

（二）结构创意

电视现场直播报道是一种借助卫星、光纤等传输手段，将在事件现场获得的画面以及记者报道和评说，实时展现给观众的一种报道形态。现场直播可以把现场情景实时传达给观众，因而同步展现是现场直播最具魅力的部分。但它不是简单被动地记录事件，不是单纯地进行现场转播，它所直播的画面和事实，依然是经过记者选择加工的，只不过是把选择、加工、制作、播出的全流程整合在同一时间、同一不间断信息流中。

一场大型直播报道，并不是也并不能简单地依循直播对象而被动存在。它必须构建自己的创意框架，以作为立意和思想内涵的有力承载。我们称其为大型直播报道而不是大型直播，就是要着力依托思想力来主动表达，而不是仅仅被动地直播一场盛典。

那么，哪里是我们必须发掘好的报道领域？对直播报道而言，那就是核心现场和与核心现场紧密相关的重要现场。

最初，直播报道立意偏重于主题报道，希望在反映宏大场面和体现历史感的同时，注意反映各阶层群众、各族人民、海外华人华侨对祖国的热爱和对祖国未来的憧憬，希望既有激情又有个性，更要有独特的画面。因此，最初的直播策划案以“我和我的祖国”为题。其后，我们明确了“国之典就是民之庆”的核心立意，强化了新的创意主线，不仅要展现好阅兵前后天安门广场这个核心现场，更要展现好与核心现场紧密相关的长安街沿线和重要革命圣地现场，明确了我们要发挥好新华社全球布局的优势，做一个大型多现场直播报道。2009 年 7 月后，大型直播报道就定名为《国庆》，最终实施方案从大的序列计算，已是第三个策划方案的第六版。

确定下来的宣传语是：“新中国成立 60 周年国家盛典，国家通讯社真情奉献，22 小时大型直播报道《国庆》，全方位、多现场、长画卷；大气磅礴‘国之典’，激情澎湃‘民之庆’，新华通讯社联同黑龙江电视台，为祖国歌唱，为中国喝彩。”

（三）内容骨架

大型电视直播报道《国庆》如何做？总体上要突出爱国主义主题，诠释国家庆典与人民的关系，要注重事件进程直播与现场报道的结合，体现新华社全球新闻采集网的优势，通过丰富多样的现场报道，体现出认识高度与思想深度。但 22.5 小时的大型直播不能平铺直叙，在时间线延伸的同时，需要有事件线、创意线、内容线的交织，更需要硬朗、明确、具点题性质的标志性内容作为骨架，从而形成整体框架。

正因为这次大型电视直播报道时间长、涉及现场多，从一开始，我就清楚地意识到需要有一个特殊的载体集中表现这次直播的主题和立意，表现对一些重要关系和问题的思考，集中体现认识高度和思想内涵。在大型电视直播报道《国庆》中，这样的载体，可以是专题片，但更应当是一个多集政论片，以形象的手段回答问题、阐述主题，体现思想高度和思考深度，体现对核心问题的关照。这样，这部政论片就可作为重要内容骨架，与时间线、创意线、内容线交织，形成有足够包容力和支撑力的大型直播的整体框架，支撑起由核心事件、核心现场及与核心事件紧密相关、主线清晰的多个现场等内容构成的大型直播报道。

在提前一个多月开始策划制作六集政论片《国之典 民之庆》时，我在办公室与主创人员多次讨论，也在直播编导会上阐述了我的想法。这部政论片的前三集，分别集中阐述国家典礼、国家力量、国家魂魄，用于配合直播上阕“国之典”部分。在我的脑海中，这三集片子的配音，应当是浑厚、有力的男声，甚至带有些沧桑感。这部政论片的后三集，分别集中阐述国家和人民之间的政治纽带、利益纽带、精神纽带。这三集片子逐次递进，从人民的节日，到我们的节日，再到我的节日，从群体到集体再到个体，最终阐明新中国的国庆日就是“我”的节日，我和我的祖国、我和新中国紧密相关、血脉相连，这个国家的繁荣发展给了“我”更大的平台和天地，“我”为是这个国家的人民而自豪。后三集配合直播下阕“民之庆”，其配音应该是充满感情的，在感情表达中体现力量。

体现“国之典”的前三集分别是第一集《国家重器》、第二集《国家力量》、第三集《国家魂魄》；体现“民之庆”的后三集分别是第四集《人民之庆》、第五集《人民之福》、第六集《人民之梦》。六集构成一个整体，就定名为《国之典 民之庆》。在大型电视直播报道进行中，这六集专题片分集插在各部分播出，与正在演进的事件进程和正在进行的报道互相映衬，很好地起到了点题明意的作用。

这六集专题片后来正式出版。在出版说明中，我们特别强调：“六集政论片《国之典 民之庆》，是新华社为新中国成立60周年而特别制作的，是新华社大型电视直播报道《国庆》的骨架，既是国家大典隆重举行时电视直播报道思想脉络之所在，也是澎湃的激情与深厚的历史观的交织体现。”并特别说明：“《国之典 民之庆》的前三集主要阐明：国之典为什么要以阅兵式体现、阅兵式体现了什么样的力量、阅兵式承载传承什么样的精神等。后三集主要阐明：为什么国之典会成为民之庆、国家强盛对百姓来说意味着什么、什么是人民的梦想等。”

三、拓展思考维度，创造表现空间

重大庆典本身就具有很强的仪式性，一旦通过电视直播方式播出，就如同建构了一个更为宏大、更有感染力的仪式。观看直播的人们就好像在参与这个仪式。但新华社的大型直播报道并不是一次简单的仪式转播，而是一次有主题、有总体构思的大型直播报道。在电视发展历程中，现场直播运用的技术手段越来越复杂，重大仪式、大型广场演出、体育比赛的现场直播已经演变成了一种多机位的复杂表现。而现场直播报道，则比单纯的现场直播更加强化对全过程、多现场的展现与挖掘，更强化对故事、背景、细节、意义等直播镜头外内容的展现与挖掘，它不仅获得了观众的注意力，还有更强的说服力。因而，现场直播报道就是媒体获得强劲竞争力和深远影响力的手段。

要想使直播报道与这次国家盛典的地位与影响相称，有力地表达主题，那就必须拓展思考维度，创造表现空间。我们不仅要以《国之典 民之庆》这样的政论片为骨架，要以天安门广场演播室访谈为特殊表现手段，还要全方位、多现场、多角度、多信息流、长画卷地报道国庆庆典和国内外的相关活动。为实现上述构想，除实现在天安门广场设立现场演播室的构想外，还必须进一步拓展思考维度，创造表现空间。

（一）场景构建：把多种现场编织成一个有机体

重大庆典的电视直播报道需要根据核心现场核心事件的演进而进行。但重大庆典的特殊性在于，重大庆典直播是重要的政治传播事件，总是希望核心仪式和领导人活动部分在直播时展现出最佳效果，公共信号的制作团队拥有保障这种最佳效果的所有最佳条件。新华社的大型直播报道如何具有自己的特色和表现力？我们选择的路径是，在更高层面、更宽广的思考维度上重新认识哪些是我们可以有力表现的现场，并努力把多种现场编织成一个有机体。

直播报道的现场，显然是直播报道存在的基础与形成说服力、感染力的关键。选择好新闻事件的核心现场和相关现场，现场直播报道才可能成功。但电视直播镜头的视野毕竟是有限的。在同一时间，一个新闻事件的核心现场可能不止一个，而且核心现场之外还有紧密相关现场，更何况单凭一个现场的观察与展示，并不能帮助观众把握现场与事件的实质，难以更完整地感知事件的进程与影响。对电视而言，在人们最关心的时点，有相应直播画面出现，是非常必要的。但单一现场能够提供的视角和信息，毕竟是有限的，很多时候，面对影响范围较大、较为复杂一些的事件，多现场直播报道是更为适当的报道形态和报道模式。

新华社的电视现场直播报道的基本特色与追求，就是多现场直播报道。这既是我们一直以来的理念，也是从 2009 年 5 月 12 日汶川地震一周年大型直播报道开始逐步实现的。对新华社而言，更重要的优势是拥有遍布全球的新闻采集网。在实施战略转型的 2009 年，这个新闻采集网正在变成拥有视频采集能力的综合新闻网。拥有这样的基础，新华社就具有了围绕一个突发事件或重大事件从多个现场进行现场直播报道的能力。多现场直播报道具有远远不同于单一现场直播报道的特殊魅力和说服力。运用多现场直播报道模式或报道形态来应对突发事件报道或重大事件报道，是新华社的优势所在。

正是基于这个构思，我们推翻了在这次大型直播筹建之初的构思和方案，重新认识所有相关现场，依据整体框架和报道主线重新构建直播场景，把天安门广场这个核心现场，天安门广场两端的长安街沿线、阅兵队伍和游行队伍行进路线等与核心现场核心事件紧密相关的重要现场，革命圣地、海外重要地点等与核心事件主题密切相关的现场，以一定的时间线、事件线、主题线联结起来，把多种现场编织成一个有机体，从而为这次大型电视直播报道构建了庞大的表现空间，足够容纳我们预想的内容，足够支撑我们预想的从国庆日当天零点开始的直播。

（二）韵律设计：让画面与故事奏出交响曲

一个长达 22.5 小时的大型电视直播报道不能平铺直叙。直播形成的画面流、信息流，就像一条奔涌的大河，需要形成自己的韵律、节奏和风格。每个时段的风格有所不同，这既是由不同时段的核心事件和直播内容决定的，也是大型直播报道整体把握所必需的。国家庆典部分是庄严的，联欢晚会部分是欢快的，直播报道时主播、记者的语调，编导对内容的选取和处理，摄像对画面的摄取，都要有所不同。而直播报道又是连续的，不同部分之间要以转换相连接，不同风格的各部分又要形成有机整体，形成交响乐一样的“织体”。作为总指挥、总编导，我就要思考直播报道整体和各部分的风格，以形成有感染力和说服力的韵律。这样的韵律和节奏，就可以成为各个时段的导播、主播、编导、记者处理内容的依据。

2009 年 8 月 22 日，我们组织了一次有各时段编导、主播、记者、摄像参加的策划会，以让大家对这次直播的总体风格、总体要求、总体布局有更清晰的了解，进一步明确每一个局部的工作。在会上，我阐述了我对这次大型电视直播报道整体韵律的构想。

这个 22.5 小时的大型直播，应该有清晰的节奏韵律，有独特的韵律感。直播分为两章，上章是“国之典”，下章是“民之庆”。用音乐的语言将这次直播划分为四个大的段落。

第一段落是序曲。如果用音乐表现就是缓慢进入，但是充满张力，因此我希望镜头运用、语言处理、主持人的主持风格、出镜记者的风格都是缓慢进入又蕴含力量的，节奏可以是慢而有力的。

第二段落是进行曲。进行曲的节奏韵律，从零点开始就逐渐显现，然后在 5 点到 7 点之间，进行曲韵律渐渐加强。9 点 40 分后阅兵式即将开始，进行曲的节奏更短促有力，一个一个英雄的方阵在序曲声中一步一步展开，他们已经到了天安门广场以东长安街上集结准备参加阅兵，一个伟大的场面即将展开，一个伟大的盛典即将进行。人们期待的心情逐渐增强，天安门广场的画面和信息，各个现场、各方面的信息，逐渐汇集到直播中来，直播节奏在这个阶段逐渐加快、加强，逐渐变得更为有力。

第三段落是回旋曲。中午12点到下午6点这个时段，是回味阅兵，同时为晚上群众联欢做准备，引用一个经典的音乐作品名称，即《引子与随想回旋曲》。12点到13点，或延伸到近14点，是一个优美的引子，它由上午阅兵这个宏大、充满激情的壮观场面而来，午后这个直播段落是回味段落。回味之后，直播开始进入感情的舒展阶段，感情的主题在蜿蜒回旋，在孕育情绪，这时候我们的大型直播就从“国之典”转向“民之庆”，从国家大典部分转向人民节日、人民欢庆部分。14点之后的时段就更充满激情，更为有力。实际上从17点以后，就应该有对联欢晚会的介绍和揭秘，激起人们对晚会的期待。

第四段落是欢乐颂。19点30分到20点之间的半小时，是一个快速引入阶段，这个段落要迅速地把情绪扬起来。20点，联欢晚会开始。晚上的直播时段就如同欢乐颂。所有的感情、所有的力量、所有的憧憬、所有的梦想、所有的自豪，通过各种途径汇集。到晚上，是人民的节日，是人们的联欢，焰火晚会把整个活动带入高潮。这个时候，我们一定要在特殊点位拍到精彩画面，并在直播中呈现出来。

四个段落之后，最后半小时，是欢乐颂之“颂”，是起承转合之“合”。这是一个“大合”，不仅要把前面“民之庆”各部分“合”起来，还要把“国之典”和“民之庆”两条线交织在一起，汇成一个最充满激情的主旋律展现。在我心目中，那就像是贝多芬的《欢乐颂》终曲部分的合唱，而且它应当是一个场面宏大、激情澎湃、气势磅礴、意境恢宏的展现。到此，这个大型直播报道收尾。

2009年9月1日晚，在我匆忙写下的《关于分时段导播大纲的修改意见》中，我希望各位分时段导演通读原策划方案和所有脚本，重新梳理整个脉络与本时段在整体格局中的位置，确定本时段的重点、亮点、看点。在这个修改意见中，我进一步描述了我对韵律和四个阶段的理解与设计。

“序曲、进行曲、回旋曲、欢乐颂，就是对四个阶段的基本概括。第一阶段序曲部分，要明确体现如何展开。一是国庆日的展开，以阅兵式等的准备和启动为特点；二是本次直播的展开，介绍主要内容，展现重要直播点，体现布局，介绍阅兵式、群众游行、晚会的看点和直播看点；三是今天辉煌的展开，展现共和国的历程，这个部分要明确为全天直播铺好几条线索。第二阶段进行曲部分，要明确体现如何进展。参加阅兵的队伍开进、集结、调整、准备、酝酿直至阅兵式开始，以阅兵队伍和游行队伍为主要线索，展现一个伟大时刻如何到来。这个时段要多用现场，按表现顺序使用直播点和广场现场。第三阶段回旋曲部分，要明确体现如何感受。通过回味阅兵式和群众游行，把人们心中的自豪具象化。第四阶段欢乐颂部分，要明确体现人们感受的升华，展现对一个新时代的梦想，要明确引出新中国再现辉煌的梦想，让全国人民展开丰富的想象。”

为了实现让画面和故事奏出交响曲，在这个修改意见中，我还提醒各时段编导组：“我们是大型直播报道，这是我们有别于别人的地方。注意‘报道’二字。主题专题片是大梁，短片是骨架，但现场是最有魅力的血肉，必须精心设计，用好现有的直播点。”“每一小时的核心现场是不同的，现场直播围绕不同的核心现场进行，不要无明确主观意图地使用现场。”

我特别强调，现场直播要注意体现三个逻辑。一是事件发展逻辑，如一个事件发展逻辑是参与阅兵的队伍从集结地向阅兵前待命地点长安街进发。二是直播叙述逻辑。这次我们的大型直播报道，是接力式直播，后一时段的内容要与前一时段相衔接。三是人们的关注逻辑，如人们关注核心现场的核心事件，就会相应关注事件进展、现场准备情况、天气等影响因素。

这个韵律设计的实现、交响曲的形成，需要精心设计，使各时段导播大纲与各岗位紧密衔接。因此，在《关于分时段导播大纲的修改意见》中，我对各时段编导组提出了一系列具体要求。一是要求按照本次直播导播大纲的基本格式，“明确归纳接口、内容要点、短片要求、采访要求、拍摄要求、主持要求、出镜要求及完成时间，用好已在北京的采访力量”。二是要求“明确每一小时的基本格式。基本格式包括的元素和顺序可以是：序曲、主持提示（本节主题与看点，前节事件进展与下一步可能进展，影响因素）、现场报道、相关幕后（短片）、演播室访谈、相关专题、尾声（每一小时使用一个人们熟悉的主旋律，用一种乐器奏出）、片花。但四大部分可以有所区别，根据当时的现场情况，可以有不同的偏重。每一部分要标明使用哪些直播点。为了便于控制，可以大致在固定时间使用直播点”。三是要求“每个小时都要明确写出呈现重点，即这个小时编导想体现的主要东西”。在导播大纲设计中要明确每一个小时直播的主题及其在直播整体中的功能，围绕这个主题设计环节、预装材料，设计采访要点和短片需求。四是要求按照总体策划方案已经标明的六集专题政论片的安放位置设计相关内容，围绕它做必要的体现和延伸。五是要求明确不同部分、不同版块、不同小时之间的衔接，如何接入、如何转出都要认真讨论、认真设计。

这次大型电视直播报道，就是按这个韵律设计实施的。

（三）融合表达：把电视直播变成媒体融合的平台

传媒的发展历史，就是不断各种新传播手段、新传播形态相结合的历史。与之前的媒体形态相比，电视可以实现声音、画面、活动影像、文字在屏幕上以多种方式结合。而如果在直播中有效使用、展现核心现场核心事件和相关现场各种形态报道的成果，那直播就可以成为一个媒体融合的平台。

这种融合，使电视不仅成为活动影像传播的载体和渠道，还成为多种形态内容产品的载体和传播平台。今天，人们可以从屏幕观看到的，不仅是活动影像，还包括静止图像，或者静止图像的电视化处理，甚至是静止图像、活动影像与文字的结合。在直播状态下，多个、多种信息流同时在直播窗口中呈现，既可以传递现场，让观众同步感知事件的进程，等待事件的结果，同时也提供背景，传递解析，使电视直播报道越来越呈现为多种内容产品、多种媒体手段、多种传播理念的结合体。

针对这次大型直播报道，我们专门制作了天安门广场和长安街沿线的三维模型，制作了大量短片，以图片视频化方式使用了新华社的新闻图片，还配合新华社重点报道做电视版，甚至把新华社文字、图片报道成果直接用于直播中。在直播中播出的《中国曙光》专题片，就是新华社的文字报道《中国曙光》的电视版。在直播中，我们还专门把《新华每日电讯》（号外）上的文字报道、图片报道连同报纸本身一起展示介绍。

2009 年 10 月 1 日 0 时 0 分至 22 时 30 分，新华社成功完成大型电视直播报道《国庆》，完成了工作方案确定的“实现直播安全、主控大型直播、统筹两套体系、探索新的突破”的目标，也实现了时任社长李从军同志提出的“国之典要重场面、庄严典雅，民之庆要重典型，有可看的人物与故事”的要求。

这次报道是新华社第一次以大型电视直播报道的方式报道国庆庆典这一重大政治活动和历史事件。这是新华社第一次主控大型电视直播报道，负责实施了从直播报道的创意策划到直播方案、直播脚本制订，从直播组织到直播流程安排，从对主演播室和现场演播室的掌控到对直播体系的整体指挥等直播进程的全程控制。在此过程中，这个 200 多人构成的直播团队，以严密的体系构建、严谨的工作安排、严苛的多重核查、严格的实战演练，实现了这次重大庆典直播报道的整体构想，体现了这次队伍的思想水平、专业能力与奋斗精神。

第四节　画卷构思与创意实现：依托洞察力

重大庆典是饱含历史深意和时代特征的国家仪式。因而，重大庆典报道对新闻媒体的特殊考验在于：每一次重大庆典都是在一个特定历史时点发生的，有其独特性；每一次重大庆典都与以往的庆典既有历史联系，又有相似性。在摄影、电视高度发达的时代，人们对重大庆典场面已经非常熟悉。因而，重大庆典报道者就需要锐意创新，依托对重大庆典本身、相关场景、相关内容及其内在特质的洞察，依托在新历史时点对人们情绪、情感、价值观共鸣共振需求的洞察，充分进行场景想象、画面想象，在此基础上展开直播点布局、画卷构思和创意策划，并努力加以实现。我们在新中国成立60周年大庆策划实施大型电视直播报道时，以创新为追求，以洞察力为依托，以想象力为牵引，以创意实现为努力目标，圆满完成了这次重大庆典直播报道。其中的探索与思考，值得在方法论层面加以总结。

一、直播点布局：结构思维与场景想象

对一场重大庆典的直播而言，直播点布局是报道主题、主线的结构性体现，是整体架构的具体支撑，是报道实施的物质基础。直播点如何布局，既体现了报道者对这次重大庆典本身特质、意义的洞察，对报道者自身报道优势、报道策略的理解和定位，也制约或决定了这次重大庆典直播报道最终的表现力与效果。

在前期筹划中，我们已经确定，新中国国庆60周年大型电视直播报道应回答前人从来没有回答过的问题，明确了“国之典就是民之庆”的核心立意，强化了新的创意主线，不仅要展现好阅兵前后的天安门广场这个核心现场，更要展现好与核心现场紧密相关的长安街沿线和重要革命圣地等现场，这实际上就决定了我们的直播点布局与以往新中国国庆庆典的直播点布局有很大区别，必须按照我们的核心立意、整体框架和主线设计全新的布局。

（一）场景想象：按事件发展逻辑选择有说明力的节点作为直播点

发挥新华社全球布局的优势，做一个大型多现场直播报道，这是对新中国国庆60周年大型电视直播报道的定位。如何选择多个现场？选择逻辑是什么？这需要在筹备期相关信息极少的情况下，先按事件发展逻辑做场景想象，以选择好直播点。在报道实施时，按照事件发展逻辑

进行的场景想象，决定了直播点的选择与直播画面的实现，构成了我们大型电视直播报道的特色和优势。

国庆 60 周年重大庆典这一核心事件的发生地就是核心现场。研究以往的国庆庆典直播发现，它们并没有清楚地展示阅兵部队从哪里来，阅兵结束后到哪里去。其实，人们是愿意看到事件发展过程和全貌的。因此，从核心现场这个点延伸，展示阅兵部队从哪里来到哪里去，可以构成我们的报道优势，这个事件发展逻辑就成为我们选择与核心现场紧密相关现场的基本逻辑。阅兵部队从训练场出发，走向阅兵前的集结地，即天安门广场东侧长安街沿线。阅兵之后，他们经过天安门广场西侧的西长安街，返回训练场。按照对以往阅兵式和新中国国庆庆典的公开报道，徒步分队和装备分队的训练场分别在北京的东部和北部。在地图上仔细观察，我想象并猜测两个分队可能经过的路线，在必经的节点如立交桥、人行天桥或是高楼上设立直播点，同时以直播车为跟随拍摄的游动拍摄点，这就形成了直播点布局的主体架构部分。直播点大体确定后，我们把直播体系分为四个子系统，依子系统为每个直播点编号。在长安街及阅兵与游行队伍行进路线上设置的拍摄点，编为 A 系统，跟随两路阅兵队伍拍摄的两路“动中通”直播车，分别编为 A1、A2，意在体现事件发展逻辑。实际上，这两路“动中通”直播车也是最早动用的直播点。相应地，因为准入管理更为特殊，相关人员在 9 月 30 日下午六点左右拿到特殊制作的证件，最先出发准备直播。

电视直播的创意策划考验策划者、组织者的场景想象能力与影像表达能力。选择具体直播点的基础是洞察直播内容的魅力所在。看着地图，我想象着在某个部位设立直播点可能拍到的画面、可以表达的场景和体现的内涵，想象这个直播点在大型电视直播报道整体中的功能和作用。具体直播点的初选与最后确定、场景想象与节点思维都是给予我很大帮助的重要工具。特别是没有在长安街沿线做过这样的大型直播，直播点的选择没有经验可循，更需要场景想象。

确定了直播点布局的基本架构后，如何布设直播点呢？显然，天安门广场与长安街沿线都需要布设多个点，但依然需要按照场景想象与影像叙事逻辑选择有说明力的拍摄点，需要考虑高点与地面直播点不同视角和可拍摄场景的合理搭配，这需要我们有清晰的结构思维和节点思维。按照事件发展顺序，徒步分队和装备分队分别出发，都要在东长安街集结。我猜测的行进路线在市区又有走二环、走三环等几种可能。在无法提前获得行进路线权威信息的情况下，我们只能根据北京路网结构大体拟定要布设直播点的城区外行进路线和城区内关键节点。如果把天安门广场视为一个巨大空间，把阅兵部队行进路线视为这个空间的放射线，就需要把放射线分为两部分，三环路以外以关键节点拍摄和跟随拍摄为主，三环路以内的东长安街沿线则需要多设高点和地面直播点，以与人们的期待相吻合。

2009 年 7 月 29 日上午，我们接到通知，要求马上报备长安街沿线的高点拍摄点，当日中午，我们一行三人从新华社出发，沿长安街向东行驶到四环。大家边行驶边想象路边的楼可以拍摄到什么场景，从而选择拍摄点。经过当天下午和两周后的两次删减，确定了大型电视直播报道的长安街沿线直播点布局。在东长安街沿线，选择北京饭店楼上作为直播点，是常规思维。选择永安里丁字路口西南侧的双子座作为直播点，则是一种本能。我想象中这个点可以俯拍晨曦中由东向西行进的装备分队、徒步分队，那画面一定很美。这个点可以拍摄多个场景和角度，还可以拍摄东大桥路，可以拍摄永安里路口贵友大厦外面新华社已经租用的大屏，甚至可以拍摄直播大屏中出现的新华社直播画面。这个场景想象得到了超出想象的回报：在距国庆日还有几天时，我们得到确切消息，工人体育场是花车队伍的重要集结点，到时双子座直播点可以拍到他们由北向南行进拐上长安街。这个拍摄点因此成为这个大型电视直播报道非常重要的拍摄位置。

场景想象并不是不切实际的空想，而是要有内在的逻辑。很多时候，指引场景想象的恰恰是自己给自己提出的问题。我们想象，阅兵队伍在阅兵后依然会整齐地通过西长安街。因此，我们在西单这个必经节点设立了一个直播点。后来，我一直在想，每一个直播点还能怎么使用呢？西单这个点能否在直播时拍到著名的北京电报大楼大钟，将它作为直播流程中的节点性画面，每个整点播出来？按这个想法，我们把西单直播点向西挪动了一些。

事件的发展一定会出现事先策划时想象不到的情景。但按照事件发展逻辑思考，场景想象有时可以给报道者意外的惊喜。在直播指挥中心看各直播点传来的画面时，我不断看到天安门广场现场演播室和各直播点拍回的画面，不仅精彩纷呈，而且许多画面超出了我预先的设想，那真是视觉的盛宴。各时段的导播在直播中也频繁地使用这些画面。2009年10月1日下午，我们的一个“动中通”直播组发现返回的装备分队在整齐地通过他们的训练场，虽然这个画面没有插入直播中，但依然让看到的人们非常激动。

（二）结构思维：把多个现场、多种场景、多组画面编织成有机体

大型电视直播报道绝不只是现场的渐次出现，更不是画面的堆积。直播中出现的画面不能是杂乱无章的，必须有其内在逻辑。因此，我们要求在直播时必须遵循事件发展逻辑、直播叙述逻辑、人们的关注逻辑。而这三个逻辑的展开，必须有布局得当的直播点做支撑。

国庆60周年庆典必然随时间线、事件线展开多个现场、多种场景、多组画面，主题线也需要相应的现场、场景与画面做支撑，主演播室、现场演播室、在哈尔滨的黑龙江卫视演播室也会出现多个场景与画面。所涉及的多个、多组画面如何编织到大型电视直播报道中？即使是按事件发生顺序这种最简单的方式编织画面，依然有一个如何主观能动地反映现场的问题。因此，在创意策划时就需要有更强的场景想象，以很强的结构意识和把控能力实施直播点布局，以结构思维把多种场景、多个现场编织起来，构成直播有机体。

围绕天安门广场这个国庆庆典发生地的核心现场，阅兵式、群众游行、联欢晚会虽然渐次发生，但核心位置、事件发展情况又有明显不

同。阅兵式主要在长安街，群众联欢主要在天安门广场中间部分。因此，直播点的布局必须既要满足不同事件、不同场景、不同任务的特殊需要，又要相互支撑，便于兼顾同一现场不同事件、不同拍摄任务的需要。我们把这次大型电视直播报道《国庆》所设置的59个拍摄点位（部分点位布置了多机位，实施了二级切换）编为四个系统。整体上，是点式布局、线式布局、放射式布局三类布局的结合。

这里的点式布局部分，分别针对上午的庆祝大会和晚上的联欢晚会，我们准备了两套直播点布局，分为B、C两个直播系统。实际上，B、C两个系统的多个点位是同一组人在操控，而且在下午时段还要继续支撑直播，有些B系统点位的人员晚上直播前还要换到C直播系统的另一岗位。

这里的线式布局，更体现了直播按时间线、事件线展现场景、画面的需要，对当天阅兵准备、出发、受阅、撤离过程进行全程展现。从通州、沙河到长安街沿线的各直播点接力式直播，展现阅兵部队、花车、群众游行队伍的行进过程。大型电视直播报道《国庆》的上阕“国之典”篇章，就是以庆典活动为核心，以展现阅兵过程为立足点，以演播室主持人为串联线，以天安门广场及周边的电视直播、演播室访谈、专题片为主要表现手法，多角度、多形式地反映新中国成立60年来的伟大成就。

这里的放射式布局，主要是满足这次大型直播的主题线直播所需。因此，我们选择了上海、延安、深圳、北川作为国内直播点，这几个地点都有其特殊的象征意义；选择了巴黎、纽约等作为海外直播点，展现新中国国庆在海外引起的反响和世界意义；还选择了要开庆祝会的清华大学、参加联欢晚会人员的集结点鲁迅中学、东单体育馆和哈尔滨等几个地点，这些都是有故事、有激情的地方。

为了把多种场景、多个现场编织成直播有机体，直播策划案还明确提示了“国之典”篇章各主题版块的脉络：一是以一个个英雄的方阵走向天安门的顺序为时间轴，划分小单元，围绕特定主题讲故事；二是以天安门广场为空间轴原点，以广场庆典为核心搭建主题框架，同时兼顾多现场、多信息流的世界各地庆祝活动，通过明暗线结合的手法，突出新华社的报道优势和直播特色。

（三）空间感觉：以多种视角展示现场，塑造超越现场的感受

电视直播，说到底是一个以实时画面流影响受众思维和内心感受的传播手段。重大庆典核心事件所涉及的多个现场、多种场景，会随着核心事件和相关事件发展出现在受众眼前，其既具有时间连续性，也具有事件发展连续性。展开空间想象，多个现场、多种场景、多组画面构成的空间，是一种连续性空间。大型电视直播报道不仅必须把空间连续性、特殊性展现出来，还需要通过视角变换、时空转换重构现场，以画面为受众塑造出新的想象空间，超越只有有限视角、视域的现场观众所能感受到的场景和内容，以画面的编织塑造出大格局、大意境，与重大庆典的意义、地位相匹配。这就需要在直播点布局上体现出来。

天安门广场在四个直播系统中被称为点式布局，实际上，这个点是世界上最大的城市中心广场。如何用直播画面将其有效体现出来？基本选择当然是在常规位置上力争有我们的直播点位。因此，我们努力求得各方支持，在长安街北侧的天安门城楼东侧红墙铁架、东华表旁、金水桥西外桥窝、西临时观礼台、西红墙铁架等设了直播点，在长安街南侧的东红墙对面路边、广场区军乐团东侧、广场东侧等也设了直播点。这些布设在长安街两侧铁架和地面上的直播点，视角高低差不大，但镜头视域已经有了明显差异。直播视角如果有较大变换，可以重塑观众眼中对现场的感受。因此，以往在天安门广场的直播，高点直播点的常规选择有安排在大会堂北门的升降车、大会堂东北角铁架、大会堂北段楼顶东北角、大会堂北段东侧、国家博物馆楼顶等，我们也在这些位置设了直播点。

我对前述直播点的叙述顺序，大体就是其在直播系统 B 中的编号顺序。可以看出，我们是从天安门城楼东侧开始，以逆时针顺序，由地面

（铁架）到楼顶直播点进行编号。从城楼东侧开始，是事件发生的顺序，也是我们对天安门广场这个空间的定位顺序和展示顺序。这个展示顺序实际上体现的是我心中的直播点调度逻辑和画面展示逻辑，也代表我们对如何展示核心现场、塑造空间的理解。

为了更有效地通过视角变换、时空转换展示天安门广场这个核心现场，塑造独特的空间感觉，在直播中重构现场，与以往庆典直播的直播点布局最大的不同是，我们努力沟通，在大会堂中段楼顶、纪念堂楼顶和东北角设了直播点。特别是经过多方沟通、精心选点、充分准备，在人民大会堂南段东北角设立并长时段多次使用了新华社天安门广场演播室。这个演播室恰到好处地“借用”了现场实景，放大核心实景的感染力，在主持人、灯光的“塑造”下，实景成为会说话的引导者。新华社天安门广场演播室在当天第一缕阳光抵达天安门广场的时候开始启用，在这个大型电视直播报道中起到支撑时空转换、现场调度的作用。作为位于新华社新闻大厦主演播室的备用演播室，其自身也是最重要的直播点之一。这个点位的视域独特，可以拍到以往直播从来没有展示过的现场情景，提供独特的画面。因此，直播时我们在核心时间使用天安门广场演播室充分地展示现场画面，非核心时间也利用这个现场演播室不断回到核心现场，让天安门广场演播室的使用成为这次大型直播的点睛之笔。

通过视角变换、时空转换重塑现场，可以达到超越策划者想象的效果，给观众带来的一定是特殊的体验和感受。能够反映核心现场、展示核心现场精彩画面的最佳拍摄地点一定不只有核心现场。实际上，在大型电视直播报道《国庆》的晚上时段，我们播出的夜景中天安门城楼的精彩画面，就是在新华社新闻大厦楼顶这个特殊高点拍摄的。

新华社新闻大厦楼顶直播点的设置，最初是基于我们的空间感觉、画面想象：能否从更大空间展示国庆日的北京。在筹备过程中，我们已经确定了点式布局、线式布局、放射式布局三类布局相结合的直播点布局，构建了四个直播系统。我常常在想，这个直播点布局构成的空间，如果从空中看一定会很美。那么，能否有一个直播点从空中拍摄出这个布局呢？最初的解决办法是准备做一个三维模型，在屏幕上展示我们在天安门广场的直播点布局，同时做一个图版，在直播时由主持人展示。后来出于确保直播安全的考虑，我提出能否有一个直播点直连主演播室，即使在中国联通从天安门广场到新华社的光纤传输出现问题时，也能保证我们的直播不中断。因此，我选择了新华社新闻大厦楼顶，准备在这里架上摄像机，以光纤直连演播室。2009 年 9 月 20 日傍晚，征得保卫部门同意后，我拉上技术人员登上新闻大厦楼顶平台勘察踩点，探讨能否实现以光纤直连的设想。正是在这次勘察过程中，我在新闻大厦楼顶平台四角看到北京不同方向的景色，看到俯视视角下天安门城楼的独特景象，感觉这个直播点就是我场景想象中那个牵领、放大、重塑空间的直播点，可以通过视域和影像把我们在北京城区的直播点和场景都串联起来。新华社新闻大厦是北京二环内最高的楼，其 24 层楼楼顶的平台，几乎就是靠近北京市中心又能环视北京的唯一最高直播点，在这个位置可以拍到晨曦中的天安门，可以看到晨曦中和礼花辉映下的天安门广场以及国家大剧院，把镜头从景山转到永定门，可以拍到北京的南北中轴线和东西长安街，这是我们自己的独特点位和拍摄角度。直播时，可以在晨曦初起时从东北侧拍起，逐次拍摄东侧、南侧、西侧、北侧的北京城，再回到东北侧的天安门广场，形成一个长画卷，展示国庆日的北京，还可以在联欢晚会时直播华灯照耀下的天安门广场和天安门城楼，这样就可以使我们直播时画面所展示的空间更为壮阔、更为独特。为此，我们要在新闻大厦楼顶四个角设四个拍摄点，架上切换台，以二级切换保证实现我所设想的画面。

在第一次演练时，从新闻大厦楼顶传到直播指挥中心屏幕上的画面，超出了我的想象，夜幕中璀璨灯光照耀下的天安门城楼非常美丽，而且是以往在其他影像作品中从来没有看到过的拍摄视角。天安门城楼作为视觉中心，和旁边的人民大会堂、国家大剧院构成了特殊的图景，那真是独特的视觉体验。后来直播时，我们多次使用了这个直播点，以塑造我们心目中的影像空间、特殊场景，展现国庆日的北京。

二、长画卷展示：画面想象与影像叙述逻辑

作为新华社首次主导、主控的大型电视直播报道的总编导、总导演，我深知，无论是“国之典 民之庆”的核心立意，还是直播的整体框架和主线设计，还是由点式布局、线式布局、放射式布局三类布局相结合的直播点布局优势，最终都要通过直播内容体现出来。那么，创意策划时，最重要的是充分调动想象力与洞察力，想象出我们所要实现与客观条件所能实现的效果。这种效果想象，是创意设计的前提，也是确定影像叙述逻辑的基础。

（一）画面想象：按照核心立意构建高质量画面流

足够的画面流是直播的基础。在筹备这次大型电视直播报道时，我多次向前方直播组、后方编导组表明，直播源于现场，第一表现手段是画面，每一个直播点都要提供具有独特视角的画面。记者连线虽然能够提供画面外的内容，有一定温度和深度，但依然只是第二表现手段。以画面优先的原则处理，连线过程中记者在讲述时依然可以把镜头从出镜记者脸上转向记者所在的现场，展现重大盛典的现场画面。最大的魅力在现场，记者的出镜、连线、讲述是对这个现场的补充，记者是讲述式、体验式、介绍式报道。第三表现手段是现场演播室的访谈。现场演播室访谈是对现场的延伸，同时也是一个有力的时空转换调度工具。因此，这需要参加直播的每一个人都能充分理解核心立意和直播构想，获取直播所必需的独特视角画面，使用好这些画面，构建画面流。2009 年 9 月 18 日参加演练的直播队伍即将出发的时候，我特别告诉大家，只有你们每一个人都全力以赴，只有你们每一个人都竭尽心力，只有你们每一个人都拿出智慧和创造性，我们才能呈现一个能够和我们的使命相媲美的直播。

创意与演练阶段的重要任务之一是画面想象。直播整体需要什么画面，每一个直播位置能够拍到什么画面，这两者是互动关系，前者往往在现场试机获得画面的刺激下，会有新的创意。而所有的演练都可能与真实的重大庆典有差异，直播整体需要什么画面，还是需要想象的，形成创意与拍摄要求后，让摄像和记者在现场择机创造性地完成。直播点位布设之时和布设之后，我都会努力想象这些点位可能拍到的画面。比如，我们设在天安门城楼西红墙铁架的直播点位，左边可以拍到天安门城楼，把镜头向右边移过去可以拍摄整个广场、拍摄人民大会堂，形成一个长画卷，向东面拍摄天安门城楼和长安街，无论是朝阳初起还是华灯齐放，都是非常壮观的场景，都可以拍到精美画面。因此，在9月18日晚的演练中，我们要求所有直播组到达点位后向指挥中心报告到达位置情况和几点钟可以提供信号。到达点位以后，第一项工作就是按照导播确定的原则试机，拍摄这个点位所能拍摄的基本画面，让导播能准确掌握这个点位所能拍摄的范围、所能提供的画面。所有拍摄点位的试机画面都被记录下来，演练后各直播组、编导组都去看，一起丰富细化直播脚本。

这些现场画面、现场采访和背景性内容等有机组合在一起，才能多方面、多层次反映这个重大庆典，完成一场大气磅礴的直播，一个温暖动人的直播，一个能与新中国伟大历史时刻相称的直播，这就需要高质量的画面流。在演练过程中我们发现不同直播点传回的画面质量有明显差别，直播中有的镜头摇得太快了，有的镜头对主要反映什么现场情况思路不够清晰，拍摄要点、画面叙述逻辑也不够清晰。画面质量与摄像是否适应直播拍摄有相当大的关系，演练时，我们多次提醒摄像人员，要时刻想着你的信号随时被切入使用，时刻想到直播摄像的推拉摇移要顾及观看感受。而且在直播前，我们组织了摄像技术的专项训练，有针对性地帮助摄像人员找到重大庆典直播报道所需的画面感觉与拍摄习惯。为了保证画面质量，我们专门起草了摄像技术规范，要求统一执行。2009年9月5日演练下发的对摄像的要求中就包括详细的拍摄技术参数。诸如，要求摄像分时段摸索不同光线下光圈、速度和景深的最佳拍摄参数组合，要求他们夜间拍摄时在无增益、增益 6 dB 和 12 dB 下各拍摄一段画面（注意调整黑平衡），找出画面质量的最佳组合，对在室外光线下拍摄时顺光条件、逆光条件、顶光条件的平视机位、俯拍机位提出不同拍摄要求。为保证 22.5 小时直播画面整体质量稳定，要求在凌晨和傍晚具备可见光时拍摄要每隔 10 分钟调整一次白平衡，直到不再有色温差为止。拍摄带有彩霞的画面时必须使用 5 600 K 的标准日光色温以确保拍摄效果。对摄像师的要求如下：找出各自机位拍摄的不同极限值，包括长焦和广角极限、上下左右摇极限、出镜记者位置极限、顺逆光转换极限等，记下极限值附近的标志物；找出不同时间段对自己镜头造成影响的附近反光源，机位的选择要尽量避免反光源对拍摄的影响；拍摄出镜记者时必须关闭机头话筒，现场环境声控制在峰值 -10 dB；演练时按照拍摄技术参数调整要求进行包围式拍摄，记下每段画面的拍摄时间、镜头光圈、速度、增益、灰片的组合数据；拍摄各个机位的极限值镜头，拍摄直播脚本所要求的各机位可以拍到的内容；注意各个机位附近的细节，拍摄揭秘式或有新奇特内容的新闻小片。

（二）“动中通”运用：以特殊手段展现特殊画面构建流动画卷

大型电视直播报道《国庆》的核心立意是“国之典 民之庆”，特色创意之一是展现国庆日零点后阅兵部队及游行队伍和花车集结、行进、准备、受阅与返回的过程。特殊的创意就需要特殊的实现方式。队伍是行进的，当然可以在一个或一些固定的直播点拍摄，就像记录一条流动的河流，而如果有“动中通”卫星通信车随行拍摄，能展现的画面就一定丰富得多。为实现这样的画面想象和创意，在筹备时，我们努力寻找适合的“动中通”卫星通信车，这也是中国新闻机构第一次在重大庆典报道中使用“动中通”卫星通信车等特殊设备。

哪里有适合新华社这次直播使用的“动中通”卫星通信车？据说，当时国内仅有 20 多辆“动中通”，有些带宽仅有 2 M，不适合直播使用。在技术部门的再三努力下，我们终于与十三所达成合作，它们的两辆“动中通”带宽可以达到5 M，加入直播团队后我们让其分别负责通州和沙河方向徒步方队、装备分队集结地和随行拍摄。另外租借的两辆“动中通”卫星通信车，分别负责群众游行队伍和花车队伍集结地及随行拍摄。除此之外，有些远端点位使用“静中通”卫星通信车、便携式卫星小站，更多点位则使用光纤，装备到位后，下一步就是研究如何有效使用了。

一般的卫星通信车是“静中通”，需要在静止状态下支卫星天线实现通信。而这种二维“动中通”卫星通信车之所以可以在行进中实时、大容量、不间断地传递语音、数据、动态图像、传真等多媒体信息，从而实现直播，是因为其具有天线伺服控制分系统，可以在车辆行进中根据卫星位置自动调整天线指向，确保天线指向所用的通信卫星。但“动中通”天线一旦被桥梁、建筑物、树木遮挡，卫星信号就会减弱，甚至中断（黑场），因此那时还没有电视台在重大庆典报道直播中使用“动中通”卫星通信车，只在马拉松比赛的直播中使用过。但为实现我们的特殊创意，完成直播整体框架和主线设计，我思考再三，还是决定本次直播采用“动中通”卫星通信车①。

在重大庆典直播时使用“动中通”，怎样把风险降到最低？我们在演练时摸索出可保证直播安全的使用模式和非技术措施，包括制订详细的直播路线图，以特殊方式训练技术人员、摄像人员与驾驶人员的协同配合，“动中通”直播组享有根据自身情况主动要求进入直播的权利，等等。

“动中通”直播组享有主动使用权利，而其他直播组只有被动使用权利。因为在这次大型电视直播报道的59个拍摄点中，同时被使用的

① 在大型电视直播报道《国庆》成功使用二维“动中通”后，2012年5月9日，新华社直播团队在中国新闻媒体中第一次使用三维“动中通”设备在“海洋石油981”上完成了“海洋石油981”在南海正式开钻仪式电视直播。与二维“动中通”相比，三维“动中通”的天线伺服控制系统还可以在上下维度之间自动调整天线指向。

可能达 30 多个。为保证对直播体系的有效控制，确保直播安全，其他直播点是保持直播工作状态、等待导播切入，而负责沙河、通州两个出发地及随行拍摄的两个“动中通”直播组，和负责游行队伍和花车出发地及随行拍摄的另两个“动中通”直播组，则可以根据自身情况和能拍到的画面，要求导播在什么时间段使用他们的直播信号，并可以在直播中主动要求什么时间点停止使用他们的直播信号。我在直播演练总结会上就要求，演播室和编导组应该优先使用“动中通”的信号。这几个组使用“动中通”拍摄体现着我们的直播特色，一旦发现某个路段卫星通信条件良好又正好有值得直播的事件和画面时，导播和编导应当积极响应“动中通”直播组的使用要求。

“动中通”的使用，实际上需要一些特殊条件。“动中通”卫星通信车载有部分直播组成员，还需要另有车辆随行。为展现队伍行进的特殊场景，“动中通”直播组在跟随拍摄阅兵队伍、游行队伍时，既需要与其顺向而行拍摄，也需要在路况等条件允许的情况下与阅兵队伍、游行队伍逆向缓行拍摄。而保证画面质量和直播安全的最基础的措施之一是制订详细的直播路线图。我要求所有直播组在勘察直播点的基础上做出详细的直播计划，而“动中通”直播组则需要做出更为详细、更具约束性的直播路线图，在准备阶段和演练时必须更仔细地勘察直播路线，记录下每一路段的信号情况，从而筛选出可以在行进中直播的路段，记载可以直播的内容。其中一个“动中通”直播组沿直播路线勘察时发现，至少有 2.7 公里的路段各种条件俱佳，可以保证随行拍摄的直播效果。这个含直播路线图的详细计划供导播和编导事先熟悉，以便在提出直播请求时让导播和编导能恰当地插入直播中[①]。“动中通”直播组进入徒步方队和装备方队的集结地需要特殊许可，经过新华社解放军分社老记者蔡晖大校的艰苦努力，终于在出发前拿到准入证件，他们也必须

① 当时，我们要求直播系统 A 和直播系统 B 凡两人以上组成的直播组都要制订详细的拍摄计划，在直播时可以主动报告希望什么时候连线，有什么内容可以直播，但主动要求的优先权利低于“动中通”直播组。

比其他直播组早出发，并且直播过程中还要转场到其他地点继续直播。

保证“动中通”直播画面流畅和直播安全的最有效手段是在梳理演练中遇到问题的基础上摸索出使用模式和非技术措施。除了制订详细的直播路线图、“动中通”直播组可主动要求进入直播等外，以特殊方式训练技术人员、以有效规则确保摄像人员与驾驶人员的协同配合等非技术措施更为有效。2009 年 9 月 14 日，在总结 12 日晚到 13 日凌晨演练的小结会上，我提出：直播组长必须和与直播相关的每一个人沟通清楚。演练前直播组知道人行天桥会影响“动中通”的信号，但在演练时仍然出现信号减弱甚至黑场的情况，说明驾驶员不清楚情况和要求，仍然驶过了人行天桥。因此，我们定下这样的规则：一旦开始使用“动中通”的直播信号，直播组长要告诉驾驶员，在人行天桥、楼房等可能影响信号的地点前停下来，等这段直播出镜完成后通知后方切换掉“动中通”信号，“动中通”卫星通信车再继续开。这样简单的规则保证了画面效果，避免了直播黑场。2009 年 9 月 20 日在小结 18 日晚到 19 日凌晨的演练时，我再次强调四个“动中通”直播组与相应时段编导组要一起梳理哪个时段用哪个路段的“动中通”直播才是最安全的，确保直播画面的质量与安全，并提醒“动中通”直播组组长一定要清楚，“动中通”司机是保证直播安全的最重要因素，不能只是你清楚这个路段可能影响信号质量，他却一踩油门过去了。组长应当事先告诉“动中通”驾驶员，卫星都在南向上方，告诉他们马上要开始直播连线了，在有人行天桥等遮挡物时可以把车停下来，即使画面不够理想，也不能出现直播不安全的情况。

这些非技术措施，保证了我们在重大庆典报道中使用“动中通”的直播安全。我也曾告诉十三所的技术人员，应当增加一个装置，在信号减弱时提示直播团队注意，可惜当时时间紧张，来不及研发。

（三）长画卷展示：多点透视赋予电视观众超现场观感和体验

在我心中，这次大型电视直播报道的魅力之一就是长画卷展示，这体现出所坚持的要以现场画面为第一表现手段。长画卷式展示过程中，画面叙述逻辑更要体现主观意图和所选择画面间的有机联系。

天安门广场是世界上最大的城市中心广场，是一个巨型空间。我们长达 22.5 小时的直播会多次回到这个核心现场。凌晨、上午、下午、傍晚、华灯齐放时，不同的时间段在这个核心现场所进行的事件都不同，场景也迥然不同。如何更有效地展示这个巨型空间，让人们和我们一起感受激动人心的场景？既然我们已经在天安门广场周边的人民大会堂、毛主席纪念堂、国家博物馆等楼顶布设了直播点，在天安门城楼前长安街两侧都有高铁架或升降车直播点，那么就可以以多种顺序和逻辑使用天安门广场的高点直播点和地面直播点，从多个视角环半周或一周展示天安门广场的场景，可以只用高点直播点环周展示，也可以高低点混用以高低错落的形式环周展示这个巨型广场的情景。这样可以让观众在不同时间段从多个视角观看天安门广场或天安门广场内相邻拍摄点的画面，给予他们丰富的超视角体验。毕竟，没有谁可以在不靠镜头帮助的情况下在相邻时间看到这样的场景。

以长画卷展示为特色的画面想象，是受到了中国画长卷的启发。南宋赵黻创作的纸本水墨中国画《江山万里图》就是全景式构图，以滔滔江水为主脉，结合近景、中景、远景，描绘出自西蜀至东吴长江两岸的水光山色，在整体上把握峰峦层次、江流走向及林木隐现，用大视角展现出长江“咫尺千里”的壮观景致。北宋画家张择端的《清明上河图》以散点透视构图，描绘了北宋都城东京（又称汴京，今河南开封）的城市面貌和市井百态。其他长卷如唐代韩滉的《五牛图》、东晋顾恺之的《洛神赋图》、明代仇英的《汉宫春晓图》、元代黄公望的《富春山居图》、五代十国时期顾闳中的《韩熙载夜宴图》、唐代阎立本的《步辇图》、宋代王希孟的《千里江山图》，无不以散点透视展现了丰富场景。

长画卷展示实际上是多点透视。在我的认知中，它是焦点透视与移动透视的有机结合。西方画作一般采用焦点透视，观察者看到的是与这个焦点相关的视域。这如同现场观众的观感。单个摄像机当然是“焦点透视”，推拉摇移拍摄的都是从一个点出发的视域内的影像。中国画画家的观察点不固定在一处，也不受某一点视域的限制，而是根据需要进行移动观察，不同观察点上所看到的东西，都可组织进自己的画面中。这种透视方法，叫作“散点透视”，也叫“移动视点”。这种透视方法，使得中国山水画能够“横墨数尺，体百里之迴”[①]，表现“咫尺千里”的辽阔境界，可以创作出数十米、百米以上的长卷。在我看来，长画卷展示就是以“移动透视”的理念和方法，按照一定意图决定影像叙述逻辑和直播点使用顺序，把一个个摄影机以“焦点透视”方法摄取的影像联结起来，形成特殊的长画卷。而且，在一次大型电视直播中，可展示多种长画卷。可以在特定时间段（如每个整点）展示同样格式但景象有别的场景，如大型电视直播报道《国庆》每个整点所展示的北京，也可以在不同时间段展示同一场景的不同景象，如这次直播中所展示的不同时段的天安门广场。长画卷展示，后来成为新华社电视直播的特色，在上海世博会、“九三”阅兵等重大庆典、重大事件的直播中，我们都多次使用。

从方法论层面说，画卷构思与按事件发展逻辑选择有说明力的节点作为直播点，与把多个现场、多种场景、多组画面编织成有机体，与以多种视角展示现场、塑造超越现场的感受，与按照核心立意构建高质量画面流，其思维方式、策划方式是一以贯之的，都体现了以结构思维、空间感觉展开布局、处理场景，以事件发展逻辑与影像叙述逻辑为纲来编组画面。而长画卷展示，以多点透视、特殊手段赋予电视观众超现场的观感和体验，则是这种思维与策划的实现手段之一。

① 宗炳《画山水序》：“今张绡素以远映，则昆阆之形，可围于方寸之内。竖划三寸，当千仞之高；横墨数尺，体百里之迴。”载俞剑华编著《中国画论类编》，人民美术出版社，1957，第583页。

第五节　效果想象与创意实现：追求表达力

重大庆典是一个饱含丰富现实场景与历史信息的复杂报道对象。重大庆典直播报道总体框架、基本布局、主线设计确定后，就要在创意策划阶段打开思维空间、想象空间，进行充分而得当的效果想象，形成有创新力、表达力和可行性的创意策划与实施措施，以突破习惯报道模式和内容处理模式，获得与重大庆典地位相称的报道效果。我们在策划实施新中国国庆60周年大型电视直播报道《国庆》时，努力发挥想象力，在效果想象的基础上展开创意策划并实施，圆满地完成了这次重大庆典的直播报道，获得了令人满意的报道效果。这次报道在创意方法与实现方法上的探索和思考，对今后的重大庆典报道有参考价值。

一、打造画面流：效果想象与特色创意实现方式

新中国国庆60周年庆典是一个全球瞩目的重大庆典。正是因为电视直播可以融合文字、图片、新媒体等多种产品，形成多媒体融合的直播形态，才便于形成多种信息流交织涌现的传播样态，产生足够的影响力和说服力。在我的效果想象中，我们要的是一场大气磅礴的直播，一个温暖动人的直播，一个能体现伟大的国家、伟大的民族、伟大的历史进程的直播，一个与历史相称、与时代同步的直播，这就需要把各方面信息建构组合融汇成有机整体。要实现这样的效果，就需要各直播点和主题政论片、短片制作组等提供高质量的画面，就需要在理解现场基础上大跨度展现并能动反映现场，打造体现核心立意、特色创意的画面流。

（一）受控拍摄：按创意构思和直播指令拍摄高质量画面

电视直播画面总体质量如何，能否打造出画面流，取决于摄像记者

人员能否按照核心立意、主线设计、特色创意做好充足准备和有效的现场拍摄工作。2009 年，新华社的摄像队伍虽然有一定经验，但还相对年轻，过去习惯于单机拍摄，而这次必须在一个如同工业化体系的直播体系中按要求拍摄。这样的要求与以往有很大不同。2009 年 8 月 27 日在第三期直播摄像培训班上，我分析了这次大型电视直播报道摄像工作面临的难点，阐述了摄像在直播状态下应当做好的六方面工作，以实现总体构思和特色创意。

第一，受控拍摄。在直播中摄像人员要习惯按照整体要求、布局、创意去完成规定动作，要从习惯自主选择拍摄内容，走向习惯受控拍摄，按直播总体要求拍摄好。某个时点直播有需要时，相关点位的摄像人员就必须拍出直播可用的画面，这就要认真思考和准备。比如，在大会堂楼顶的直播点怎么拍画面效果好？习惯上的视觉中心在天安门城楼，直播中天安门城楼是所拍摄画面的主体，还是其中一个重要组成部分？阅兵时摄像人员距离阅兵队伍有六七百米，而最重要的瞬间受阅部队和群众队伍的脸是朝向城楼的，这时怎么拍摄画面效果才好？从楼顶怎么把长安街拍摄好？典礼开始前怎么拍摄好现场人群？这都是要事先考虑清楚的。有些与现场有重要关联的内容要事先准备。新中国国庆 50 周年庆典的电视片中有一个镜头，是拿着请柬的嘉宾正走向天安门城楼。这次我们能否拍到这类有特殊细节、特殊说明力的画面。我曾在报纸上读到一则消息：北京有人收藏了开国大典请柬，这个请柬当时只有 200 份。记者和摄像能否找到收藏者，把请柬拍下来，在直播当天给观众展示。就重大庆典直播而言，我们是学习者，更需要大家充分发挥想象力。在每一个重要时段，只要能用天安门广场现场演播室的信号，直播都会用。典礼结束时，我们要让镜头返回现场，去拍那些现场观礼的人离去的场景，去拍他们激动的神情、交流的动作、自豪的笑容。这些镜头转瞬即逝，所以编导们要充分想象，如何指挥出镜记者和摄像人员把那一瞬间记录下来。

第二，驾驭现场。现场是复杂的客观存在，直播时需要得当驾驭。

天安门广场是一个巨大的空间，训练场、行进路线、长安街都是复杂现场。如何在相对分散的直播点以各自的镜头拍摄好复杂现场，摄像人员要充分想象可以拍摄出什么画面。没有事先想象和充分准备，仓促上阵是不可能拍好现场的。有很多过程和细节需要事先想象，到时才能驾驭现场，才能拍好一个个精彩的画面。比如，凌晨 5 点的天安门广场，别的媒体直播还没有开始，我们一定要利用好这段时间的现场。5 点钟实际上是我们这次大型电视直播报道的第二个开篇，一定要让镜头回到天安门广场，拍摄天安门广场、报道天安门广场。那时候，天安门广场不可能空无一人，而是彩旗招展，装饰一新，各个岗位人员就位，期待一个伟大典礼的到来。我们要把那个时刻的天安门广场的场景和关键细节拍好。有一位摄影家曾多次拍摄天安门城楼。有一次是在夏天大雨之后的凌晨，在人民大会堂北面，他朝东方拍下彩霞满天之中的天安门城楼，那张照片令我印象深刻。我相信，我们心中对凌晨天安门广场的画面有足够的想象。如何通过镜头反映天安门广场这个庞大的现场？如何用连续镜头反映这样一个伟大典礼的全过程？如何用记者的眼光和素养去抓拍这个典礼进行中广场上各种各样人的神态、动作等？观礼台上的人和现场的人，哪怕举着东西的小孩儿，他们的表情、神态、动作，都可能是这次大型电视直播报道和以后专题片所必需的东西。如果能够做到以上设想，我们就能交出一份很好的答卷。

第三，夜间拍摄。大家都有夜间拍摄经验，但夜间如何拍摄好依然是一个需要考虑的问题。比如在沙河机场或者通州机场，在这样庞大的场面里，“动中通”是准备开车绕一圈拍摄，还是采取其他拍摄方式？在阅兵部队行进路线的某个点，怎么拍好经过的车队呢？我们这次直播展现人们走向阅兵场和阅兵之后返回的过程。这些受阅官兵从哪里来，到哪里去，这个过程由很多细节构成。应当拍什么细节是大家需要考虑的。夜间拍摄光照度不够理想，而且会有其他光线干扰。理论上，这次所有人都将面临夜间拍摄，怎么拍摄好是需要大家好好研究的。夜间拍摄的另外一个重点，是在联欢晚会时。五彩斑斓的场景怎么表现，需要想象。那个时候华灯绽放、彩旗满天、人声鼎沸、欢声雷动，怎么拍好？焰火晚会的特殊布置，29日晚就能知道。29日晚将试放相当于国庆日当天五分之一左右的烟花，大家去看现场，不只是看位置，更要想象这个画面。夜间拍摄还面临设备使用问题，对功能掌握得是否熟练，是否能用得很好？

第四，车队拍摄。如何拍摄相对单调的车队行进过程，给出丰富的画面？一个一个车队在行进路线和长安街行驶的过程，60辆彩车从原集结地走向工人体育场的过程，怎么拍好，重点拍什么，这些都是需要大家认真考虑的。我们会把阅兵部队行进、集结在长安街上等待检阅的场景，把分列式之后的场景都直播出来，这是历次阅兵直播和纪录片中没有的。我们将见证历史，同时创造历史，这都需要给出合适的画面。

第五，安全镜头。通信突然中断情况下怎么保证画面的可靠、稳定、安全？比较好的解决办法就是直播点要保证一个安全镜头。设想一下，直播现场和主演播室之间的联系突然中断，摄像得不到指令，但卫星信号、光纤信号是通的，遇到通信中断时，要立刻调整自己的摄像机给后方一个安全镜头。信号切不切走是后方演播室考虑的，给不出合适画面是摄像人员的问题。摄像记者碰到现场通信中断、导播联系不上时，就要本能地给出安全镜头，所谓安全镜头就是画面稳定、画面的内容是可以随时切入直播的镜头，也许是中景或者中近景，也许是一个场面，但必须是直播能用的镜头，这是对摄像记者的基本要求。

第六，特殊视角。即要习惯在特殊角度、特殊状态下拍摄。直播点布局如果能实现，将有摄像记者被送上三四十米高的升降车，还有很多摄像记者在六七十米高的制高点上拍摄。有的摄像记者要在“动中通”卫星通信车上，要在车辆移动过程中拍摄另外一个动体，动拍动，记者的车和阅兵队伍的车可能是同向行驶，也可能是相对行驶，可能是你静它动，静拍动，这几种情况下应该怎么拍摄，大家都要琢磨。

（二）用足现场：在理解现场基础上大跨度展现并能动反映现场

电视直播的魅力在于现场，必须用足现场，不断让直播镜头回到现场，按照核心立意、主线设计、创意构思选取画面，构成直播内容整体，这就需要从总体上把控现场，在理解现场的基础上大跨度展现并能动反映现场。这场大型电视直播报道总共有 59 个拍摄点位，上午时段和晚上时段最多会同时使用 34 个拍摄点位。从镜头视角来看，直播中可能有多个现场、无数个场景。为体现核心立意，达到预期效果，必须把多个现场、无数个场景，按照直播主线设计、时段定位、场景创意编织为一个画面流，通过画面选取、时空调度、内容串联，大跨度展现现场，把多个视角的现场打造成一个有机体。这都是直播成功的关键，需要各方面协同努力实现。

直播的第一报道手段是使用好现场画面，而不是记者连线。这是用好现场的关键。2009 年 9 月 13 日下午分时段编导会议上，我要求所有的直播点都“亮着”，都处于可直播状态，让分时段导播和编导组可以随时调动。各个点的任务，是不断报告那个点有什么好画面并拍摄出来。只要有好画面后方马上切入直播使用，不用好现场和画面是不行的。怎么能用大量时间进行演播室访谈呢？怎么能把大量时间用于记者连线出镜呢？这场直播的第一报道手段不是记者出镜，而是使用好画面语言，这一点是坚定不移、不能改变的。否则，我们在现场随时可以发信号的 34 个卫星直播点和光纤直播点作用何在？它们的第一作用绝对不只是实现记者出镜，而是展现画面，那才是我们要的直播效果。出镜记者的任务之一就是发现可拍摄的场景画面并提醒摄像记者，而不能只想着自己出镜。这是一场以画面为主的直播，不是一个以出镜和演播室访谈为主的直播，概括起来就是四个字：用足现场。

要用足现场，重要的是理解现场，这样才能得当有效地使用现场，大跨度展现现场。在 2009 年 9 月 13 日下午分时段编导会议上，我阐述了如何理解现场、用好现场，哪怕是寂静无人的现场。我要求大家充分想象、领悟、理解现场，大跨度地展现现场，这是我们的直播成功之所在。我们还训练了一下主演播室导播同时使用几个直播信号的能力。导播们过去习惯了使用单点信号的画面后就切回演播室。要实现按一定意图和逻辑使用多个直播点的画面，无论是信号调度还是导播切换，相关人员都需要训练。信号调度岗位因此变得比以往更为重要，要通过与前方联系和看显示屏，看到哪几个点画面很好，就可建议导播马上切换调用。前方各直播点摄像不一定清楚他这个点在全局中的作用，编导要通过自己的直播台本告诉他。每一个直播点的作用都是同样伟大的，但是前提和基础在于你这个点要不断提供好画面。有的分时段导演可能想，那条马路是空的，没有人活动播什么啊？我强调，大家也要记住，空荡无人的街道同样也有寂静的语言和寂静的力量。难道一张美丽的笑脸一定要笑出声才好看吗？整洁一新、万籁俱寂、华灯初上、张开怀抱的街道，在等待一支英雄的阅兵队伍到来，等待一场伟大典礼到来，一场盛大联欢到来，那暂时空旷的现场难道没有力量吗？全国人民有多少人能够亲临现场看一个空无一人、寂静的广场呢？住在北京的人们有多少人能够在现场亲眼看到呢？为什么不能展现它呢？怎么能说空无一人的现场就没有直播价值呢？寂静无人的现场也有直播价值，条件是它必须和前后场景联系起来，它必须和一个思想联系起来，和一个意图联系起来，不能是无意义的。

电视直播报道是由多个岗位的工作人员协同完成的。直播的体现方式是现场运用与画面衔接，各时段编导、导播、摄像人员等就应该对总体构思和布局有清晰认识，就应该理解为什么会设天安门广场演播室，为什么布设这么多直播点。理解现场，就要求所有岗位人员都要心中有全局，对自己的规定动作和自选动作有清晰的了解。根据岗位职责、工作特点的不同，我在策划筹备阶段对不同岗位提出了不同要求。对编导的要求是：立意高远、想象丰富、编织精巧、执行可靠。对出镜记者的要求是：要有内在的力量。对摄像记者的要求是：高度的纪律性、高度的执行力、高度的想象力。可以看出，对出镜记者的要求更偏理性，而对编导和摄像记者，则要求有想象力。毕竟直播要靠画面来说明对现场的理解和表达能力。2009 年 8 月 27 日在第三期直播摄像培训班上，我在阐述对场景和画面想象的基础上，要求“一定要用足现场”。中午 12 点之后，是高潮的延续，是国家庆典这个伟大时刻的延续，人们的情绪还没有完全消退，以低机位拍摄散场的人群，让一张张激动的、兴奋的、满意的、欢快的笑脸像水一样从镜头前流过。不必跟拍哪一个人，要表达的是这个国庆日也是人民的节日，人民群众在这个广场上享受着国家大典。让一张张脸像水一样从镜头前流过，这是我的想象，能不能实现要靠大家。我们会比较多地使用现场演播室，但对所有时段的直播提出一个基本要求，那就是一定要用足现场。

（三）编组画面：打造体现核心立意、特色创意的画面流

电视直播中的现场场景是随时间流淌的画面流。展现现场就要清晰地理解每个时间段的现场及其在直播整体中的功能，从而全方位地展现现场。在 2009 年 9 月 13 日下午分时段编导会议上，我提示了每个时段要体现的现场内容。

零点到 3 点。要表现好一个伟大国庆日的凌晨，所有人已经进入国庆日准备的现场，包括通州、沙河两个训练场，包括已经出发的群众游行队伍、已经进入工体的花车，包括可能已经进入天安门广场现场的新华社记者和拍摄人员。三条逻辑线要清晰展现：一是国庆日的不眠之夜如何开始、会发生什么；二是各个重要地点正在如何准备国庆日活动；三是新华社的队伍到达直播岗位后如何工作，可能的话每个直播点以不同方式展现一次。按照装备分队 2 点钟到位来估计，零点到 2 点，在大望路到长安街路段会不断看到设备方队进入，工体内 60 辆花车逐渐到位，这时可以拍摄大量画面。游行队伍中的 3.2 米直径的大鼓已经在从王佐镇到先农坛的途中。徒步方队那个时候即将起床，炊事班已经在准备早饭。这个时段的画面是丰富的，前面三条逻辑线的事件发展要展现足。

3 点到 5 点。要注意体现前 3 个小时已开始事件的进展情况。按照

计划，此时，长安街上装备方队已经就位，出镜记者可以采访到相关负责人，徒步方队可能在路上或已到达长安街，花车已经准备从工体出发，群众方队已从各个方向出发。编导组可以提出来，由某一个直播组先去拍摄一个参加群众游行的家庭，或是送孩子到学校的场面。每一个方队都有一个集结点，家长把孩子送到集结点就要回去。集结点可能会拦着一条线，家长在那里和他的孩子告别，孩子参加队伍，那会是一个动人的场景。3 点到 5 点，各路准备都已经做好，有些路段可能是寂静的，比如说天安门广场以西路段，这时长安街沿线的直播系统 A 已经到位，编导组要考虑怎么用好现场。

5 点到 7 点。5 点是做这次直播的第二次开篇，要写好开篇辞。第二次开篇像零点开篇一样，梳理三条线索。但在展现三条线索之前，需先增加一条线索，即要体现这是国庆日的黎明，已经迎来了第一缕阳光，要有黎明时晨光照在中华人民共和国的土地上升起国旗的画面。然后重新展现零点开篇的三条线索。一是国庆日在中国和世界各地将会发生什么。二是国庆盛典包括阅兵式在每一个节点会发生什么。三是我们这个直播将做些什么。因此，5 点到 6 点这个时段共有四条线索。5 点到 7 点，是徒步方队即将就位的时段，是群众游行队伍陆续抵达长安街南北集结位置的时段，是人民群众纷纷从家里出门走向每一个能观看阅兵和游行队伍位置的时段，是北京家庭会把鲜艳的五星红旗插在家门前的时段。这个时段曙光初照、阳光灿烂、彩旗满天。在这个时段，除了要展现长安街，展现天安门广场外，还要展现其他地方。这个时段的优势是天安门广场所有直播点都已经就位，要在这个时段充分使用我们在人民大会堂楼顶的现场演播室。在 5 点到 7 点这个时段要体现好两个要素，一是场面展现，二是线索梳理。场面展现甚至要包括祖国各地升国旗的场面。5 点到 7 点这个时段，画面展现更清晰，大跨度展现场面更有优势，我们所期望实现的多现场直播、接力式直播、大跨度展现场面，在这个时段的场面展现中要体现出优势。每一个分时段编导组都要理解、把握这个优势，并且清晰地将其体现出来。黎明初照，红旗招展，队伍就位，在各直播点就位的情况下不利用好这个现场就太可惜了，5 点到 7 点要充分把这些画面展现出来。

7 点到 9 点 40 分。这是本次直播最体现新华社特色的时段。这个时段要把主要精力和时间用于展现天安门广场和东西长安街的现场，要用好我们的天安门广场现场演播室，用好现场各光纤点直播点、各拍摄点。这个时段，沙河、通州、群众游行、花车这四个“动中通”直播组应当已经完成任务，转场到他们的下一个直播点。因此，这个时段主要使用东西长安街沿线和天安门广场的直播点。这个时段要充分体现策划方案中规定的进行曲风格。这个时段各处的准备情况，如长安街参阅部队的进一步整装、练习都要展现出来。这个时段，要有足够的大跨度场面调度和现场展现，就像一个花团锦簇的铺垫，把这一场重大庆典的仪式直播部分衬托出来。这个时段，演播室访谈的任务只是简单提供一些镜头外的背景以帮助理解，只是为了让导播和编导做时空转换、现场调度，各直播点各岗位做相应调整，直播的主要精力要放到现场。

12 点到 14 点。这个时段，这场伟大的国庆盛典刚刚结束。一是要迅速重现今天阅兵游行队伍从出发、行进、在长安街集结到走向阅兵场的精彩瞬间；二是回到天安门广场现场。共和国的功臣劳模们从观礼台离开，现场群众和孩子带着参加过一场伟大典礼的笑脸从天安门广场离开，花车队伍集结在闹市口大街等待被各省市领回，这些都可以是直播的重点。这个时段，出镜记者要做的是体验式报道、目击式报道、点评式报道。这个时段，要特别清晰地表现出从“国之典”到“民之庆”的转换，把国家典礼和人民群众之间的联系表达清楚。

14 点到 16 点。虽然这个时段的难处在于长安街沿线的现场场景已经变化，但是有两个现场要精心使用：一是天安门广场为当晚的联欢晚会正在做什么准备，二是各处参加联欢晚会队伍的出发情况。演练时我就曾看到各区参加联欢晚会的队伍在附近下了大轿车后，是如何兴高采烈地沿大街徒步走向天安门广场的。除此之外，这个时段要重点使用好全国各地的现场，重点展现全国同庆、万民一心。要很自然地把历史、把传承融合到对现场的使用中，把对传承的展现通过讲述和对现场的描述体现出来。

16 点到 18 点半。这个时段要重点完成三个任务。一是展现现场。展现已经准备完毕的天安门广场现场场景，在傍晚 6 点之前，联欢晚会已经基本准备完毕，充分使用京外和海外各现场，尽可能选取和北京核心现场、核心事件有联系的场景、人物、故事。二是完成转换，就是完成从“国之典”到“民之庆”的转换，把国家生日是人民的节日这个核心立意清晰地体现出来，把全民欢庆的深刻内涵清晰地体现出来。三是阶段过渡。这个时段和上午时段不同，9 点 40 分后转播阅兵式直播信号，大型直播报道并不间断。而这个时段，有地方和全国新闻联播，我们的直播报道需要把这一个小时空出来。为了避免观众以为我们的大型直播报道结束了，所以在这个时段的最后 40 分钟，我们的直播要留下诸多悬念，留下诸多线索，留下诸多期待，告诉观众晚上还有 3 个小时的直播。留下期待、阶段过渡，可以通过各种方式体现，包括通过演播室介绍来体现。

19 点半到 20 点半。重要任务就是收拢线索，提升精神，给出一个色彩丰富、波澜壮阔的视觉和心理感受，来收拢这场大型直播报道。19 点半之后的 15 分钟，要快速展现天安门广场各现场已经做好准备，应当节奏很快、气魄宏大、期待感很强，这个任务可以更多地让现场演播室完成。然后， 19 点 50 分准备把信号切到转播联欢晚会。晚会大约持续 100 分钟，因此信号重新切回时应当是 20 点 45 分到 20 点 50 分，这时距离大型直播报道结束大约还有 45 分钟。在这个时间段，完成直播任务主要有两个手段。一是回到天安门广场现场，直接使用现场演播室切入，以激情澎湃的语言描述体验了焰火晚会、体验了一天伟大典礼之后的感受。这就对现场演播室两位主持人记者提出了高要求。二是梳理当天直播的诸条线索，梳理精彩瞬间。梳理方式可以是双画面流、多信息流方式。画面在展现，主演播室的主持人或者现场演播室的主持人记者以画外音的方式梳理阐发，就可以形成双信息流。必要的时候导播开双视窗，尽可能地给观众美的享受和深刻印象。因此，要尽可能拍摄好当时人们的表情、动作，把它整合到直播中。这个时候，大会堂北门的直播点应当可以拍摄到参加晚会的演员特别是孩子们在逐渐散去。这个时候，要求天安门广场的各直播点不停机，导播随时根据现场场景、画面情况切入直播。导播组要对所有摄像记者提出具体要求，在哪些时段是不许停机的，要保证 8 个小时不间断提供信号，只有这样，我们这场直播才能收拢起来。

因此，这个时段的任务是很重的，在开篇 15 分钟就要起好头，在最后 45 分钟到 50 分钟，既要把联欢晚会的情绪和感受承接下来，又要体现出我们直播的特色，还要收拢全天直播线索。有人也许会问，在这个时段把时间拉长一点不是更好吗？我们就是要做一个豹尾，一个干净利落、充满气势、充满期待的结尾，主线就是我欢乐、我梦想、我期待。在 16 点到 18 点和 19 点半到 22 点半两个时段，就要把国庆 60 周年和百年中国联系起来。我们的梦想，是新中国百年大庆时的伟大中国。直播时要把这种大情怀、大豪迈、大气魄体现出来。这个时段，一般情况下不必过多使用演播室访谈，不必过多使用记者连线。演播室依然有嘉宾，他很可能只在某一个时段偶尔和主持人呼应感情讲一两句话而已。这个时段，需要大段激情澎湃、充满哲理、引人关注、容易记忆的解说词，要给我们的观众一些警句，在直播过程中讲出来让人经久不忘、牢记于心。我希望，这时有大段散文诗，把气氛提上来。

我当时这样详细阐述导演意图，是希望各方面的人融在一起。为了完成好这个大型电视直播报道，需要大家同心协力，需要每一个编导组和导播组既要把整体框架、核心立意掌握好，又要注意关键细节。

二、编织信息流：创意细化与流程化、体系化实现方法

大型电视直播报道的圆满成功，需要参加直播的上百人甚至更多人按照核心立意、主线设计、特色创意、实施方案、直播流程和各项规则

有序工作，从组织方式与运行方式来看，这是一种体系化运作。临时编组起来的直播团队往往隶属不同单位、机构，却必须如同一个组织体一样有序工作。在这种体系性组织中，人力资源、生产资源等在一定制度环境、技术环境下运行，有效集成各种要素，不仅生产物质产品，也生产与此相关的知识，从而形成制度经济学家康芒斯所称的“运行中的机构”[①]，它如同人体血液所构成的“流动性组织”，这种体系性组织，是我以往曾讨论过的整合成本相应较低的“软组织、轻结构”。这种体系性组织不再主要呈现为集中式指令性控制，而是呈现按一定规则与机制运行的分布式协同性控制，是多个主体间通过协调合作而呈现出群体智能，实现一定程度的行为协同。重大庆典报道的特殊性决定了在其创意策划、方案实施等各阶段、各环节必须形成有效的协同运作，必须以流程化、体系化方式实现核心立意、主线设计、特色创意，必须汇集多方面信息，以编织信息流实现融合传播。

（一）声效想象：让音乐和现场声在直播中渲染场景、阐发意义

大型直播报道的魅力和感染力，不仅基于现场场景的实时展现，不仅在于影像画面的多维组合，还在于音乐和现场声所传递的信息，在于声效与画面构成一个有机体。因此，要精心设计声效，让音乐和现场声等帮助渲染场景、阐发意义。

新华社大型电视直播报道《国庆》的整体框架已经设计了独特的韵律、节奏和风格，用序曲、进行曲、回旋曲、欢乐颂四种音乐风格和节奏韵律将直播划分为四个大的部分。我们的画面想象和用足现场要求当然包含运用现场声。何况无论是徒步分队、装备分队、花车队伍、游行队伍在行进中、练习中的现场声，还是现场观众的声音，都有其特殊魅力。但这样一个大型直播报道，依然需要选择好主题音乐作为直播声效的主旋律，总片头、片花、MTV 等也需配上合适的音乐，以此来增强

① 约翰·R. 康芒斯，1862—1945 年，美国制度经济学家，主要著作为《资本主义法律基础和制度经济学》。

大型直播报道的感染力。

什么是合适的音乐，按照什么标准选择？从一开始，我就确定了一个选择标准，国庆60周年的大型直播报道，主题音乐和其他音乐都必须是中国作曲家的作品。就大型直播报道整体效果而言，最重要的是主题音乐。虽然音乐史上有诸多标为无标题音乐或仅以序号为题的音乐作品，但音乐响起时，人们就会形成一定意象，激发一定想象，产生一定情感或想法。有些音乐作品，是为特定意图、背景、目的而写的，虽然听起来是某种风格，但只要知道这个作品的创作过程、时代背景、作曲家人生经历的听者，往往就会联想到相应的时代背景和故事，感受到音乐之外的信息。因此，音乐作品应当说是有实在意义或象征意义的。有些特定场景，只能出现特定类型的音乐作品。新中国国庆60周年，新华社的大型直播报道显然只能采用中国作曲家的音乐作品。

哪些音乐作品可供选择？我在脑海中多次想象新中国60周年国庆日国家庆典与群众欢庆的场景，想象与这样的场景相称的旋律和音乐风格。但大型直播报道的筹备工作千头万绪，显然无力请作曲家专门写主题音乐，就只能在中国作曲家现有音乐作品中选择最合适的。重大庆典直播报道，其主题音乐的风格，当然应该是气势恢宏、庄严热烈的。它应当是一个交响乐类的大型作品，其主旋律应当是人们熟悉的。我们希望，人们一听到这个主题音乐，就会产生我们所希望的联想，让主题音乐本身既有感染力又有阐发力和说服力。为尽可能扩大选择范围，我抽空就和同事们听音乐作品，以求完备。最先出现在我脑海里的主旋律是《红旗颂》，这是1965年中国作曲家吕其明创作的交响诗，一开始，小号奏出以国歌为素材的引子，激荡心魄，气象宏大，紧接着，弦乐奏出舒展、优美的颂歌主题，展开《红旗颂》宏伟庄严的歌唱性旋律。乐曲的中间部分，在铿锵有力的三连音节奏中，圆号奏出简短有力的曲调。颂歌主题的部分宏伟庄严，尾声处号角更加辽阔，将作品推向高潮。整个作品的意象风格与新中国60周年重大庆典非常吻合，与我们所设计的大型直播报道的四个大段落序曲、进行曲、回旋曲、欢乐颂的风格和节奏韵律也非常吻合。2009 年 8 月 27 日，我与来访的黑龙江电视台领导沟通整体设计、现场演播室设置、主题音乐选择等时，副总编辑兼卫视总监关中听到我们准备选择《红旗颂》时，随即哼出了主旋律，参与直播的不少同志也对这个作品的主旋律很熟悉。

除主题音乐外，还需要再选择一些音乐作品制作 MTV。2009 年 9 月 13 日下午分时段编导会议上，我描述了心目中的音乐选择标准，要求各编导组每一小时的直播脚本都要按标准格式，每一小时开头是一个序曲，每一小时结尾是一段 MTV。MTV 应当用什么音乐作品？我希望选 19 个经典旋律，它一定是中国作曲家写的，由一个单一乐器演奏出来，再配上与国庆有关的画面。直播大段落之间，也可以用主题政论片或专题片做转换和上下接口。为此，我们安排了两组人分别初选曲目，让各编导组把想法要求简单写出来，交给这两组人去完成，以减轻各编导组的工作负担。最终，MTV 既成为每个小时间的转换与接口，也成为这个大型直播报道表现手段的重要组成部分。

（二）效果呈现：以协同运作构建宏大气象，凸显核心信息

现场直播报道与电视界比较常见的仪式直播、晚会直播、演播室直播报道在理念、形态与模式上都有明显不同。在我看来，电视直播报道实际上是一个融合表达展现的平台。这种多信息流编织的报道形态，需要以媒体融合思维有效协同运作，需要按照立意和构思从多个维度提供内容，更需要以澎湃激情和努力构建宏大气象，凸显核心信息。

长画卷展示的画面想象和创意构思，需要多方协同努力才能实现。演练时我就提出，最低要求是至少连续使用四个直播点的画面。为此，我多次在摄像和编导参加的会议上分别说了长画卷展示构思和使用要求。有的直播点在长安街路南，有的在长安街路北，大家担心出现直播画面“跳轴”现象，我和大家一起研究，设计多种长画卷展示直播点组合，为此，还调整了直播系统 B 的直播点编号，要求大家对照地图熟悉点位位置和编号，便于直播点摄像和导播实现长画卷展示创意设计。

电视直播报道中这种多信息流编织的报道形态，尤其需要编导和导播协同努力。2009 年 9 月 18 日最后一次演练前的动员会上，我要求大家一要做到全力以赴，二要做到安全直播。全力以赴，首先要求所有摄像记者尽最大努力发回画面。直播的第一表现手段是画面，相信每一个人在自己的点位上都能够提供直播所需要的画面。第二表现手段是记者现场报道，以记者出镜、连线、讲述的形式对镜头之外的现场进行补充。第三表现手段才是演播室访谈。只有参与直播的每一个人都尽心竭力，才能圆满完成这一重大庆典直播。安全直播体现在很多方面，包括技术保障，更包括每一个岗位的人都应按照要求和职责努力工作。我要求大家牢记，真正到了实战的时候没有任何理由失误。在这之前的工作中的疏忽是可以原谅的，但正式直播时再出现这样的疏忽，所耽误的时间、对直播造成的影响，是无法弥补的。因此，每一个岗位的同志都要尽心尽力履行好职责，努力发现问题并解决问题。安全直播是底线和及格标准，也是最基本要求。在此基础上，我向前方直播组提出了十项具体要求，以实现协同运作。其一，自行确定出发时间。除核心区直播点按统一规定时间出发外，其他直播点务必根据路面情况、交通情况留出充足的时间。其二，到达点位后优先处理工作事项。所有直播组到达点位后都要向指挥中心报告到达位置情况，如几点钟可以提供直播信号，并试机拍摄画面，让后方准确掌握所在点位能拍摄的范围、能提供的画面，据此丰富细化脚本。其三，所有拍摄点都必须做到全记录，必须保证能够全程直播、长时间工作。其四，在演练中检验直播脚本。这次演练是按八个时段第一个小时的真实脚本演练。其五，遵守指挥系统使用规则。各点位下发了直播指挥系统的集群对讲机，广场的主要光纤点位已经有了有线电话，使用规则是，在对讲机中不能讲涉密内容，不能讲与工作无关的内容，不能讲可能引起误解的内容。指挥中心或者导播使用集群对讲机，有时是集群呼叫，有时是点对点呼叫，说话要简练规范。其六，遵守安保规则。遇事要友好协商或报告后方协调解决。其七，坚守岗位，不要串岗。特别是在核心区工作的同志。其八，节约用电，规划好电池使用。其九，做好记录清单。演练目的之一是发现问题。大家要有清单式记录。一是记录这个点位能拍到什么，什么场景请后方一定要用，有什么采访线索、采访对象等；二是记录发现的问题；三是记录对导播、主持人工作情况的点评。我们要做的是一场大气磅礴的直播，一个温暖动人的直播，一个能与重大庆典历史地位相称的直播，需要各方面有更好的呈现，表现如何要记录下来。后方演播室、主持人、编导组、专题组、文案组、通信组都必须以清单方式记录工作情况。这次还要写演练手记。其十，演练拍摄的所有素材及时交给资料室。这些要求看起来琐碎，却是直播体系有效运转所必需的。

同样，为实现有效协同，我还对其他方面提出了具体要求。

对编导组提出了五项要求。一是检验脚本。演练中和演练后一定要充分听取出镜记者、摄像记者、直播协调人、导播、信号调度等各方面的意见，根据演练情况检验脚本。二是关注现场。现在已经可以实现 36 路直播信号同时进演播室，能够把 16 路信号调进导播台并能实时监看调用，编导组要关注现场场景和送回的信号画面，向导播提出使用建议。三是盯住细节。特别是保证安全直播的细节。四是体现构思。一定要体现我们对这个直播的核心立意和构思。我们的创意和构思是长画卷展示，要尽可能连续使用至少四个直播点信号，实现这个特色创意。五是保证安全。编导进入演播室导播区的任务就是沟通，协同或指挥导播完成好这个时段的直播任务，按照直播工作常规与演播室导播等岗位人员协同工作。

对演播室工作人员提出四点要求。第一，协调运转、安全播出，要解决上两次演练时出现的问题。第二，检验脚本、检验流程、检验短片。第三，掌握现场、呈现画卷。这次演练可以使用集群对讲机指挥前方摄像，指挥手段比之前更有力，一定要掌握好现场，呈现长画卷。第四，互相协作、稳定秩序。不能出现人数很多，但秩序不够井然的情况。

对文案组的要求就两句话：记录过程、准备小结。对后勤保障岗位的要求也是两句话：全力保障、确保运行。对做序曲、MTV 和直播所需要的各种短片的各路负责人的要求是：尽可能地加快进度，并按照审稿程序重新审。演播室团队一定要把已进入演播室系统的短片再做一遍技审和内容审核。

在彰显长画卷展示效果、把各种信息流编织成有机体的协同运作中，出镜记者，主演播室、天安门广场演播室和在哈尔滨的远端演播室的主持人等，他们的主持、描述、点评、解说本身的质量及其与画面流的吻合度至关重要。在 2009 年 9 月 14 日的演练小结会上，我要求主持人做好充分准备，争取做到不用脚本、台词，看着画面就能进行十五分钟的解说，当然，这不容易，但能体现出一个主持人的专业素质。各位编导要相信主持人有这样的能力，相信演播室有这样的能力，相信前方摄制组有这样的能力。能否协同运作取决于每一个相关岗位的工作人员能不能工作到位，心中有没有全局感，有没有画面感，有没有能力展现一个长画卷，能不能用画面给观众展现一首散文诗。这场直播要取得成功，需要八个分时段编导组想清楚所负责的时段在整个直播中的位置、功能和作用，想清楚应该怎么使用画面语言去表现出来，在关键时候能用激情澎湃的语言把气氛烘托出来。这个气象宏大的直播需要细节，但在关键时刻需要气势、需要场景、需要画面、需要感情、需要力量来衬托，不这样，就不能完成好这一场大型电视直播报道。虽然我们要求脚本要紧密衔接，但编导组在指挥这一场大型电视直播报道时，要把握大格局、大构思、大要求。在 2009 年 9 月 20 日的小结会上，我要求包括现场演播室主持人在内的所有主持人，在今后几天中一定要提升长时间描述现场、评述现场的能力，在展现现场、长时间展现画面或多点连线展示画面时，要体现出素质和能力，应对现场事件、描述现场情景、阐释现场意义，提供现场镜头以外的信息，为此要做足知识、背景和信息准备。出镜记者、主持人既要保持最佳的精神面貌、健康的身体状态，也要做相应的知识和信息准备。

在直播即将结束时，这个大型电视直播报道怎么升华上去？在 2009

年 9 月 13 日下午分时段编导会议上，我强调，最终要把气提上去，要把精神升华上去，可能需要主持人大量激情迸发的解说。试想一下，焰火散去，一段激情澎湃的音乐响起，晚会结束了，我们的直播这时做什么？这时候，绝对不能回到主演播室，而是应当回到人民大会堂楼顶的现场演播室，立刻切入激情澎湃的描述，进行体验式报道、目击式报道：此刻讲述者的心情和人民群众的心情是什么样的？它体现了什么样的精神？它给我们一种什么力量？这时应当以一种激情澎湃的方式来切入，然后再过渡到展示广场各处场景，观众带着欢乐的笑脸从镜头前鱼贯而过，再然后才是回到主演播室，主持人对当天的直播情况进行梳理。焰火晚会结束后，什么样的连线能体现这样的升华呢？一定要回到最有感染力、表现力的现场演播室。这个场景是我们可以想象到的。不能是一般的连线，而应当是现场演播室一段激情澎湃的描述、阐发和评点，像火山一样迸发出来，能不能准备好这篇主持词，那就要看编导组和现场演播室的本事了。

（三）协同运作：以流程化、体系化方式实现核心立意、直播构思

大型电视直播报道有宏大主题和一系列复杂创意构思。面临多个复杂场景，不仅需要团队合作，还需要以流程化、体系化方式来实现核心立意、直播构思，更需要原本习惯小团队合作的编导、摄像、记者等调整工作方式。在 2009 年 9 月 13 日下午分时段编导会议上，我详细阐述了我对现场的理解和每个分时段直播台本的修改设想，要求分时段编导调整工作重点，把精力花在建好大结构上，而不只是字斟句酌地撰写一个个出镜词。在我看来，完成好一场大直播有两点最重要：一是构建体系、构筑大结构，包括报道结构；二是把握好关键点和关键细节。我要求直播脚本要以每个小时为单元，按《关于分时段导播大纲的修改意见》把直播内容具体化、格式化。格式化是比较高效的操作方法，容易写，前后方全线容易协同操作，每个分时段编导都要先按照格式化要求做出每小时的内容，最后再统一。为了体现主题，要计划好主题政论片

的播出时点。比如，零点到5点时段，前三集主题政论片可以逐集播一次。5点到9点时段，这三集主题政论片在直播里再重播一次，放在每个小时中间偏前一些。

2009年8月27日在第三期直播摄像培训班上，我基于以流程化、体系化方式实现核心立意、直播构思的思维，阐述了五个方面的要求。

第一，摄像工作方式要有三个转变。这次大型直播报道由新华社主导、主控，在这样的大型电视直播报道中，摄像记者的工作方式必须做到三个转变。第一个转变是，由习惯于单独工作转变为必须在直播体系内受控状态下有效工作。在这之前，摄像记者总体上是单兵作战，具有很强的单兵作战能力，但这次大家在一个体系内协同工作，与之前的工作模式有很大不同。第二个转变是，由自主选择拍摄场景和镜头、自主选择拍摄内容转变为按直播核心立意、按直播脚本完成规定动作和自选动作，而且还要适应在直播时按导播临场要求调整拍摄内容。临时变化，在过去的直播中都出现过。这次更需要编导、导播和摄像记者在画面感觉上有默契，编导和导播的指令、摄像记者的回复要简洁清晰、干净利索，尤其是万般压力集于一心时。第三个转变是，由适应间歇性工作转变到适应长时间连续工作。在几个关键直播时段，所有直播点都要处在直播状态，都要给出信号。如果其他分时段导播、编导想使用你这个直播点，也会提出要求。天安门广场上有些游动拍摄点更要长时间在现场游动拍摄，可以把拍摄到的素材汇集到有光纤的直播点。因为，国庆日我们有当日报道、大型直播报道和专题片三个任务。所以，所有摄像人员、记者都必须长时间连续在现场拍摄报道。计算下来，从提前几个小时出发进入岗位，经历30日晚上的不眠之夜，到1日下午两三点撤下来，要连续工作十多个小时，然后下午5点再出发到达晚上的岗位，而有些直播点的同事可能要连续30多个小时在岗位上。所以从参加培训到参加演练到参加直播，大家一定要注意保持身体健康，保持充沛体力，保证能够长时间工作。一头牛即使被拖瘦了，也应是一只坚韧、冷静、保持战斗力的牛。

第二，对画面的三个要求。一是合格镜头。就是要有较高专业水准，符合“国之典 民之庆”的核心立意和直播总体要求。二是安全镜头。安全镜头是整个直播体系应对突发事件的一个基本保障。这包括当通信中断时给出的安全画面，也包括不能出现不适当、不和谐的画面。对海外直播点提出的基本要求是，直播画面中不能出现不明含义和不应当出现的旗帜、标语、徽章、标识。三是创意镜头。创意镜头贯穿在画面流中又具有特殊表现力。我曾经讲过，我们在大望路天桥上设了一个直播点。为什么设这个直播点？我设想，从那望过去，四惠桥有一个弧形的坡，镜头拍过去，一条空旷无人的马路上，一支车队上面顶了一点月光或者是马路灯光，缓缓驶上来，一定很漂亮。下面是暗部，上面是亮部，如果一连串车都像这样上面顶着亮光驶来，那就是一个钢铁洪流在流向阅兵场，画面一定很壮观、极具感染力。后来因为其他条件限制，大望路那个拍摄点转移到了旁边居民楼上。所有直播点位记者、摄像人员都可以根据自己所在的位置好好想象一下，直播时将拍什么画面，不直播时出现什么场景怎么拍。没有一个拍摄点位是平凡的，每一个点位都是不平凡的。我们在闹市口大街设置了一个直播点，在凯旋大厦也设置了一个。阅兵队伍离开天安门广场以后，有一部分队伍从大剧院旁边迅速左拐，在前三门大街按编号上车，60 辆彩车离开天安门广场后从长安街左拐到闹市口大街南侧等待被领走。我曾经设想，在游行队伍分散的路口，一定有无数个母亲在等待孩子归来，我们的同事董琳的儿子就将是 29 日负责组字板孩子中的一个，他可能是一大片美丽黄色中的一个小点。母亲等待孩子回来的时刻就可以拍啊！孩子是国家典礼的一部分，父母是人民的一分子，在分享国家庆典的欢乐。国家庆典、人民节日正是我们直播的主题，所以每一个直播点都要去充分设想，设计创意镜头、精彩画面。

第三，对整个拍摄的要求。我用二十四个字来概括对拍摄工作整体的要求，即记录场面、报道事件、反映人心、体现策划、保证质量、探索风格。记录场面时，要充分体现出重大庆典场面的宏伟壮观和群众联欢场面的欢快热烈。阅兵队伍行进时，流动的方阵是很壮观的场面，要把宏大气象记录下来。报道事件要报道过程与细节。在阅兵队伍走向阅兵场这个过程中还有无数个小过程。观众拿着请柬从甬道上走向观礼台的过程，也有许多感人的细节。庄严的场面同样要求报道过程和细节。我们是大型直播报道，不是一个仪式转播、一场晚会转播，我们要以记者的眼睛去发现、抓取细节，报道事件。反映人心，是要通过展现那个时候人们的表情动态反映人们的心情，他们的激动，他们的欢乐，他们和祖国同心，这也是为什么要让流动的笑脸像水一样流过镜头。体现策划，是要求落实好核心立意、主线设计和特色策划，以及对每一个岗位的要求。保证质量，不仅要保证画面质量，也要保证记者出镜等质量。探索风格，是探索整个直播的风格，这要靠每一个拍摄点来实现。

第四，值得注意的三个问题。这次大型电视直播报道与以往不同，必须做好充分的准备，把可能出现的问题都考虑到。每天晚上睡觉之前我都在逼问自己，还有什么问题没想到。因为这次直播超出了我们的知识和经验范围，一旦有一个细节没想到就可能全盘皆输。值得注意的问题之一是做足备份。所有岗位都要有备份措施。比如，如果从早晨直播到晚上，同时用蓝光盘记录，要带多少蓝光盘，带多少块电池。也许是可以原谅的疏忽，可一旦开始直播就可能让人手足无措，就可能导致整体失败。问题之二是通信保障。晚上演练开始后，各直播点要实地检验通信条件。问题之三是协同配合，直播点之间的协同配合，直播点和编导、演播室的协同配合都非常重要。

第五，对学习的三个要求。要带着问题学，带着任务学，带着思考学。带着问题学，是希望大家不断提问题，在听取问题、寻求解决办法中不断进步。带着任务学，目标和可能遇到的问题就会更清晰，解决方法就会更多。带着思考学，学习效率和学习深度会更高。这次直播报道，需要大家随时随地思考怎么发挥想象力，任务是什么，目标是什么，标准是什么，到时怎么办，只要做好这些就能立足全局完成好自己的工作。

面对重大庆典这样饱含丰富现实场景与历史信息的复杂报道对象，实现核心立意、整体框架、主线设计的前提是深入思考和充分想象，是一系列精密安排和落实措施。从方法论层面说，充分发挥想象力、领悟力才可能获得足够的表达力。因此，要按创意构思和直播指令拍摄高质量画面，在理解现场的基础上大跨度展现并能动反映现场，打造体现核心立意、特色创意的画面流，才可能达到理想的效果。而让音乐和现场声在直播中渲染场景、阐发意义，以协同运作构建宏大气象、凸显核心信息，以流程化、体系化方式实现核心立意、直播构思，既是效果想象的重要体现，也是核心立意、特色创意的重要实现方法。

第六节　内容挖掘与创意提炼：激活发现力

重大庆典是在一定的历史节点进行的，在其前后往往形成一个包含几个波次的报道阶段。其特殊性在于所涉及的无尽事实和讲述，既蕴含着历史符号，又饱含着现实考量；既体现着历史意义，又呈现着未来愿景。因此重大庆典报道特别考验报道者的发现力，需要报道者从看似司空见惯的事物中发现非同一般的事物，挖掘激动人心、感人肺腑、引人思考、催人奋进的东西。重大庆典报道同时也在考验报道者的创意提炼能力。无论是看起来多么新颖的创意，都可能需要根据内容挖掘的成果再加优化和提炼。这种不断发现、不断挖掘、不断优化、不断提炼、不断升华的过程，贯穿于整个重大庆典报道阶段和重大庆典直播报道的筹备过程。在报道过程中对如何发现、如何提炼的体悟和思考，既具有方法论意义，也有益于提升报道感染力、说服力。在新中国国庆 60 周年重大庆典的直播报道中，我们努力激发所有参与报道人员的发现力，促使他们挖掘内容、优化创意，以前期报道的铺垫推升重大庆典当天大型直播报道的质量水平。对重大庆典报道和其他重大报道而言，这次直播报道过程中进行的探索和思考有方法论价值。

一、内容发现：挖掘内涵、提升魅力的三个切入点

重大庆典直播报道不同于仪式直播，它不只是以多个视角画面的组合把一个庄严仪式呈现出来，而是要围绕重大庆典进行报道，把与核心事件紧密相关的多方面、多层面的细节、画面、场景背后的故事讲出来，把人物、历史、仪式的深层内涵讲出来，让有魅力的细节成为故事的叙述者，让有代表性的内容与表达方式成为人们理解这个重大庆典意义和影响的引导者，让有故事的人成为感染人、影响人的信息放大者。

重大庆典直播报道的核心立意、主线设计、特色创意、直播方案基本形成后，必须花更大气力动员更多力量通过采访、充实、分析、梳理、整合、提炼来进行内容挖掘。即使仪式部分的直播按要求采用公共信号也需做这样的内容挖掘工作，而不是被动直播，而对于重大庆典的直播报道，做好内容挖掘则更是必需、必备和必然的。

从方法论层面说，除了记者要努力挖掘人群中的故事外，内容的再发现至少可以从以下几个重点展开。

（一）宏大中的细节

重大庆典场面宏大、精彩纷呈，有高低错落的视角、多种设备手段手法展现场景，有足够的场景、足够的画面用以组合直播，有足够的语言描述直播。但任何一次重大庆典的直播报道，都不能缺少细节，而且要放大、凸显细节。那些宏大场景中有象征性、说明力、故事性的细节，仿佛自己会说话，其本身在直播报道中就是故事叙述者。观察与采访是获得这些细节的基本手段。这些细节有时隐藏在宏大场景中，有时需要与各种各样的人交谈才会意识到其魅力所在。是否能够观察到、感触到、捕捉到它们，需要激发每一个参与报道者的发现力。

作为新华社大型电视直播报道《国庆》的总指挥、总导演，我在把握巨型空间、复杂现场、宏大场景的同时，也需要这样有象征性、说明力、故事性的细节，以进一步具象化地丰富我对现场、对重大庆典的认

识。因此，2009 年 8 月 29 日晚上国庆 60 周年庆典演练时，我和报道团队一起去现场。大家在各自点位上勘察准备时，我在天安门广场上四处转悠、观察、询问、探究，体验、感受宏大场景，也发现了很多可以用于直播和报道的信息和细节。8 月 31 日在参与广场演练的全体同志出席的策划会上，我和大家分享了这些信息和细节。比如，我发现广场上“1949”“2009”两块巨大长方形彩幕不是固定在地上的，而是由 6 台大吊车悬吊起来的。6 台吊车虽然有的是河北牌照，有的是北京牌照，但都是首钢建设公司的。我与操作工人聊天时，他告诉我，每一台吊车的起重能力是 250 吨，但这个巨大长方形彩幕才重 17.5 吨。起风时彩幕如果晃动会影响观看效果。6 台吊车共同吊起两块巨型彩幕可以做到既平衡又稳定，起重能力留出这么大的余量，可以保证彩屏不晃动。从近处去看这个彩幕，我发现其有四层，第一层是用发光二极管做的“1949”“2009”，后面三层实际上中间已经挂上了烟花。虽然 29 日晚上没有点烟花，但烟花是按设计好的图案组合的。国庆日的晚上那个地方就会形成一个烟花彩幕，焰火晚会时在纪念堂楼顶等高点拍，画面不仅非常漂亮而且有特殊含义。

宏大场景是由许多元素组合而成的，许多动态元素可能稍纵即逝。如果不在报道准备阶段通过深入采访捕捉，在重大庆典当天这样的细节、元素很可能会被忽略掉。8 月 29 日晚上的演练，我发现联欢晚会的演出中好几个段落是空着的或者放音乐。我提醒大家，空着的地方可能是联欢晚会最拿手的亮点，放音乐的部分可能最后是人声演唱。我在天安门广场时，发现晚会导演在训练几个孩子，他们可能就是晚会的表演者。演练当天联欢晚会前我在现场转悠时，还发现一位年轻导演在指挥 15 位武警战士反复演练把一架三角钢琴从平地抬到现场搭起的有 6 级台阶、大概 10 米高的演出台上。演出台地面是一块平放的显示屏。据他们介绍，联欢晚会时，从钢琴抬上显示屏那一刹那开始，演出台就会缓缓升起，钢琴家郎朗将在上面演奏，显示屏呈现出各种图案，组合成一个辉煌的景象。钢琴由 15 位战士完全用肩膀扛，他们分工明确，抬上来后，谁掀盖，谁支杆，谁拿琴凳，摆什么位置，整个过程只需55秒。年轻导演指挥着抬一次，就让此刻在天安门城楼上的同事看钢琴摆放位置是否合适。发现这样的细节，我赶快把我们的摄像记者叫过来，先拍下素材做准备。

在宏大场景中发现有象征性、说明力、故事性的细节，需要眼力，更需要脑力，毕竟，发现是观察的结果，更是灵机一动、灵感迸发的结果，有时也是深思后的直觉反应。这样的过程，也是提升报道者发现力的过程。比如，天安门广场设置的“光立方”，是由一排排挂满发光二极管的小树组合而成的。它是由多少棵这样的小树组成的呢？一开始我们用比较笨的办法一排排数，是66乘62的阵列。但实际上走近观察，就会发现每个小树上都有编号，标出了是几排几号，观察一下就可以很简单计算出来。只用55秒就把钢琴摆到位，是我们观察的同时替他们计时的发现。这样善于发现的过程，会帮助每一个报道参与者更快地发现自己在知识积累、信息搜集、线索捕捉、设备器材、技能准备等方面的不足。

（二）图景中的象征

重大庆典场景繁复、气象宏大，大型电视直播报道有多种手段捕捉画面、展现过程、放大细节、彰显气势。但在筹备这场大型电视直播报道时依然需要从图景、音效中挖掘、确定标识性内容，使其反复出现，成为这场直播所传递的内容与意义的一种象征。如果说什么是这场直播中让人印象深刻的，就应当包括这些标识性内容。

对这场大型电视直播报道而言，这些标识性内容，当然包括我们事先设计的Logo，那是最主要的象征。但Logo不应只是直播中的一种静态元素，而应当是一种动态展现的象征性内容，因此必须设计标识性内容的标识性展现方式。比如，在2009年8月22日的看片策划会上，我曾经描述过所设想的直播开篇方式。刚开始是几个精彩的画面，然后一曲动人心魄的旋律，也可能就是一支小号或者一把深沉的大提琴奏响

《红旗颂》的旋律，音乐渐弱时主持人出现，画面是用演播室吊臂俯拍的，慢慢推上去，推到 Logo 位置停住再拉回来，主持人开始报出本次大型电视直播的名称和所在地点。实际上，对 Logo 的标识性展现，就是对这次大型电视直播报道核心立意的特殊演绎，在整个直播报道中每个时段都必须以特征性使用方式展现。

这些标识性内容，还包括核心现场和相关现场的特征性镜头。从最初直播团队进入天安门广场以外预定直播点踩点，我们就要求摄像团队一定要在自己的点位确定基本画面和特征性画面，要求他们有自己的创意镜头。其后的几次演练中，各个直播点的摄像记者发现了越来越多的特征性镜头，这代表了他们所在拍摄点位对现场场景的表达水平。他们的拍摄越来越有心得，特征性镜头也越来越有质量，最终成为直播报道中反复使用的画面。

这些标识性内容，也包括对画面的使用方式。长画卷展示作为我们的特色创意，把分散存在的直播点和画面连接起来，呈现更有感染力、说服力的内容，给电视观众超越现场观看的体验。这种标识性的使用方式，最终成为以后重大事件中新华社电视直播的特征。

这些标识性内容，还包括我们所设立的现场演播室及其使用方式。2009 年 8 月 5 日下午我们第一次去人民大会堂看场地。在现场演播室悄悄推进过程中，如何使用现场演播室、谁在现场演播室主持以及现场演播室的主持人怎么表达，这些问题如何解决，在酝酿过程中一直在变化。常规做法是选择一男一女两位主持人，而我们选择了记者出身的主题政论片的撰稿者作为记者主持人，这本身就形成了一种标识。而对现场演播室的使用，基于规范直播内容、保障直播安全的要求，既在直播脚本内有安排，又要求出镜的主持人准备出镜内容。但在训练和演练过程中，我同时要求他们要激发想象力和发现力，在描述天安门广场宏大场景、核心事件进程的同时，要展示他们的特殊发现，分享他们的特殊体验，放大有说服力的细节。最终，在当天的直播中，大家打破了直播脚本的预设，留出更多的时间给天安门广场演播室。对现场演播室的最具标识性的使用方式，是在当天早晨第一缕阳光到达天安门广场的06:10“点亮”现场演播室，开始使用。这不仅具有传播意义，而且具有象征意义。

（三）格局中的奇点

重大庆典直播报道的整体架构、直播布局、展现场面一定是宏大的，这是与重大庆典本身的重要地位、宏大气象、复杂内容相匹配的。新华社大型电视直播报道《国庆》的布局更大一些，其不仅涉及核心现场之外的长安街沿线、国内有象征意义的地点和国外重要城市，而且涉及从凌晨到近午夜与核心事件相关的故事。作为大型直播报道的总导演、总编导，我总在想，能否找到一些特殊的点来支撑这个庞大的整体架构与空间布局，这种特殊的点可以称为“格局中的奇点”。这里的“奇点”当然不是其物理学概念的本义，更像是直白通俗借用“奇点”概念来表示“奇特的点”。在我心目中，这种奇特的点更像结构力学中各种力的汇聚点，牵一发而动全身。大型直播的整体架构与空间布局，如同一个庞大的钢架结构。结构工程师总是要把一个钢架结构的各种支撑力、剪切力、扭曲力、重力等汇聚传递到一个个具体的点上，通过柱子等传递到基础上，从而形成稳固结构[①]。这个“奇特的点”对于我们的大型电视直播报道来说，就是整体架构中有特殊说明力又有特殊作用的点。

基于对直播布局的空间感觉和确保直播安全的需要，我们后来选择了在新华社新闻大厦楼顶设立直播点，这就像在直播布局中插入了一个“奇特的点”，确立了布局谋势中的一个“天眼”，它可以使我们更有力地反映大格局、构建大气象。这个点不是直播篮球赛可以俯瞰篮球场

① 关键支撑点和大型直播整体架构、空间布局的关系，与支撑点和庞大钢架结构的关系类似。北京大兴机场的C形柱就像这个支撑点，8根C形柱支撑起大兴机场航站楼4万吨屋顶。大兴机场屋面核心区投影面积相当于25个标准足球场，8根C形柱小柱子重460吨，大柱子则重650吨，2根C形柱之间的距离是200米。

的“上帝视角”，而是可以让整个直播点布局活起来的“天眼”。这个新闻大厦是北京二环内最高的楼，楼顶平台几乎就是靠近北京市中心又能环视北京的唯一最高直播点。实际上，9 月 16 日下午我才决定设这个直播点。和新华社技术局汪小维处长勘察现场时，我在新闻大厦 24 层楼顶平台四角看到北京不同方向的景色，看到俯视视角下天安门城楼的独特景象，这个直播点就是我的空间感觉、场景想象中那个牵领、放大、重塑空间的直播点，就是那个格局中的“奇点”，可以通过视域和影像把我们在北京城区的直播点和场景都串联起来，一“眼”到位而使整个直播格局成“活局”。特别是在晚上，从这个直播点拍摄的影像，成为标识性内容[①]。

另一个“格局中的奇点”是我们在阅兵式直升机梯队获得的拍摄点。虽然我们最初设计了较大的直播点布局，但经历多轮调整后只保留了 58 个。第 59 个是最后阶段才获得的，甚至因为保密的需要都没有列入《大型直播报道〈国庆〉工作指南》，当然也没有赋予其直播体系的编号，按照编码规则，这个直播点应当在 A 系统。因为距离直播只有几天时才最后确定，一位新华社解放军分社通讯员获准在直升机梯队中的一架上为我们拍摄阅兵式时的视频。虽然，这个点位只能拍摄视频，没有条件直播，但我已经很欣慰，因为可以有一个更高层面的“天眼”记录下新中国国庆 60 周年的盛景。为此，我们送去了最新的专业设备。如何把这个点位拍摄的素材纳入直播呢？我觉得最佳方式就是直升机梯队返回通州机场落地后，由我们负责通州机场报道的 A2“动中通”直播组取回素材，用卫星发回新华社，我们快编后插入直播报道中。阅兵式后，我终于等来了期盼已久的电话，直升机上的拍摄者已经回到通州机场。我赶快通知 A2“动中通”直播组与这位拍摄者联系，取回拍摄的影像，用“动中通”卫星发回新华社。好在阅兵式后正是我们回味阅兵式的时段，最初的设计就是要迅速重现今天阅兵游行队伍从出发、行

① 设立这个直播点体现了直播点布局中的空间感觉，以多种视角展示现场，塑造超越现场的感受，参见本书第四章第四节。

进、在长安街集结到走向阅兵场的精彩瞬间。

二、现场解析：驾驭现场、发现内涵的三个路径

重大直播报道不仅需要场景展现，需要画面流，还需要对场景进行必要的阐释，对画面做必要的解读，对其中的内容精华进行必要的提炼。要完成这样的任务，需要摄像记者有足够的场景想象力和现场勘察力，确定在直播中所能提供的基本画面和特色画面；需要摄影记者、编导和导播能够理解现场从而能动地反映现场，能够驾驭现场从而发现其精华、展现其魅力和意义。但重大庆典时的大型直播报道并不只有画面流，还有文字记者的出镜报道，有主持人和嘉宾的解说、阐释，有通过各种手段对核心立意、主线设计、特色创意的阐发和展现。因此，整个报道团队都需要以发现力为依托，进行现场再发现、内容再挖掘，发现精华魂魄之所在，从而在直播报道中能够在更高层面上还原现场，提升传播的质量和影响力。

直播报道高度依赖现场，没有现场的场景就没有直播的影像。但现场不仅是客观存在的，更是人们认识的结果。人们基于一定目的去观察、认识、定义某个事件发生之地或即将发生之地，它才能成为新闻报道意义上的现场。现场之所以能够成立，是因为其与人的关系。即使某个时间特定现场空无一人，也是因为其与某个事件有某种联系才成为现场。即使特定现场几乎从来是没有人的，比如自然界某个静寂的荒野，也是人们眼中、人们认识的静寂和荒野，但从自然界的本来意义上看未必是荒凉的。我们去观察认识某个新闻事件的发生之地，是我们对现场的初次发现，而在立意、创意、策划过程中，还需要对现场进行再发现。

从认识论层面说，从报道核心立意阶段到报道筹划阶段，再进入创意提炼阶段，最后进入策划实施阶段，人们对现场的认识既不断具体化又不断抽象化，在此过程中对现场的认识不断深化，又为了传播而不断

符号化，借此过程也完成了创意形成、深化、提炼、升华的过程。所谓具体化，是人们会从现场发现越来越多可以展现的场景（活动的现场景象和内容）、图景（相对静止存在的现场景象）和报道内容，从而相对清晰具体地表达这个现场。所谓抽象化，是人们在获得越来越多关于这个现场的具体信息的同时，会对现场有一个理性认识，或是总体情况，或是特征概括。只要人们对这个现场有了足够的感性认识和理性认识，就会对这个现场了解得更加全面。而为了更好表达，人们在描述这个现场的同时会对其有感性称谓或理性概括，会做特征性表达，或赋予其特定名称，从而形成传播中的符号，就像我们把重大庆典的核心事件所发生的现场称为核心现场一样。

从方法论层面说，通过现场再发现实现内容挖掘、创意提升，至少包括三条观察与切入路径，那就是人与现场、人在现场、还原现场。

（一）人与现场

从“人与现场”的观察路径切入，内容挖掘与创意提炼的重点是梳理、发现、把握人与现场的关系，从而能够更有感染力、说服力地表达出来。现场再发现就是为了挖掘现场，首先必须不断挖掘人与核心现场、核心事件的特殊联系，以新的眼光发现其中的故事和内涵。国庆日上午最吸引人的是阅兵式，这是国家大典的重要呈现形式。2009 年 8 月 22 日的策划会上，我和大家探讨直播播什么、摄像拍什么、主持人和记者说什么三个基本问题时，就阐述过要对现场再认识，努力发掘人与现场的特殊联系。在重大庆典当天直播时，要展示一个个英雄的方阵走向天安门广场的过程，而在准备大型直播报道时，或是在阅兵式前演练时，或是阅兵式当天他们在等待出发时，记者们要在现场寻找有故事的采访对象，可能是一个士兵或者是一个领队。他是共和国的士兵，参加上午的阅兵式，是“国之典”的元素。同时我们在直播前或直播时派一组摄像记者到他家里，他的父母、妻子、儿女是人民的一分子，他们在观看这个国家大典，在享受一个国家富强带来的欢乐，在度过人民的节日。这样，国家大典和人民节日便通过一个人、一家人联系起来。我们还要去拍摄一个参加过阅兵式的英雄团队回到训练场欢庆成功的场面，那个时候，他们就成为了人民的儿子，在欢庆这样的典礼。这样，他们自己就把“国之典 民之庆”这个核心立意的两个组成部分串联在了一起，后来，我们也确实找到了合适的采访对象，还曾经想把其中一位的妻子和女儿接到北京，作为我们主演播室的嘉宾。

（二）人在现场

从“人在现场”的观察路径切入，内容挖掘与创意提炼的重点是观察、发现、认识现场中的人，仔细观察、揣摩、抓取现场中人物或人群的神态、体态、步态、状态、动态，从而把握这个人物或人群在这个现场中的特殊心态，与日常生活、日常场景中迥然不同的心态。这个特殊心态和其所导致的特殊神态、体态、状态、动态是最有魅力的，最有感染力的，最有画面和形象表现力的，也是最有理性说服力的，是重大庆典时的大型直播最应当捕捉、把握并有效表达出来的。因为这个特殊现场是重大庆典的核心现场或相关现场，这个特殊场景以及所发生的事件，给在现场的人们以特殊的体验。这个体验通过现场人们的神态、体态、步态、状态、动态表达出来，会很有感染力地影响周围的人，同样可以有效影响观看直播的人，使得看直播的观众如同也在现场，也在参加这样的仪式，在这样的仪式中被感化、同化，从而渐次出现场景认同、情感认同、心理认同、政治认同。即使只是观看画面，不是同步观看直播，依然能够在一定程度上起到这样的作用。从直播来说，现场中人们的表情、手势、姿势以及表达出来的情绪，群体的姿态、动态以及所表现出来的氛围，队列行进的状态、步态以及所表现出来的力量，阅兵方阵行进的形态、姿态以及所表现出来的气势，都是非常有感染力、冲击力、说服力的画面，都需要有力、有效地展现，并通过现场再发现和内容再挖掘，在感性表达的同时传达出其意义。

因此，在 2009 年 8 月 22 日的策划会上，我强调要通过现场再发现解决好直播怎么呈现的问题。要通过现场再发现和在现场的发挥把我们的策划案“立”起来，让它“走”起来，通过画面呈现，通过声效音乐，通过现场出镜，通过主持解说，形成一股股具有动人心魄力量的信息流。现场出镜和主持解说，很多时候要用音乐一般、诗一般的语言。阅兵队伍从训练场出发，我们的直播车跟拍行进的队伍，那个时候英雄的方队走向阅兵场，他们满怀希望、满怀梦想、满怀激情，同时孕育着力量。这时，现场出镜和主持解说未必需要总是描述，或是介绍画面中在行进的是什么，而可以把你在现场的感受讲出来，把一个在现场记者的独特发现和认识说出来。作为记者，要发现现场的车队和所经过现场的融合点，要发现场景的辉映点，要发现行进中的队伍和现场观看者的某种交汇点，要把这些融合点、辉映点、交汇点讲出来。一个个英雄的方阵，走在凌晨有些寂静的街道上，两边的高楼窗户可能正在被打开，老百姓们在观看，我们的画面和出镜，要把这些表达出来。如果只是仪式直播，可能只会拍摄、直播正在行进中的车队。而大型直播报道，要把现场中人们的神态、体态、步态、状态、动态表现出来，既包括行进中的人，也包括现场中的其他人。

（三）还原现场

从“还原现场”的观察路径切入，内容挖掘与创意提炼的重点是在更高层面观察、认识人们所想象并期待看到的现场，解析人们看到的现场所蕴含的信息和意义，运用体现核心立意和特色创意的直播点布局和使用方法，运用影像、音乐、解说、出镜、短片等在直播表达中重构现场，从而在更高层面、更具价值地呈现现场及还原现场。

这里，那些在想象、期待现场的人，主要是我们要传播、感染、影响的观众，也包括现场观众和参与重大庆典的人。这些现场观众和参与重大庆典的人，当时可能没有机会看直播，不过我们在国庆 60 周年时已经通过互联网和社交网站发布了我们所拍摄到的现场场景和制作内容，他们在直播报道后可以再回看我们重播的内容或是进行点播。因此，报道者不是单纯出于自己的思想意识、知识背景、报道目的去进行场景想象、画面想象，不是单纯去展示一个自己看到的或是认识的现场，而是要分析、认识观众和参与典礼的人们所想象、所体验、所看到的现场，从而对他们的需求有更深刻的认识。从报道过程和结果看，现场已经不是简单的客观存在，而是人们认识的产物，已经被在现场的人们和报道者添加了相应的情感、寓意和想象，因而是“人的现场”。因此，报道者必须比观众和在现场的人们更能够从人的认识、想象、期待和需求出发重新认识现场，对现场进行再发现，从而有效挖掘内容、提炼创意。

毕竟，重大庆典现场是庞大、复杂而多重的。核心现场不只是一个简单的空间，它是蕴含多重意义、经历多个阶段、发生多个具体事件的多种场景，需要展现过程、放大细节、发掘意义、汇聚连缀成整体，展现出来，传播出去，感染观众。在现场的人们即使在制高点上看到的也只是现场场景的局部、侧面，只是看到一个点的事件进程，观众看直播画面的方式也是一个一个画面看、一个一个部分看，直播的整体策划与具体实施都需要通过画面流、信息流、阐释解说、现场出镜等方式，于直播中在更高层面上“重构现场”，以作为呈现现场、还原现场、塑造现场的实现路径，帮助观众从整体上把握现场、认识现场、理解现场，在直播报道的影响下，在他心中以自己的方式再度还原现场，从而实现重大庆典直播报道所希望实现的深刻影响。

这样做的结果，就可以超越人们对现场的碎片印象，给观众和现场中的人们更有感染力的画面，更有说服力的内容。客观地说，关于画卷展示的构思和表现方法，关于画面流的创意设计，都是以这种思想方法认识现场的结果。对现场的认识，也可以帮助出镜记者和主持人提升对现场的解析能力。在 2009 年 8 月 22 日的策划会上，我对出镜记者和主持人说，你的眼睛就是直播的眼睛，你所在的位置就是一个重要出镜地点，你能看到什么是直播质量的基础。你看到什么内容，它们表现出什么内涵，你就要描述出来、解析出来。要去发现这宏大场面最有特点的东西，发现其细节和灵魂并把它们表现出来。作为国家通讯社的记者，你的眼光能把现场和人联系起来，这就是我们直播的呈现方式。如何形成新华社直播报道的风格？画面要有激情，直播要有个性、有独到画面、有自己风格，直播报道是有思想、有魂魄的，要成为活的直播，这就要通过每一个画面、每一段故事、每一段描述和解析体现出来。

三、创意升华：创新思路、优化报道的三个突破方法

重大庆典报道的创意策划，往往呈现三个特点。一是全程性，即全程进行、逐步推进。重大庆典报道从核心立意、特色创意到报道策划，已经经历了一个过程。而在从报道策划到报道方案、报道实施的过程中，仍然必须不断追求创新、优化策划，从而获得更有创意的报道方案和更好的报道效果。对于重大庆典直播报道而言，创新，无论是作为一种追求、一种行动，还是作为一种成效体现，都必须贯穿重大庆典报道的筹划、创意、实施全过程。二是整体性，即团队参与、整体推进。重大庆典报道的核心立意、整体框架、主线设计、报道策划确定后，依然需要整个报道团队继续细化创意、丰富内容、丰满策划，才会有更具可执行性的报道方案，才更有利于发挥每一个人的积极性以同心协力完成重大庆典报道。在此过程中，报道团队细化创意、丰富内容的努力又必须依循核心立意、整体框架、主线设计进行。这样才能形成更有质量的创意策划和报道方案。三是突变性，即顺势而变、优化推进。这种突变，往往在渐变的基础上发生。随着重大庆典准备过程的推进和前期采访的进行，报道团队获得的信息越来越丰富，同时随着参与报道策划和实施的人员越来越多，灵感、点子、设想也越来越丰富。因而，原有的创意策划和报道方案就必须随势而变，不断丰富内容、提炼创意、调整方法，在变化中不断优化。更难能可贵的是，因为某个因素的刺激而使人们灵光一现，产生新想法、独特创意，甚至是令人拍案叫绝的创意，重大庆典报道的创意策划就随之有突破性变化，从而使创意策划水平大

大提升一步。因此，重大报道常在，报道必须常新。既要根据情况变化不断推进创意提升，实现渐变创新，也要追求灵光一现的突破式提升，要实现这样的创意提升，就不能简单平推，就必须突破惯性思维方式和创意路径，在思维方式和创意方法层面有所突破。

从方法论层面说，通过创新思路、激发思维、提炼创意实现创意策划的升华，至少可以有三个突破方法，即创意极化、创意丰化、创意简化。

（一）创意极化

创意极化，是指在创意策划阶段以较大尺度向多个维度拓展想象空间和创意重点。这种极化式创意方法之所以有效，是因为人们的成长历史和社会文化环境决定了成人在想象和思考时有习惯的方式和路径，就像习惯取中，习惯以熟悉的视角观察，在习惯的范围内认知。眼睛所在位置虽因人的身高有所差别，但这不是根本性的，人们普遍习惯了人眼在正常体位时的观察视角和视距。当有以极低视角、极高视角拍摄的影像、照片时，人们就会感到新奇，即使是熟悉的场景；当以俯视视角拍摄体育比赛时，人们甚至会称它为“上帝视角”。而超近距拍摄对细节的放大，鱼眼镜头对场景的奇特造像，长焦镜头对主体以外场景的压缩，都会给人新鲜独特的感受。可以说，当代摄影、摄像表达能力的提升，很大程度上得益于镜头、快门速度、感光材料、感光元件等在拍摄能力上的极化式突破。特殊拍摄视角、视野、视距赋予影像作品特殊感染力，刺激了人们的想象力，因此，重大庆典直播报道的创意策划，一方面要发挥好特殊点位具备的特殊视角、视野、视距的功能，另一方面也必须充分运用这种极化拓展带来的效益，寻求突破式提升，优化创意策划。

在创意策划中，这种创意极化方法，可以用两句更通俗的话来表达，那就是大要大到格局，小就小到极致。

大要大到格局，要求创意策划时要打开想象空间和思考空间，要发现格局、认识格局，在创意策划中体现出格局感，反映出格局，要让自己的创意策划基于格局、抵达格局、把握格局、体现格局，表达出格局感。大要大到格局的创意策划方法，要求创意策划者的思维方式要摆脱常规思维，体现新的思维特质。

一是要体现整体思维。要从历史尺度、时代维度、全局高度进行观察和思考，认识及把握相关场景、事件、内容、故事的价值和意义，并以得体、巧妙、专业、有效的方式反映出来。

二是要体现联系思维。要从多个维度发现相关现场、场景、事件、故事、人物、背景、历史间的特殊关系和复杂联系，从而发现能把这些内容串联起来的线索。能把它们拎起来的那根细线，有时就是创意的最好切入点和表达关键。特别是要善于发现这些内容与人的情感、价值观之间的联系，只要找到了这种与人内心相联系的线索，就找到了创意策划发挥特殊作用的共鸣点、共振点。

三是要体现空间思维。要把所涉及的现场、场景、事件、故事、人物等内容，纳入一个空间中观察。通过对这个空间的想象、认识、评估、把握，找到最适宜的阐释角度和表达方式。这里的空间，首先是现实空间。比如，重大庆典在天安门广场隆重举行，就要从这个巨型空间出发把握报道对象、报道方式与表达方法。这里的空间，更可能是一个比现实场景更宏大、更抽象、更有意义的想象空间。我们认为，天安门广场将要进行的重大庆典，必须置于世界、中国、历史与现实这样的更大空间中认识、评估、表现。在重大庆典当天如何表现首都北京？我们就要在头脑中构建这样的空间，把不同的现场、场景重新放在这样的场景中评估、把握。

四是要体现结构思维。自然界事物都有其内在或外在结构，大至宇宙，中至个体，小至原子内部。有些事物的结构是外在可见的，比如建筑的结构、人的骨架，而有些事物的结构是内在的，是特殊的内在联系构成的架构，就像人的神经网络、经脉系统。以结构思维去分析报道对象，就可以有更有意义的发现，就更容易把握整个报道。以结构思维去催生创意、形成策划，也更具高度和深度，更可能有独特发现和独特表达角度，更可能有特殊的说明力和影响力。

五是要体现格局思维。这既是一种格局意识，也是一种以更宏大的眼光、视野、胸怀、容量去观察认识、思考体悟的思维方式，实际上是一种思维能力。人们已经习惯以格局为标尺、以格局大小来判断一个人的眼光、胸怀、思维和其待人接物、理事决策的水准之高下。“格”是人们的认知方式、认知能力、认知程度，“局”是在这种认知方式、认知能力、认知程度下待人接物、理事决策的结果。格局大，思维、认知、决策可以包容和处理的对象就大；格局小，就只能容得下小尺度的东西。所以才会有“格局决定结局，态度决定高度”这样的说法。在中国人的语汇中，“格”就是一种特殊的品质和思维方式。“格”，就是要尽其致，穷其理[①]。《礼记·大学》说：“致知在格物，物格而后知至。”而“所谓致知在格物者，言欲致吾之知，在即物而穷其理也。”《现代汉语词典》（第7版）将“格物致知”解释为：“推究事物的原理法则而总结为理性知识。”

而就创意策划而言，格局思维，要求创意策划者要努力从大的格局观察、认识报道对象，提炼出能够与报道对象的历史地位、现实影响、丰富内涵相称的东西；要求创意策划本身要体现大格局、大气度、大视野，从而使依此完成的报道有大境界、大气象、大影响。因此，就创意策划而言，结构之上是格局，因为格局本身，无论是其存在方式还是人们的观察方式，都渗入了人对结构和其复杂联系的认知。

小就小到极致，要求创意策划时要聚焦眼力，激活发现力，去发现最有特征性、说明力的东西。这不仅是要发现细节、运用细节、表现细节，放大细节的特殊说服力，而且还要去追求、发现最特殊、最出人意

① 关于对“格”的理解，《全唐文》中说：“格者，来也，至也。”《全唐文》六百三十七卷曰：“敢问‘致知在格物’何谓也？”曰：“物者万物也，格者，来也，至也。物至之时，其心昭昭然明辨焉，而不应于物者，是致知也，是知之至也。知至故意诚，意诚故心正，心正故身修，身修而家齐，家齐而国理，国理而天下平。此所以能参天地者也。”

料的表现方式，形成极致性的创意点子。小就小到极致，不单纯是在尺度上达到最小，而与格局一样是一种境界、一种气象、一种表达方式。任何大事件都有微小的细节，但往往有一些微小细节是关键性的，具有特征性和说明力。发现这样的细节，用好这样的细节，与大要大到格局一样，同样是达到了一种境界。实际上，创意策划就是要比常人更善于把对事物的发现和认识推到一种极致的境界，体悟和表现报道对象在更大格局中的位置、形势、趋向和意义，捕捉和激活报道对象在极小尺度的特征、细节、故事和内涵。由此，对报道对象的反映就一定会比中观尺度更有表现力。

小就小到极致，同样需要思维方式的拓展，需要体现其思维特质，体现整体思维、联系思维、空间思维、结构思维、格局思维。并不因其是细节、小到极致就忽略整体感、联系感、空间感、结构感、格局感，恰恰需要着力去发现宏大中的细节、图景中的象征、格局中的奇点。

（二）创意丰化

创意丰化，是指在创意策划达到一定阶段依据采访发现、信息获得、内容挖掘的结果，不断充实、丰富创意，使之更丰满、更具魅力和表现力。创意丰化，是创意策划阶段的一个重要任务。在确定好重大庆典报道的核心立意、整体框架、主线设计、特色创意后，必须不断增加更多内容和具体表现手法，使之成为完整、可执行的报道策划。这样的过程，当然是通过夯实先期采访、充分调研准备，在占有比较充分资料的基础上不断发现、不断充实来实现的。但从方法论层面看，这样的过程又往往表现为几种方法、几项工作的结合。

一是故事化。重大庆典直播报道在紧紧跟随事件进程直播的同时，还必须依据先期采访、现场采访、背景挖掘报道许多相关故事、人物、细节，进行展现、放大和解读。故事的标准，既包括对报道对象是否有足够说明力，又包括与直播报道原有创意是否匹配。很多时候，原有的创意策划调整，恰恰是因为发现了好故事，甚至因此而有灵光一现的好创意出现，随之相应修改原有的创意策划。

二是时序化。与一般报道不同，重大庆典直播报道是依时序展开的，因而，就需要把已经获得的创意、内容、表现手段等，围绕整体框架、主线设计、特色创意，按时序铺排、连接、编织，从而形成可执行的报道方案。时序化的过程，也是对现有创意、策划、内容的可行性的检测过程，因为要时序化，就会对场景、画面、故事、解说、访谈提出适用性要求。如果某一类内容缺乏，就会发现直播报道方案的时间线存在空档，必须填充，创意因此得以丰富。

三是类别化。这既包括在创意策划过程中，必须在报道方案中安排多种类型的内容和表现方式，也包括让其中一些内容形成系列，成为直播中具有辨识性的内容和表现手段，从而形成特色。我们所做的主题政论片就可以看作是这种辨识性内容和表现手段，实际上就是把我们想表达的内容预先进行了类别化、系列化加工预制。类别化的过程，有助于人们丰富认识，在复杂的场景、内容、线索中找到解锁的钥匙。

四是分解化。重大庆典直播报道需要一个由多工种专业人员组成的团队协作完成。多工种本身就是一个专业结构。而在创意策划阶段，必须把创意策划主要内容分解到各个时段、各个点位、各个工种。这既包括由主要策划人员设计一些内容，由相关工种人员在准备阶段或报道实施时去完成；又包括对策划方案提出一定要求，由参与报道的各工种人员根据核心立意、整体框架、主线设计、分时段任务去丰富策划内容。

五是格式化。我们要求各编导组每一小时的直播脚本都要按标准格式撰写，这看起来是一种便于操控、便于管理的约束性做法，实际上，这更是一种有助于发现缺陷、弱点，能更有效率地丰富创意策划方案的方法。在创意策划过程中，一旦把内容按格式化要求铺排开，就会迅速发现多了什么、缺了什么、弱了什么，从而迅速补充完善。格式化的内容，更具有可比性和可检测性。有可比性便于编导组之间互相借鉴，刺激想象，从而丰富内容。有可检测性便于我们从全局评估、检测、把控内容，把握创意策划和报道方案的整体。

（三）创意简化

创意简化，是指在创意策划一定阶段重新审视、梳理、精简、提纯、提炼创意策划实现方式和报道方案拟用内容，删繁就简，以简驭繁，以更简捷的实现方式体现更高专业水准、更强表现能力。创意策划过程往往表现出三个特点，存在三个问题。一是内容越来越多。进行创意策划时人们往往习惯以增加为主，增加内容、画面、表现手段、表现方式，报道准备过程也一定伴随信息获得、采访准备而内容不断增加。何况，从总编导到各编导组、各岗位，人们为了确保直播安全，也本能地会多准备内容。二是表现方式越来越繁复。参与一次重大报道，大家总是会尽力自我动员，尽情挥洒才思，因而，多种表现手段和表现方式交织在一起，最有魅力的内容反而可能被淹没。创意策划阶段，新点子、新办法、新形式并不会天然取代原有的，人们往往舍不得放弃原有的点子和表现形式，而导致新旧夹杂、多样并陈。三是协同要求越来越高。大型电视直播报道《国庆》直播团队进入报道手册的人员有 200 多人，如此规模，协同运行水平已是关键瓶颈。阅兵式对空中方队的要求是“秒米不差”，对于我们 22.5 小时的直播而言，同样必须“秒词不差”，每一个画面、每一秒钟都必须衔接准确，否则就可能出现直播事故。为了避免报道方案繁复到直播团队难以把握、难以驾驭，更为了实现报道水平再上一个台阶，就必须实施创意简化，使报道主线和实施方式更为清晰有力。

创意简化实际上既是一种创意方法，也是一种境界追求。中国人深知，言简就会意赅，简明才能扼要，披沙拣金本来就是创新思考、创意策划的一种描述，以简驭繁是我们掌控这种大型报道的有效工作方法，而言简意丰正是我们追求的重大庆典报道的表达境界。直播报道核心立意的形成过程就是一种创意简化的过程。主题政论片的核心立意集中为回答三个问题，阐述三个关系，同样也是创意简化的过程。重大庆典直播报道涉及的场景、事件、故事、内容丰富多彩，但在直播时，却要以简洁有力的表达来迅速让观众抓住核心、融入意境。客观上，这就要求我们必须实施创意简化，以便在直播报道时把核心内容、特色创意、关键表达凸显出来。

从实践运用层面看，创意简化有三种具体方法。

一是梳理提纯。这要求各个层面、各个岗位的人员对自己的创意策划和报道方案进行全面梳理，看看根据核心立意、整体框架、主线设计、特色创意进行的报道策划和实现方式是否紧扣主线、特色分明、操作可控、效果突出。这种梳理提纯的过程，实际上是一种对已有创意策划、内容准备的再认识、再提升过程，也有利于砍掉不必要、不可控的枝枝杈杈，强化主线、主脉。

二是简述提炼。这要求对要实现的创意、要获得的内容、要实施的表达，通过“简述”“重现”的办法进行简化和提炼。“简述”“重现”，实际上是要求创意者用简单的几句话或几个词把所描述的复杂创意策划简洁地表达出来。就创意策划和报道实施而言，如果不能用三句话说清楚，就算用三百句也很难表达清晰。“简述”“重现”的过程就是理清思路、提炼核心的过程，就是美妙创意、精彩表达的形成过程。

三是提示提纲。这要求在创意的最后阶段，各编导组、各岗位把自己要做的内容简化成一两张纸的提纲，把需要别人提供的、协同的、帮助的形成一条条提示。提纲可以让报道团队清晰地把握自己、友邻和全局要做什么，提示可以让各岗位人员知道自己如何与别人协同。在大型电视直播报道《国庆》创意策划的最后阶段，所有的创意策划都简化成了直播脚本，以时间为序，标明特殊时间点（具体到秒）、每一分钟段直播的主要内容和主要岗位的工作，而 22.5 小时的直播最后也简化成了两张纸的提纲，供管理者们准确把控。如果说提纲为“经”的话，那么相互发出的提示和协作要求就是“纬”，两者相交，就形成了直播报道清晰的内容结构。大型直播报道方案能够简化成如此简洁的工作指引，创意策划和报道要求就可以融入报道团队的内心，直播报道效果和直播安全保证因此都清晰可见、扎实可控了。

内容挖掘与创意提炼的诸种方法和实践，实际上对于重大庆典报道和其他重要报道都具有方法论意义。发现宏大中的细节、图景中的象征、格局中的奇点，既是内容挖掘的三个切入点，也是创意策划的思维方式。从人与现场、人在现场、还原现场三个路径切入做现场解析，既有助于内容再发现，也会支撑创意再提升。而创意极化、创意丰化、创意简化，既可以从整体上提升报道本身的创意水平，也可以提升报道团队的创意把控能力。

第七节　能力养成与创意验证：锻造实现力

重大庆典是庄重、严肃、权威的国家仪式，是体现国家尊严、形象的重大事件，是国家意志的仪式性体现。因而，民众既对重大庆典展现与再现的准确性、完整性、得体性有异乎寻常的严格要求，也对新闻机构重大庆典直播报道的专业水准、表达效果、精彩程度等方面有很高的要求和强烈期待，同时，各个方面和媒体自身也会严格要求，保障重大庆典及其直播报道顺畅、安全、稳妥地进行与完成。何况，重大庆典之所以重大，还因为其形象之庄重、进程之精确、细节之讲究，远远超过日常典礼、仪式、事件，因此，需要以更深刻的领悟、更精准的把握、更专业的能力、更高超的表达去完成重大庆典报道。人们有足够理由期待或追求在重大庆典时的直播报道能够跨上新的台阶、进入新的境界、体现新的水平，这些都对重大庆典直播报道的实现能力提出了更高要求。

重大庆典与日常事件、重大庆典直播报道与日常报道的标准有如此大的不同，决定了不可能简单地依靠照搬日常报道方法就能够完成报道，而必须增强重大庆典直播报道的实现力，提升整个报道团队的综合能力，或者说必须增加新的能力以完成如此重大的报道。因此，重大庆典直播报道的准备过程和前期报道过程，就必须是报道实现力和综合能力同时提升的过程，创意策划过程就必须是创意提炼能力、创意验证能力和创意执行力同时提升的过程。这种精心准备、能力提升和创意验证的成果，对于顺利、安全、稳妥地完成重大庆典直播报道的重要性是怎么强调都不过分的。同时，重大庆典是一个主线突出、内容多样的复杂事件，这种精心准备、能力提升和创意验证必须以一整套行之有效的方法来实施，才能取得预期的效果。

在新华社新中国成立60周年重大庆典大型电视直播报道中，我们就摸索、实施了这样一整套方法，通过团队组建、集体策划、体系建构、综合培训、创意验证、演练提升，有效实施报道准备，增强实现力，为成功完成大型电视直播报道《国庆》打下了坚实基础，同时也提升了自身能力，对重大庆典报道和其他重大报道有方法论价值。

一、能力构建：始于赋能、得于本能、成于效能

重大庆典作为国家仪式，其意义重大、主线清晰、进程严谨、现场复杂、涉及广泛，因而，要比较全面地反映重大庆典主要事件的进程和相关事件、人物、故事，就要求在多个现场、多个点位、多个岗位工作的人员既具有很强的专业素养，又能够在直播报道时有效体现出专业能力、精准地履行岗位职责，还能够有效协同工作，这样才能安全、稳妥地完成报道。因而，在进行创意策划、报道方案准备的同时，必须构建相适应的实现能力。这包括报道团队的组建，更包括报道团队的能力提升。从方法论层面说，这种能力构建，始于赋能、得于本能、成于效能。

（一）全面赋能：明德精技、知行合一

如何在短时间内有效提升新华社电视报道团队的直播能力？对这个问题的回答，实际上始于2009年4月初应黑龙江卫视陈小钢的提议，我们决定共同做一场纪念汶川地震一周年的长达12小时的大型电视直播报道《重生》。那时新华社电视团队的绝大多数人并没有实际参与过电视直播，特别是没有经历过政治性很强的大型新闻直播。从决定之日

到直播开始，只有二十多天时间。因此，我们唯一的选择，就是通过培训学习自我赋能，让这支队伍速成。针对这支队伍的特点，我们组织了多种培训，既包括请索尼专业摄像技师进行设备使用技能培训，又包括进行各岗位直播能力专项培训，还包括老手和新手混合编组的实践培训。通过开展技能培训、专项培训和实践培训迅速提升了这支队伍的直播能力。当时有十多位中文主持人报名参加直播专项培训，听课、自我准备文稿、直播演练，这是共同提高的过程，也是遴选的过程。实践培训既给予新手们现场向黑龙江电视台的老手们学习的机会，也给予新手们提升和检验的机会，这使得他们迅速成长。二十多天后，2009 年 5 月 12 日大型电视直播报道《重生》如期开始，新老混编的五个直播组分别负责汶川映秀、彭州都江堰、北川安县、绵竹什邡、剑阁青川，最后都顺利完成了直播。直播圆满结束后，黑龙江电视台的工作人员说，刚开始不理解新华社为什么这么玩命训练，现在明白了，非常时刻用非常办法。

而在新中国国庆 60 周年的重要当口，新华社这支队伍要从被“传帮带”的对象变成新华社第一次主导、主控的大型电视直播报道的基本队伍，任务非常艰巨，能力水平必须比任务要求更高，才能保证安全播出。实现这个目标的唯一途径，只能是全面赋能，而且必须从作为总指挥、总导演的我本人开始全面赋能。对我而言，这种全面赋能首先是立心明道。这里的立心首先是立志，立下坚决完成一场让上下左右满意的国庆 60 周年大型电视直播报道的决心，立下甘冒风险完成使命任务的决心。立心立志，就相应确立了高目标与严标准，这就需要全力以赴地去实现。其次是明道，既包括从政治高度、历史维度、时代要求认识国庆 60 周年的深刻内涵，也包括要认识大型直播的规律。依照实践者和学者的工作习惯，我仔细研究了国内外大型直播的相关书籍、文章，细读那些回顾、分析、研究和总导演手记等，从中发现那些规律性的东西和可能导致失败的风险。但实际上，所有的事后总结、理论阐述与我自己在摸索、实践中的所遇所感相比，都显得苍白。因为并没有什么文章写过一个全球性通讯社如何组织一场大型直播报道，而不只是提供直播信号。我在摸索中时有所遇、日有所得，因而对大型直播报道有了更深的认识和领悟，从而也越来越有力地支撑我们对大型直播报道的准备和掌控。

这种更高标准的全面赋能更应当是明德精技、知行合一的结合，基础是专业技能培训。为了高标准地完成大型电视直播报道，我们需要在半年内组织完成一些更严格、专业、系统的直播报道培训。因而，我们组织了更长时间的各类岗位技能培训、专项培训和实践培训。为了不影响日常报道，这种培训往往在下班后进行。最好的培训不是听讲，而是每天训练、模拟演练后的自我小结，互相启悟和互换角色后的分析对比。对摄像记者的培训，采用了多种看片会的形式，既包括看以往新中国大庆阅兵式的直播回放和纪录片，感受天安门广场这个巨型空间中的场景把握、镜头表现，也包括看自己和其他摄像记者在训练、演练中拍摄的素材，点评揣摩。对主持人培训更多的是采用演练的形式，这既是为了让他们的技巧更娴熟，也是为了让他们的心态、神态更适应直播状态。

明德精技、知行合一的结合，更重要的体现是帮助大家知其然更知其所以然。在古人看来，做事始于立心，得于人和，顺于天道，成于勤恳。直播团队成员知其所以然，才能明德、悟道、立心、壮志。因此，决不能只是把直播团队的参与者作为“被动”的操作者，而是想办法把他们变成“能动”的合作者。我们采取的办法如下。

一是抓住每一个可能的机会让大家了解、掌握核心立意、主线设计、特色创意、整体框架和每个部分的主要内容，以了解全局为基础来帮助他们掌握所在岗位的规定动作和自选动作。

二是组织大家参与策划。共同进行创意策划是统一意志、融通感觉的最好方式，也可以有效提升报道策划的质量和可行性。

三是通过训练和演练帮助大家提升专业水平和完成大型直播报道的信心。足够的自信是稳定发挥技能的重要基础，特别是在直播报道前，动作变形、反应失稳的重要原因往往是自信心出了问题，直播能力的基础是在直播时具有足够的自信。因此，我们进行了多次各类型专项模拟训练、多岗位合练和全系统演练，并提出严格的要求和对细节近乎严苛的点评，帮助大家寻找直播状态，增强自信，使主播、记者、摄像、导播等的心态和工作方式从适应录播到适应直播。

四是以特殊办法提升团队的自信心和应急能力。分时段编导组、导播组和主播们的合练是按正在起草的直播脚本进行的，这既可以让编导组看到直播脚本“立”起来的效果，发现不足，也可以让各岗位参与者进入真实直播的状态。但在一次分时段编导组和主持人、记者的合练中，我突然告诉即将上场的主持人董千齐，这个时段的直播脚本被否了，你进去直播吧。然后，所有参与合练的导播、编导和其他主持人就看着这位主持人在直播台上面不改色、不打磕绊地说了 20 多分钟，表述得当、主线清晰，直到我叫停。经此一役，我确定董千齐为这次大型电视直播报道负责开场、收尾的一号男主播，这也让大家看到了在非常状态下经过训练的主播有良好的应急能力，也使报道团队对我们主导、主控这场大型电视直播报道有了足够的信心。

五是通过帮助直播团队既知其然又知其所以然，从根本上优化协同、增进人和，提升直播团队的实现能力。知其所以然，协同合作的基础就不仅是规则，而是共同意志、共同目标。

（二）积为本能：规则内化、自然而然

重大庆典阅兵式对空中编队的要求为“秒米不差”。飞机以每小时几百公里的速度飞行，通过天安门广场的时间只有几秒。保持编队接受检阅就必须“秒米不差”。这种精确性的实现，既需要高超的技能，更需要形成本能反应、肌肉记忆。重大庆典直播报道同样对精准性有特殊要求，也要达到与“秒米不差”相类似的“秒词不差”，这同样需要报道团队特别是一些主要岗位上的人员反应准确、动作适宜。这同样需要形成本能反应、肌肉记忆。要达到这种效果，除了通过技能训练等赋能

外，还必须通过有效办法让规则内化为特殊的习惯，让直播报道所需要的动作成为直播情境下自然而然的反应。

这样一场大型电视直播报道的准备工作千头万绪，涉及准入报名、创意策划、器材准备、人员培训、方案模拟等方面，涉及政治、业务、技术、后勤多个领域，而且许多工作有严格的时间要求，过时不候。当报道团队大体形成，进入创意策划、训练准备阶段后，如何有效管理、推进呢？在实践中，我们摸索的管理方式是行之有效的。

一是多重分工、弹性定位。所有参加大型电视直播报道的人员都可能有两种以上的分工并承担相应职责，他既可能是分时段编导组的一员，也可能同时是某个功能小组的成员，当然，他还一定是原有行政序列下处室的成员，在日常报道中还有任务。这种多重分工有助于人尽其才，也有助于他们掌握全局。

二是包容组织、多种功能。多重分工、弹性定位的组织形态就是各种各样的弹性工作小组。列入新中国国庆60周年直播报道工作手册的人员就有200多人，但根据筹备工作的进展，把分批进入大型直播报道的人员编入了各个小组，每个小组可能有多种功能，比如同一“动中通”直播组负责沙河训练场，在直播开始、阅兵队伍出发后他们又会转入下一个直播地点完成后续任务。所有参与者在筹备工作中都按弹性工作小组的角色定位、职责任务训练准备，新的角色职责也逐渐融于一心。在组织形态中，这种弹性工作小组实际上是“软组织、轻结构”，是一种包容性更强的组织形态。它不改变相关人员原有的行政隶属关系，但又赋予其新的任务和职能，这些小组具有足够的包容性，根据进度任务不同而调整，编组方法也具有足够的包容性。这种包容性很强的工作小组，与原有组织摩擦较小。通过这种包容性组织对报道参与者实施角色定位、功能协同，组织形态是具有包容性的，但角色定位、岗位职责却是硬性的。

三是编码对位、序列定位。大型直播报道流程长、工种多、协调工作复杂，直播时尤其需要简洁有效的沟通，最简洁有效的方式就是编码对位。我们把直播体系前方 59 个拍摄点位根据直播点布局编为 A、B、C、D 四个系统，每一个点位按照启用的时间顺序或空间展示逻辑进行编号，这样每一个点位就有了一个标识所属系统的字母与顺序数字结合的编码，如“动中通”直播组就是 A1、A2。天安门广场现场演播室也同样被赋予编码名称 B11 和 C9，之所以有两个编码名称，是因为 B 系统是根据上午直播阅兵式任务确定的直播点位，C 系统是根据晚上直播联欢晚会任务确定的直播点位，核心事件的主要拍摄区域会从上午以长安街为主转向晚上以天安门广场为主，直播点位布设有变化。虽然现场演播室位置没有变化，但依然根据任务需要赋予其两个编码名称。

这个编码系统并不只是用于对前方直播体系的管理。在大型直播中，最为重要的是让导播团队清楚地掌握每个直播点拍摄的信号进入了演播室什么位置，某一显示屏上的外来信号是由哪个来源提供的，这就需要进行准确对位。我们已经确定的编码系统成为“神器”，轻而易举实现了全系统信号流、画面流、信息流的准确对位。我们在矩阵各端口、各环节设备接口、各线路接头上标上编码，在演播室显示屏和直播系统各个切换端口相应地标定编码，根据编码准确实现信号来源和归属，在硬件设施、信号联通方面实现了对位。同时，将其作为管理措施，我既要求每个直播组用 A4 纸制作本小组的编码名称，在试信号时先拍这张 A4 纸上的直播组编码名称，也要求各演播室在联络呼叫各直播点时只许称其编码名称，而不能像以往一样称呼所在地点或记者摄像人名。实际上，前后方如此多人员，有的来自新华社各国内分社，有的来自黑龙江电视台，大家根本不可能短时间内搞清楚所有人名。这种管理措施的实施，使得一旦称呼其编码名称，相关直播组就会有本能反应，信号联通、通信电力保障各环节也都以编码名称作为对接标识，整个直播系统的运行沟通因而变得高效准确。最终，这个编码系统清晰地载入这次大型电视直播报道的“工作指南”，工作指南人手一册，以便掌握。

四是清单日志、列表核销。基本管理模式以清单式管理、日志式管理为基础，实施列表核销、日事日毕、书面协同、备忘衔接的办法。它不仅使繁杂的工作变得井井有条、协同高效、沟通顺畅，而且有助于直播报道参与者自我梳理、发现问题、掌握进度，当然更便于管理者掌控进度、协调各方、保证质量。所谓清单式管理，是以多种形式的详细清单来协调推进的，它既包括任务清单、需求清单，也包括待解决问题清单等。所谓日志式管理，就是要求各小组每日事每日毕，既在各种清单上记录完成情况和需继续推进、协调协同的事项，也对发现的问题、获得的经验等留有书面记录，在参加训练、演练后也要求各小组提交体会建议，从而能够高效地推动工作。

五是信息共享、推进协同。大型直播报道面对的报道对象复杂，涉及的领域广泛，特别需要建立有效平台实现信息共享。这样的平台，既包括从一开始就建立公共邮箱，共同上传、自我下载，实现共享，也包括建立多种讨论、培训平台，分享经验心得。当然，我们为此建立的专用通信系统在直播前也充当了这样的沟通平台。

这一系列举措的最重要成效在于能够日积月累、相沿成习，把报道要求和规则内化于心，成为自然而然的反应。正是基于所有参与者有做好一个高质量大型直播报道的共同意愿，我们实现了这一点。

（三）提升效能：重在落实、强在协同

大型直播报道的能力构建，最终要体现在效能和效果中。效能是指这个直播体系的运行效率、反应效率、资源利用效率、传播效率要比日常报道更高，直播报道的专业能力、适应能力、保障能力更强，特别是防范风险、确保安全的能力更强，从而取得我们所希望的直播报道效果，取得更好的传播效果和社会效益。效率、效果、效益是衡量直播报道和团队效能的依据。

要实现更高效率、更高效能、更好效果，就需要把报道要求、核心立意、主线设计、特色创意通过报道方案设计和实施落实到位。落得越实，能力越强，效率越高，效果越好。在准备和培训阶段，我们认真做

好基础培训和专业培训，从平常可能习以为常或有所忽视的基础技能开始，逐点细抠的过程就是精益求精的过程。这种逐点细抠延伸到每一个岗位，资深的记者、摄影、主播、导播也认认真真地参加培训。这种逐点细抠还体现在报道准备上，我们要求每一个“动中通”直播组都要制订直播路线图，标出可能有树木、人行天桥遮挡信号的路段，标出可以提供直播信号的路段。要求每一个直播组第一次勘察现场时都要拍出基本画面，确定可以拍到的边界和主要画面，记录下从新华社到自己直播点的行车路线和所需时间，记录下直播点是否需要和如何取用交流电，记录下在直播点如何解决人员的上厕所问题。有了这样的准备，直播实施时，前后方人员对何所能何所不能是了然于心的，从而可以集中精力于可能，做好规定动作，做出最可能的自选动作。事实上，根据演练中越来越好的表现，我就可以预测直播的效果。

重在落实是一种求实的态度，这无论是对于新华社电视队伍这支当时还没有多少直播经验的队伍，还是对于我们当时的装备技术条件都是如此。当时，绝大部分卫星小站、所有直播车都是租借的，演播室和技术系统也没有经过大型直播主控演播室的检验，为此，我们必须细抠每一个细节。我会自己坐在主播台以随机方式抽查，调用某个信号源、使用某个路由，由此发现了一系列连接、调用、系统、硬件存在的问题，更主要的是发现了大家以往适应录播，适应临时按业务要求调整，而不太习惯事先准备应对所有可能的直播需求，不习惯事先准备一个超级可靠的直播技术系统。这才是必须进行的能力构建、必须提升的专业能力。我的诀窍之一是更注意以抽查音频系统来验证整个技术系统情况，因为人们的习惯思维是看到画面就会认为技术系统已经调通，而很多时候画面传输过来时音频可能还存在问题，而且，音频系统的正常运行还会遇到各种干扰、啸叫、声场冲突等问题，随机抽查时，常常是从音频系统查出重要缺漏。经过这样的求实、落实，我们得以完成这次大型电视直播报道。

高效能目标的实现，既重在落实，又需要强化协同。直播报道团队是一个报道体系，直播技术系统更是一个复杂体系，这两个体系必须完美结合、有效运作才能够发挥效能。而直播业务、技术体系的有效运作，又必须得到保障系统的有力支撑。一个名单、一个身份证号报错了，就可能导致一批人拿不到准入证件，与此同时，我们还需考虑与日常报道的协同，因为，有效协同才是成功运作的保证和体现。

高效能目标的实现，还需要构建更强的传播能力，让效能适当外溢。对媒体而言，最大的效能体现，是传播效能，最大的效益体现，是传播力、影响力。有更多的人看到，哪怕只是一个片段，就有更高一点的效能、效益体现。最初，这次大型电视直播报道预定在黑龙江电视台播出，但新华社作为通讯社，我们本能地筹划为用户提供直播信号和相应的电视节目。这套直播体系费尽心力构建起来，我们当然希望有更多效用。因此，我们设置的一些直播点为用户提供了现场报道内容，我们利用这套直播体系同时承担了新华社电视通稿和专题的采访制作，还利用直播体系拍摄内容制作了纪录片，同时还把一些内容编辑加工后放到社交媒体上传播。为这次大型电视直播报道准备的主题政论片也成为新华社电视用户所欢迎的节目，后来电视用户单独重复播出。

提升效能，在大型直播报道中，需要主导者以强烈的使命感和担当默默承担压力、克服阻力，想方设法解决困难和问题，把不可能变成可能；需要整个报道团队处处求实、时时协同，以整体效率、效能求得更好的效果和效益。

二、创意验证：严于得当、立于可行、臻于至善

重大庆典直播报道涉及因素复杂、关系重大。哪怕一个微小失误都可能导致前功尽弃，可以原谅的个人小小失误，就可能变成这次重大直播难以挽回、不可原谅、个人也承担不了责任的重大失误。重大庆典直播报道的创意策划可以用尽想象力与创造力求新求变，但重大庆典直播报道的创意实施，必须权衡这个创意的形态、格调、表现、效果，其必

须符合重大庆典庄严庄重、严肃严谨的基本要求，必须得体、适当、可行、添彩。何况，人们还会期望重大庆典直播报道体现出宏大气势、中国气派。因此，案头看起来再好的创意策划，在直播报道开始前都需要验证，看其是否得当、可行。这种验证过程，也是一个在实践中完善的过程，在验证中经过共同努力而使其臻于至善。

（一）从创意到方案：权求得当，衡取可行

好的策划，应当是一个个好创意、好点子的完美组合，而绝不能只是一系列点子、创意的堆积。是组合还是堆积，创意策划是否得当，把创意变成方案时就可以发现。从创意到方案的过程，首先就是检验创意得当性、可行性的过程。从方法论层面看，至少有以下几种方式。

一是共同策划。共同策划既是互相启发、集思广益、逐渐丰富的过程，也是把创意变成策划、把策划变成方案的过程。共同策划之共同，也包括在更大的范围同步、对表，比如我们根据新华社整体报道构想调整直播创意和方案。在这个过程中，所有的创意策划都会经过多种形式的比对、推敲、筛选。在共同策划中，也常常会发现有些创意、设想难以实施，而记者、摄像、导播等常常会根据场景想象、现场勘察提出一些想法和内容，而这些内容有时会成为直播报道时的表现重点。

二是小型合练。训练是全面赋能的一部分，因此我们组织了多种专项训练和小型合练。特别是小型合练，往往是分时段编导组与主播、记者、摄像、导播等在演播室共同进行，并且全程录像，这种小型合练实际上就是根据各时段编导组的直播脚本进行的。即使直播脚本还是半成品，也可以作为合练的依托之一。小型合练既是提升直播团队能力的重要手段，也是从创意到方案的关键一步。在合练中，不同工种的人员会根据自己的理解和审视发现很多问题，也会提出意见和建议。在案头上看起来很好的创意、表述和直播脚本，会在合练中发现其缺漏和难以执行之处。

三是协同检验。把创意变成方案不只是写一个方案模式，也包括让

分时段编导组根据各自的导播大纲，给每个直播点书面提出具体拍摄任务和出镜要求。这就会促使他们从新的角度审视已经形成的创意策划和直播方案。而把具体拍摄任务和出镜要求交给前方直播组，也就有了新的检验创意策划的抓手。只有过了这一关，才可以说创意策划在业务和技术层面具有了较高的实施可能性。

四是优化结构。在从创意变成方案的过程中，往往伴随布局性、结构性重大调整。在国庆60周年直播报道创意策划过程中，我们就不断放弃了一些构想和创意，以便增加更恰当的内容，加入一些创新的想法。这个迭代、递进过程很快，从中可以看出创意策划变化的轨迹。最初，我们也曾经设想，在9月30日开展一个时段的直播。但后来我放弃了这个想法，把所有的直播活动和内容集中在国庆日当天，这样整个直播就可气脉连贯、完整如一，更显气势，更具传播力，而且，这样能让我们的直播资源和力量得到集中使用，效率更高，效果更好。因此，2009年7月31日我发飞信[①]给负责写策划方案的张平锋同志，要求他把内容框架改成五个部分："这次直播已经变成核心事件直播与多现场（我们主要选与核心现场紧密相关的次核心现场）直播报道相结合的一个大型直播。不要受上次方案的限制，重新设计。内容分为五个部分：一是30日，主题可以是'我的国庆、我的阅兵'，介绍历史，烘托期待；二是1日凌晨至10点，主题可为'走向阅兵场'，是我们的重头戏；三是阅兵后至4点，主题可以是'解密阅兵'，主要是演播室访谈和精彩现场回放，穿插阅兵队伍到哪里去；四是下午到晚会前，主题可以是'祖国之庆，人民之庆'；五是联欢晚会及以后的时段，主题可以是'激情力量，面向未来'。"8月2日，我再发飞信给张平锋，要求他把正在做的内容框架改出一个新版本，放弃30日直播部分，把那些

① 飞信，是中国移动2007年推出的即时通信服务，可从计算机（PC）或手机客户端，向好友免费无限量发送手机短信。三年后飞信注册用户达5亿，活跃用户达1亿。2014年，"和沟通"版的新版飞信上线，等于在飞信前加上了"和"品牌。2022年7月15日，"中国移动和飞信"发布《关于和飞信业务发展调整的公告》，宣布将从2022年9月30日开始停止提供服务。

内容调整到1日早晨阅兵前和中午阅兵后时段，并要为此调整内容结构、叙述逻辑和相应部分。同时，把重点放在长安街后，其他设想可以放弃一些，甚至放弃一些外地和国外的部分。8月10日，我和创意策划组、直播组的同志一起开会，大体确定了内容结构，并在已经成形的内容框架、导播大纲基础上，增加对总的思路、脉络的阐述，也增加如何实施等具体内容。三天后，直播总体策划方案基本确定下来。

五是技术验证。重大庆典直播报道是依托专业电视装备和技术系统进行的专业性很强的活动，是直播创意是否可行的重要评估标准之一，是技术上是否能够支撑的保障。在天安门广场设立现场演播室的构想能否实施，决定性因素很多。在实施现场演播室创意策划过程中，准入、场地、整体设计等都让我和其他同志颇费心血，但技术问题的解决同样一波三折。为了实现现场演播室信号经二级切换后再送回主演播室使用，我们借用了黑龙江电视台的转播车。在好不容易解决了这台演播车准入和如何通过人民大会堂天井院狭小通道等问题之后，有一天我突然得知，还需要一根100米长的光纤以连通大会堂楼上现场演播室和天井院内的转播车。那时，如此长度的光纤还颇为难找，好在最后成功从重庆租借了一根，现场演播室这个创意才算能够真正变成方案。而拍摄阅兵队伍行进过程的创意，取决于是否能够在关键部位布设直播点和是否能找到适用的“动中通”直播车，这既包括带宽是否适用，又包括车况是否良好。当时全国20多台“动中通”直播车中，多数带宽不够，少量带宽够的“动中通”直播车中，某电视台的一台曾经用于直播马拉松比赛，安装在了一台悍马吉普车上。我感觉，这个美式悍马吉普车不适合出现在国庆60周年的重大庆典上，于是就放弃了借用沟通。最后我们借用的“动中通”直播车外表简朴，我提出的使用条件之一，就是车身不能有任何广告和其他标识。在策划过程中，还有一些画面设想和拍摄创意因为技术条件和直播点布设条件不具备，最后没有进入直播方案。

（二）把策划“立”起来：实景校验、全面推敲

把案头的剧本变成排练场上的戏剧，是把剧本“立”起来，只有这部戏剧得以在舞台上演出，这个剧本才能真正“活”起来。重大庆典直播报道的创意策划也需先经过这样一个“立”起来的阶段，才能够在直播时真正“活”起来。重大庆典直播报道的创意策划在从案头走向直播现场的过程中，需要以多种方式试验、验证。重大庆典的特殊性在于，没有谁会把庆典现场当作试验场，没有谁能够承担得起重大庆典直播报道的失误。因此，只能在正式直播报道之前排练、演练，在试验过程中把创意策划“立”起来以进行验证。

重大庆典作为一种国家仪式，其进程与呈现必须力求严谨、严肃、精确、完美。为保证其效果，组织者一般安排重大庆典的各个方面的参加者进行长时间训练准备，参加多次专项演练、部分合练和系统演练，以熟悉现场位置、检验呈现效果。这样重大庆典报道者就有机会参加其中的部分专项演练、部分合练和系统演练，这给检验报道准备、创意效果、各岗协同、环节衔接、系统运行提供了宝贵的机会。在现场参与演练，不仅可以了解总体、熟悉流程、把握场景，更有助于检验方案、检验协同、检验流程、检验系统。这就需要我们具有很强的系统思维、问题意识和一整套检验方法，以确保重大庆典直播报道的成功。

在新中国国庆 60 周年准备过程中，一共举行过四次全系统现场演练。对我们这些报道者而言，参加演练绝不能只是看看现场、看看流程，更重要的是在直播现场验证创意是否能够实现，在模拟直播中验证报道流程是否顺畅，岗位设置是否合适，直播系统是否可靠。从总指挥、总导演角度看，每一次演练都需确定不同的检验重点，逐次递进，从而在演练中有效提升整体实现力。从方法论层面来讲，工作重点可以从以下几个方面展开。

一是检验岗位设置、流程衔接。我们最初得知第一次演练拟定在 2009 年 8 月 22 日，后来推迟了一周。获知演练时间后，我们开始进行初步分工，组建了一个直播团队，这也是我们国庆 60 周年直播团队构

建的实质性开始。第一次演练既是实质性开始组织直播报道，也是实质性开始全员创意验证和技能准备。这不仅需要在演练前分工明确、责任到人、编组操作、全面负责、迅速到位，还需要让所有参与报道的人员全面了解核心立意、主线设计、特色创意，并在演练中模拟实践。锻造实现力同样始于立心，得于人和。让全员了解全局安排以做思想、创意准备，是立心，前后方在演练中按既定直播方案模拟试用，既可进行场景想象、画面想象以丰富创意，又可对创意策划、直播方案进行检验，还可以在演练试用中明确自己的角色职责和与其他岗位的衔接，在协同中实现人和。因此，在 2009 年 8 月 3 日演练分工准备会上，我就全面阐述了总体构思，以便大家参与共同创意、共同准备。经过第一次全系统演练，直播团队前后方初步磨合，大家找到了对直播点布局、创意策划、直播方案的自信。

二是检验创意设计、内容结构。通过演练模拟，实地实际检验创意设计是否得当，内容结构是否可行。这种对创意策划和直播方案的检验，参与的工种越多，检验的信度和效度越大。9 月 13 日，我们专门召开国庆直播脚本工作会，参加人员包括：指挥组全体成员、演播室参加演练的主导播、分时段编导组所有成员、文案组人员。在书面通知中还特别标明参加人员包括负责记录演练问题的实习生。会议议程是：前半小时各编导组到机房观看 11 日自己时段的演练录像，重点检查现场使用时长、现场使用效果，并评价主持人和导播的表现，然后举行全体会议。负责记录演练问题的实习生参加工作会，先观看 11 日自己时段的演练录像，希望他们从对演练拍摄和直播效果的评估开始对直播脚本进行完善，从解决问题开始。小型合练实际上已经是让创意策划“立”起来的过程，几乎每一次合练编导组都能发现策划方案里需要修改的地方。而演练则是一个立体全面审视团队建构、方案设计、各种准备的全过程。因此，每次演练后我们都会有小结会，进行多维度分析和总结。

三是检验实现能力、实施效果。在让创意策划“立”起来的过程中，如果发现实施效果不够好甚至存在问题，可能有两个维度的原因，或是因为创意策划本身存在缺陷、漏洞，或是因为团队的实现能力还存在不足。因此，参加演练之前，我们每次都在准备会上对不同岗位提出不同的要求。提升团队实现能力首先要从强化每一位参加者的责任心、进取心开始，从切实提升个人与团队的实现能力开始。别无他法，必须严格要求。在每次演练前所提要求还会逐次递进，越来越高，越来越严。在演练中，我们曾发现直播团队在携带设备装备、执行方案指令、前后协同配合、完成规定动作、发挥主观能动性等方面存在不足，也发现创意策划本身在点位功能发挥、连线时间选择、时段内容安排等方面存在不足。为解决这些问题，我们有效改进了创意策划、直播脚本，也有效提升了实现能力。实际上，把策划"立"起来的过程，验证创意、改进方案的过程，往往不如有效提升直播团队的实现能力重要。毕竟，创意策划和直播方案还只是设想与安排，而在重大庆典当日，情况未必如创意策划所预想的那样，也就未必能够完全按方案进行。实际上，天安门广场现场演播室的使用，在很大程度上超出了直播方案所安排的时长、使用量和使用强度，而且多出来的这部分时间并没有现成的直播文稿可以照读，完全是主持人进行现场解说、阐述、描述。相应时段编导组也只能顺应现实情况对现场演播室增加调用以完美衔接，这都有赖于前期训练有效、准备得当所提升的实现力，从而能够适应直播时必然发生的临时调整。

四是检验支撑备份、指挥协同。一般创意策划所预想的永远不同于演练时现场现实所见的。对我们来说，四次演练必须是全仿真、全要素、全流程、全系统演练，不可或缺。演练中，在技术支撑、物资备份、指挥响应、协同方面发现了许多问题，解决好这些问题，才是直播成功的决定性因素。对于我来说，必须对技术支撑给予高度关注。一些问题看起来不大但影响很大。比如，只在天安门广场周边的一些电线杆下预设了电源接口和光纤接口，可以方便地设置光纤直播点，其他直播点大多没有方便的交流电接口，这就需要带更长的电缆，一些制高点还要另行行文到相关安保和物业管理部门，以获得市电使用支持。9 月 6

日晚上的演练，我们就发现卫星小站所用的柴油发电机只能支持三个小时，显然与长达22.5小时的直播任务差距太大，因此必须马上想办法解决。9月13日凌晨演练结束后，我们马上进一步细化直播总体策划方案，在改定三集主题政论片文稿的同时，特别根据演练情况梳理了保证直播安全的五个技术问题，与技术部门协商请求支持。

演练中发现的最大问题是直播指挥中心、演播室与前方直播组的通信问题。既要能实现点对点通话，又要能在直播开始后实现可靠的一对多集群通话，以方便导播临时指挥某个直播点的记者或摄像人员。电视台在进行演出、比赛等现场直播时，是在直播机位与转播车之间铺设临时电缆，使用转播车上的局域通信系统。而我们的59个拍摄点位分布在如此广阔的领域，难以做到架设传统电视台转播车式的局域通信系统，只能寻求能够满足我们特殊需求的通信保障方式。在新华社解放军分社记者蔡晖大校帮助下，我们曾尝试过使用野战通信系统，但在下一次演练中发现，野战通信系统并不能满足我们的特殊需要，它需要多个人接听电话。此后，我们又借用了武警总部的移动集群通信系统，才基本满足了需求。通过这次国庆60周年大型直播，我们悟出了适应新华社采集网全球布局特殊需求的解决办法，改装了一个会议电话系统，我们称其为直播指挥系统，它解决了我们对海内外多个临时设置的直播点的集群指挥问题。这个直播指挥系统花钱很少，简单有效，富有特色，后来获得了王选新闻科技奖三等奖。

五是检验流程运作、整体实施。对于重大庆典直播报道而言，进入全仿真、全要素、全流程、全系统演练阶段，实际上是获得了最宝贵的全员、全流程、全系统检验的机会。2009年9月18日的演练，参与演练的直播团队前后方人员有近200人，而且重大庆典的演练组织也更近于实战。演练队伍即将出发时，新华社解放军分社蔡晖大校拿来了通州、沙河两个阅兵村联络人员电话表，然后等了一会儿又拿来进入阅兵村的专用演练记者证。为此，我们把先前已经出发去通州的“动中通”直播组叫了回来。我猜测这次演练可能是最后一次演练，因此，格外注意直播报道、日常报道、用户服务三个流程并行是否通畅，格外注意所有岗位的协同是否有效，格外注意直播脚本整体实施效果是否得当，而且就像已经投入实战一样要在演练中即时、实时解决问题。这样实战般的全流程、全要素检验，增强了我们的实现力，也增强了我们取得胜利的信心。

三、直播实现：安于有备、立于警觉、信于实证

重大庆典的政治性、庄严性、权威性必须通过精心准备、无比缜密的仪式来体现，重大庆典的诸多元素、内容都必须融入这个仪式之中。相应地，重大庆典直播报道就必须以缜密设计的报道方案体现，放大其政治性、庄严性、权威性和仪式感，所有的故事讲述、场景表现、现场解说、背景资料都要服从于此。同时，直播还必须做到“秒词不差”。这都需要一个严谨缜密、经过演练验证的直播方案作为基础，需要一个稳定高效、运行可靠的技术系统作为支撑，需要一个准备充分、严谨专业的报道团队去执行，需要一整套规则和措施确保协调运作。以这四者为基础构成了一个可以保证让策划“活”起来、让直播能顺利进行的直播体系。创意策划再有特色，报道方案再有质量，都需要这个直播体系来实现。当核心立意、整体框架、主线设计、特色创意、策划方案、报道安排等都落实到位后，作为直播总指挥、总导演，我最需要考虑也最担心的就是安全直播、安全运行。报道实现力的底线标准和核心内容就是保证安全直播、安全运行。从方法论层面看，直播的顺利实现、圆满收官，安于有备、立于警觉、信于实证。

（一）体系能力构建：处易备猝，有备无患

体系，是一定范围内相关要素基于特定目的，按一定秩序和内部联系，遵循一定法则、规则和制度安排有效运行的集合体，是由不同系统组成的协同系统。对重大庆典直播报道而言，构建这个协同系统时要有

很强的系统思维、体系思维，需要充分考虑各种因素，以形成可靠的体系能力。所谓可靠，就是可以相信它在直播时能够正常运行，可以依靠它应对突发状况和复杂局面，这就需要考虑适当冗余和必要备份。在新华社国庆60周年直播报道中，预先考虑的适当冗余和必要备份都发挥了关键性作用。

所谓适当冗余，主要体现在报道内容准备方面。虽然每一个分时段编导组分别负责两到三个小时的直播，但我要求他们必须准备可以直播更多时长的内容，这包括连线安排和短片准备。事实上，这次大型电视直播报道，我们所准备的短片、专题片等就足以播十多个小时甚至更久。主持人普遍经历了长时间训练，虽然只有一位经历过无提词器直播20多分钟的考验，但其他人也有一定的无提词直播能力。59个拍摄点的工作人员都被要求做长时间直播的思想准备和器材准备，即使其中一些直播点设备出现故障，另外一些直播点也能够随时提供足够的画面。内容准备必须有适当冗余，这后来成为新华社电视直播报道的基本工作规则。其后几次重大报道，都是因为我们有足够的内容冗余，才能够顺利应对直播新闻事件比预报时点晚开始较长时间的特殊情况，避免了直播开始后因为新闻事件迟迟不开始，而出现直播坚持不住、忽进忽出甚至暂停的情况。

所谓必要备份，实际上可能体现在直播所涉及的多个方面。特别是在关键领域、环节，必须做足必要备份，哪怕因备费工、备而不用，也必须处易备猝、备豫不虞。

电视直播的规范性要求，是有主有备，特别是作为直播技术系统核心的演播室和传输系统。在国庆60周年直播报道准备工作中，主演播室的用电做到了一主两备，而且主备用电来源于市电供电系统的不同变压器。备用演播室，我们实际上做了几重备份，不但在新华社大院里准备了备用演播室，而且为备用演播室准备了主播、导播、摄像、音频操作员、硬盘操作员等各岗位工作人员，一旦需要，即刻可用。如果说新华社大院内的备用演播室还不是完全的"热备份"，那么另一个特殊的演播室天安门广场现场演播室就成为主演播室的“热备份”。配备现场演播室的工作人员、记者、主持人的考虑基点之一，就是即使主演播室出现临时故障，这个演播室依然可以支撑直播正常进行。直播点与新华社主机房的传输光纤都采用了一主一备的方案。为了保证与直播点的沟通和对直播的有效控制，除每个直播点可使用手机、部分直播点可以使用有线电话外，还下发了集群移动通信系统的终端，这个终端既可以像报话机一样使用，又可以拨出电话。

硬件的备份，在直播报道中大体上是有例可循的。最难的是“软”的部分如何备份，起到关键作用而又最惊心动魄的是对准入问题所做的必要备份。30 日晚上，我突然得知刚领来的专用采访证件中有长安街沿线直播点技术人员的，但缺少记者、摄像人员的证件。经过再三查询确认，发现是在名单报送过程中出现差错。听到这个消息的社领导五分钟内给我打了三个电话，反复问我对即将开始的直播有没有把握。猝不及防之下，追究是谁的失误对我已没有任何意义，只能临机应对。此时，直播队伍已经出发。我一边派车送指挥组的一位实习生把刚拿到的证件送过去，一边想解决办法。此时面临两个问题：一是西单直播组甚至因为车有证、人没证已经出不了大门；二是已经出发赴长安街直播点的人员不知能否上得了制高点。最终都是我们的备份措施发挥了关键作用。第一个问题，是我突然想起筹备直播过程中曾听新华社保卫处处长讲过，大门口沿线警戒、安保队伍隶属他转业前所在武警某部，我赶快打电话请他出面去做高层协调，很快得以解决。解决第二个问题，最终靠的是当初的预备措施。我曾经坚持把长安街沿线直播点人员名单、身份证件制表单独报给了北京市公安部门，它们将相关材料下发到了每一个直播点所在的派出所和值勤警察。依靠核对此名单和记者、摄像的身份证件，他们顺利到达了直播点位。在一个个直播点报回已到点位的消息后，我的心情才逐渐放松下来。欣慰的同时，我在电话中依然一个个直播点地询问工作人员，上厕所问题是否解决，因为这是他们能否连续十多个小时甚至更长时间在直播点位坚持工作的关键条件之一。

（二）直播流程确认：立于警觉、苛于衔接

把策划“立”起来，绝不等于能够让策划“活”起来，不代表直播方案就会顺利变成直播成果。训练、演练时信号、流程能顺利走通，并不代表直播开始时信号、流程就一定能走通。这既包括重大庆典直播报道时所面临的外部条件一定会与演练时有所不同，就像我们在演练时并没有遇到晚上八点后车有证、人无证就不能出大门的情况，也包括直播训练、演练实际上只是半个流程，并没有把直播演练拍摄到的场景实际播发出去。因此，在每一个岗位的人员都认真做好本职工作的前提下，作为组织指挥者，我必须有更强的问题意识、衔接警觉和系统思维，一定要看到、想到、确认全流程是否已走通，对连接点、衔接处保持警觉且有清晰、严格的检查和确认措施。

直播筹备到了最后两天，一切按部就班，我的事相对少了，但对衔接性、系统性问题的警觉反而增强了。29 日晚上行驶在车已较少的四环路上时，我突然想到一个问题，谁确认过演播室的播出信号能通过卫星播出呢？晚上询问了有关技术人员，他们说已经发过测试信号，但只是从卫星机房发上天，然后用另外的机器接收。30 日上班后我特地到卫星机房观看从播出机房到卫星机房的日常节目信号的传输效果。作为随机测试，我要求演播室调出我临时指定的、可能提供公共信号的频道提供给卫星机房，这个切换居然用了近二十分钟，原因是需要演播室、机房间人工调整多根线的路径。而真正直播时，这个切换必须瞬间完成。这个路由没有被大家预先调整设置好，是演播室还囿于传统工作习惯和原有操作模式。在技术人员紧急调整后，这个问题得到解决。30 日上午，我又想到一个问题，谁确认过演播室播出信号既能通过卫星发给新华社的电视用户，又能通过光纤发给黑龙江电视台播出呢？技术人员赶快核查，发现如果要做到这一点，必须调整路由、增加一个切换开关，在凌晨直播开始前由专人专岗专责合上这个开关。晚上六点多，技术负责人告诉我，这个问题已经解决。当天晚上九点，新华社大院里的直播队伍陆续出发时，在楼前广场遇到的一位女同志突然告诉我，她被安排今夜

上大夜班，为我们即将开始的直播切换路由。

2009 年 10 月 1 日零点，新华社大型电视直播报道《国庆》按时开播，带有国庆 60 周年 Logo 的开场画面从我们面前的主演播室传到卫星机房和光纤机房，又通过接收机和电视系统接收回来，显示在直播指挥中心我面前的大屏幕上，与我们直播点发来的直播画面并排在一起，验证了直播体系，结束了准备阶段，大型直播按部就班正常开始。

重大庆典直播报道是一个复杂的系统工程，既考验思想力、洞察力、想象力的整体框架建构、特色创意提炼、方案策划设计，也考验发现力、引导力、表达力的内容挖掘、创意优化简化、传播效果拓展。但这个复杂系统、系统工程能否达到预期效果的最主要决定因素，是实现能力。有足够强的实现能力，就有足够满意的实现效果。

所幸，天时地利人和，方方面面各种支持，直播团队共同努力，我们圆满地完成了新中国国庆 60 周年大型电视直播报道《国庆》。我们以新华社第一次主导、主控的高质量直播报道，生动有力地向全世界证明，中华人民共和国的生日，就是人民的节日。

结语

总体上看，对新中国成立60周年大型电视直播报道《国庆》这个案例从塑造引导力、体现思想力、依托洞察力、追求表达力、激活发现力、锻造实现力六个方面进行的系统解析，是回答一个新构建的团队是如何成功完成的任务的，但实际上，也系统解析了适应并赢得内容竞争所需要的“内力”。数字科技、智能科技的发展和运用，必然导致人类制作的内容与人工智能生成的内容竞争影响力，我们必须思考、准备、适应如何与运用了人工智能的超级传播主体或人工智能大模型竞争影响力。这需要我们增强人工智能运用能力，更要增强内容竞争所必需的“内力”。